U0948082

留住那份执着

——王志鸣自选集

王志鸣　著

中国财富出版社

图书在版编目（CIP）数据

留住那份执着：王志鸣自选集／王志鸣著．—北京：中国财富出版社，2018.3

ISBN 978－7－5047－6620－5

Ⅰ.①留…　Ⅱ.①王…　Ⅲ.①高等学校—发展—文集　Ⅳ.①G647－53

中国版本图书馆 CIP 数据核字（2018）第054282号

策划编辑　赵雅馨　　**责任编辑**　邢有涛　赵雅馨

责任印制　梁　凡　　**责任校对**　孙会香　卓闪闪　　**责任发行**　敬　东

出版发行　中国财富出版社

社　　址　北京市丰台区南四环西路188号5区20楼　　**邮政编码**　100070

电　　话　010－52227588 转 2048/2028（发行部）　　010－52227588 转 321（总编室）

010－68589540（读者服务部）　　010－52227588 转 305（质检部）

网　　址　http://www.cfpress.com.cn

经　　销　新华书店

印　　刷　北京九州迅驰传媒文化有限公司

书　　号　ISBN 978－7－5047－6620－5/G·0701

开　　本　787mm×1092mm　1/16　　**版　　次**　2018年4月第1版

印　　张　15.25　　**印　　次**　2018年4月第1次印刷

字　　数　264千字　　**定　　价**　54.00元

自 序

人生一个甲子过去了，平凡、平淡、平静，犹如江河湖海的水面，水面下却丰富多彩，甚至激流回旋，无论探究哪个支流，都有可言可观、启迪深思之处。

回忆过往，我的工作经历似乎没有离开过教育和学校。1974 年 6 月高中毕业，8 月就响应党的号召上山下乡，奔赴农村这个广阔天地里接受贫下中农再教育，这是通过农村劳动、生活和交流进行的一种素质教育。当知青时，背着一箱子数理化书籍，在那个“读书无用”的年代没有机会施展身手。1976 年 3 月从农村应征入伍，投入军队这个大学校、大熔炉的怀抱，经过 33 年磨炼熏陶和教育洗礼，不断成长进步，感激之情难以言表，不能忘怀。由于受时代、环境、观念的限制和束缚，唯在学习深造方面没有再上一层楼。恢复高考不久，因工作表现突出，领导担心流失所谓“人才”而不让参加全军或全国高考，在军队内部文化知识考试选拔干部时，我以小组第一名的成绩被提干，后经请示被批准进入中国人民解放军南京政治学院政工系，因为珍惜来之不易的学习机会，在校期间刻苦学习，认真研读，最终以学院“优等生”的身份光荣毕业。在 38 军工作 14 年后，即 1990 年 6 月调入军事医学科学院工作，一干就是 19 年，对于一个爱读书学习的人来说，守着这所军事医学的最高学府，却有些“羡慕嫉妒恨”。2008 年 6 月，我主动提出转业到地方工作，被分配到北京物资学院，自此真正跨入高等教育院校的大门，但不是读书者而是管理者。从工作经历中不难看出，我与学校、教育、读书、学习结下了不解之缘。

在工作实践中，我愿意用改进和改革推进工作和业务。先后当过学生、知青、战士、班长、营部书记、连队副指导员、干部干事、营教导员、政治处副主任、政治协理员、团级单位政治委员、师级单位政治部主任和政治委员，2008 年转业到高校后担任副校长至今。在岗位上主要从事干部工作、组织工作、党务工作、管理工作，所学所做的是思想政治教育和思想政治工作。从山东到保定再到北京，从野战部队到军队医学科研院所最后走进北京高校，换过15个专业不同的大小单位。想想过去，当学生、当知青，即使分管一项业务工作，也要争取每年做一两件重点突出、亮点明显的工作，一步一个脚印地把工作做到极致。在工作和闲暇时间里，撰写了很多事迹报告、首长讲话稿及各种发表的、未发表的论文、随笔，值得一提的是，在曾工作的研究所主动起草的近12万字的《运行机制改革方案》，使一个拥有几位院士、“863”“973”首席科学家和一大批博导研究员知名专家的国家级研究所在跌入低谷之后“起死回生”。在一次次的改进和改革的尝试中，不断获得成功的喜悦，使我有了足够的勇气和经验去面对一切应该改进和改革的事务和事业。

多思、专注，成为特点；不甘、做事，成为追求。“那一天/我不得已上路/为不安分的心/为自尊的生存/为自我的证明/路上的辛酸已融进我的眼睛/心灵的困境已化作我的坚定”，凭着这首《在路上》的歌词所表达的心境，我毅然离开了富有深厚感情的军队。按照《相信自己》歌词所表达的“多少次挥汗如雨/伤痛曾填满记忆/只因始终相信/去拼搏才能胜利/总是在鼓励自己/要成功就得努力”而不遗余力，在高校服务保障岗位上，默默工作了近10年，并充满着改进与改革的思路和印迹。

走进北京高校，置身高等教育，是我熟悉的领域，也是自己的选择。适应角色后，逐渐体会和感受到高校为国家培养人才、为社会提高公民素质做出了不可估量的积极贡献。当然，在新形势下如何推进和发展教育事业，如何改善和改革教育教学，任重而道远。高校作为一个基层教育机构有一套比较完整的运行机制，也形成了自己独特的工作体系。在这个机制和体系中，可以相对独立筹划全方位格局，也可以积极探索局部性改革。如果能够超越传统的落后思维方式并摒弃固化的不良工作习惯，就会做许多适应新形势有意义的突破性事情，推动社会事务创新，促进教育事业发展。其实，高校许多领导在自己权限范围和分管业务中做了大量的探索和尝试，同时还通过文章表达自己的思想和理念。在每个时期和工作阶段，我也会用文字记录自己的感想、理念和思路。

“文章千古事，得失寸心知。”文章不求传千古，但求留住那份执着。如此这样，也许会导致“是非只为多开口，烦恼皆因强出头”，也许应选择“人生究竟归何处，看破放下随万缘”。性格使然不吐不快，不过还是有所节制。在工作期间，按照工作性质和业务分类慎重表达自己的观点和思想，一直本着不说、少说和必说的原则处事。不分管的和不熟知的业务不说，被要求的和被安排的事务少说，分管的和联系的工作必说。在这里还想综合性地多说几句话，高校是培养接班人和建设者的重要基地，也是引导和夯实学生的正确政治思想根基的前沿阵地，高校思想政治工作和思想政治教育不可忽视，这是关系到党和国家前途和命运的大问题，是高校教育教学的政治责任和核心任务，要让学生在学习的过程中尝到甜头，真心喜欢，终身受益，需要进一步深入研究和实践。党务工作是高校党的建设中需要加强的一个重要方面，理论研究与工作实际脱节、历史印证与现实教育脱节，在实施党务工作中又少有经过全面深入培训的党务工作者，仅靠工作激情容易出现工作漏洞和失误。在这些录用的文章中，没有涉及干部工作。我虽从事组织和干部工作近 20 年，但是这个问题比较敏感，高校也有自身的规律和特点。不过制度不至，任人唯贤难成。目标、境界、胸怀是干部选拔任用的关键词。安排人事和发展事业，选人用人原则截然不同。境界可分不同层次，起码在选人的境界方面要真正挖掘发现德才兼备的人。诸葛亮有著名的七观法：问之以是非而观其志，穷之以辞辩而观其变，咨之以计谋而观其识，告之以祸难而观其勇，醉之以酒而观其性，临之以利而观其廉，期之以事而观其信。即用观察志向、应变、谋略、忠勇、本性、廉政、诚信识人知人。胸怀就是不要“武大郎开店”，更不要“戴有色眼镜”，要不拘一格降人才。高校的管理工作是应该加强和改进的重中之重，培训显然是不可或缺的环节，培养更是“雪中送炭”的补给，个人修炼的悟性也是高校具有特色的成长因素。

选录的文章中，有的获得肯定，有的得到印证。譬如，2008 年 12 月，在研究高校思想政治教育艰巨性时强调，由于思想教育的长期性、内外环境的复杂性、科学理论的实践性、信息渠道的多样性、理论学习的趋利性，提出如何强化思想政治教育的目的性和实效性问题，引起关注。此文获得北京市委教工委三等奖和北京市委宣传部一等奖。2010 年提出身为共产党员的高校校长应该担任党委副书记，并阐述了理由，今日已被证明并成为现实。2016 年提出政治讲立场，要坚定，不拿个人好恶妄议中央精神；政治讲大局，要服从，不拿局部微观替代国家宏观；政治讲纪律，要严明，不拿小众牢骚曲解大政方针；政治讲责任，要担当，不拿主观问题影响党的形象，也逐步得到党的重要文件和专家理论文章的印证。在高校常规性的安稳工作中，探索出了具有高校特点和规律的“看不见的、想不到的、防不住的、躲不掉的、管不了的”隐患分类，形成了万无一失、确保安全的工作做法，赢得几十所高校访学。当然，也存有遗憾。如对高校后勤管理也形成了一整套的改革思路，但因多种原因，未能实施，甚感可惜。

“老骥伏枥，志在千里。”虽不能在岗位上继续尽职尽责，但那份情怀、那份执着仍在。人们常说责任感与使命感，于我而言责任感已渐行渐远，使命感却未曾消失，相反随着时间的流逝，变得愈加强烈。因而我把书名定为《留住那份执着——王志鸣自选集》，以此献给热爱教育事业的耕耘者。

2017 年 7 月 15 日

目录

党建思政篇

关于加强高校党委建设有关问题的思考 …… 003
基层党建工作的基本情况与对策 …… 013
把讲政治落到实处 …… 020
对高校思想政治教育有关问题的思考 …… 029

学校建设篇

从研究高等教育“现实问题”入手分析教育改革的艰难性 …… 041
对高校全面实施素质教育的思考 …… 054
试谈对高校教师培养的基本内容 …… 060
安静心情　找准位置　确立方向
——关于如何规划大学生活的思考 …… 066
盘点历史　把握现实　运筹未来
——北京物资学院30周年之感想 …… 079

分管业务篇

对高校基础服务保障部门业务工作的思考 …… 099
高校后勤改革创新之我见 …… 107
高校基本建设过程中的苦与乐 …… 115
探索高校安全稳定工作的规律与特点 …… 119
全面深入创建“三个校园”的基本工作思路 …… 127
学校图书馆内涵建设的基本思路 …… 134
高校“高水平”运动队建设的利与弊 …… 137

出国访学篇

深入剖析　汲取精华　为我所用
——赴英国进行有关高等教育考察培训之点滴感悟 …… 143
取长补短　扬长避短　说长道短
——带队到德国两所大学考察之点滴感受 …… 155
优劣，决胜于细节上的选择
——访美国、加拿大三所大学之点滴感想 …… 161
学什么　教什么　想什么　做什么
——访丹麦两所大学探讨教师教学积极性的几点认识 …… 165
看，不如听；听，不如看
——出访马来西亚、日本四所大学有感 …… 174

培训体会篇

保证党和国家教育事业的全面协调健康发展
——国家教育行政学院学习心得体会 …… 183
开展工作、做好工作的基本方法 …… 186

浅谈中国文化的核心思想：以和为贵
——学习儒家及其思想精华之点滴体会 …… 192
学习，应作为一种追求和爱好 …… 194
智慧运用媒体手段　正确引导舆情走向 …… 196
执行力小议 …… 199
学习和掌握哲学方法中的战略思维
——读《马克思主义哲学十讲》有感 …… 201
时光不老　读书不辍　同学不散 …… 204
在学习“四个全面”中找准自己的位置
从个人角色中理解“四个全面”的内涵 …… 211
强化“严以用权”重在“真抓实干” …… 215
把握理念　坚持创新　推动发展 …… 219
从王安石的变法分析现实改革 …… 223
从《我不是潘金莲》的电影说开来 …… 226

后　　记 …… 231

党建思政篇

关于加强高校党委建设有关问题的思考

2010年8月，中共中央修订颁布了《中国共产党普通高等学校基层组织工作条例》(以下简称《条例》)。这是在我国高等学校党的建设面临的形势、任务和高等教育管理体制、高等学校教学科研组织方式、内部管理模式发生深刻变化的情况下，对加强高等学校党的建设提出的新要求，体现了党的理论创新、实践创新、制度创新的新成果。对于高等学校如何结合《国家中长期教育改革和发展规划纲要(2010—2020年)》并在实际工作中贯彻落实，进一步加强高等学校党的建设，确保培养德智体美全面发展的中国特色社会主义事业合格建设者和可靠接班人，具有十分重要的意义。

党的十七届四中全会通过的《中共中央关于加强和改进新形势下党的建设若干重大问题的决定》中指出："党的建设是党领导的伟大事业不断取得胜利的重要法宝。""世情、国情、党情的深刻变化对党的建设提出了新的要求，党面临的执政考验、改革开放考验、市场经济考验、外部环境考验是长期的、复杂的、严峻的，落实党要管党、从严治党的任务比过去任何时候都更为繁重和紧迫。"进一步加强和改进党的建设，对于高等学校也是一项非常重要的现实任务，直接关系到如何坚持社会主义办学方向和培养什么人、怎样培养人的大问题。为此，高等学校党的建设也一直是党中央非常重视和关注的重要内容。随着形势和任务的不断变化，进一步加强和改进高校党的建设应该成为高校理论研究和实践探索的题中之义。我们应该看到，高校党的建设中的确出现了一些新情况、新问题和新矛盾。前不久，笔者在北京市委党校学习期间，与各校领导就高校党委建设问题进行了交流和沟通。下面结合掌握的一些高校党委的工作情况，试对如何进一步加强高校党委建设的有关问题进行思考和探索。

第一，要理解高校党委的地位性质，确保党委在高校中的领导核心。

《条例》中明确指出："高等学校实行党委领导下的校长负责制。高等学校党的委员会统一领导学校工作。""按照党委领导下的校长负责制，发挥领导核心作用。"笔者认为，高等学校如何更好地实行和完善党委领导下的校长负责制，是加强高等学校党的建设的关键所在，也是加强高校全面建设不可回避的重要问题。

一是从规定性质上理解高校党委的领导地位。《条例》中提出的"高等学校实行党委领导下的校长负责制"，至少有两层意思非常明确：①关于党委领导。在"高等学校实行党委领导下的校长负责制"中首先强调的是党委领导的核心地位。指出高等学校党的委员会要发挥领导核心作用，统一领导学校工作；实行民主集中制，凡属重大问题都要按照集体领导、民主集中、个别酝酿、会议决定的原则，由党的委员会集体讨论，做出决定；党的委员会成员要根据集体的决定和分工，切实履行自己的职责。可见，党委领导是《条例》规定中所赋予的领导权力，也是历史的经验总结和智慧结晶，这是毋庸置疑的。②关于校长负责制。在"高等学校实行党委领导下的校长负责制"中强调的是在"党委领导下"的校长负责制。党委要支持校长按照《中华人民共和国高等教育法》的规定积极主动、独立负责地开展工作，保证教学、科研、行政管理等各项任务的完成。校长是学校的法人代表，对党委领导下的一切事务性工作有着独立负责的处置权和行使权。这一点也是毋庸置疑的。

笔者认为，党委领导，不是一人领导；校长负责，不是集体负责。党委是集体，校长是个体。党委内部人人平等，一人一票不纠结，少数服从多数，形成党委集体领导；行政领导畅所欲言，不看票数看道理，法人代表决定，强调校长独立负责。因此，党委书记要有较高的涵养和宽广的胸怀，具有较高的领导艺术和灵活的工作方法。党委书记最关键、最重要的作用在于政治方向的引领、宏观发展的运筹、政策规定的把握、团结协作的表率。党委书记是高校党委领导权威的象征，但不能绝对把控权力。作为法人代表的校长，权力很大，压力也大，责任更大。校长的作用在于按照党委形成的学校改革、发展、稳定的决议，以及教学、科研、行政管理中的重大事项的决策，用自己的专业知识和业务经验，充分调动业务分管校级领导和机关部门以及不同层次业务骨干的积极性，开创性地抓好各项任务的完成和工作的落实。

二是从组织设置上确立高校党委的领导方式。《条例》规定，高等学校党的委员会由党员大会或党员代表大会选举产生，每届任期5年。党的委员会对党员大会或党员代表大会负责并报告工作。党的委员会根据工作需要，本着精干高效和有利于加强党的建设的原则，设立有关部门的工作机构，配备必要的工作人员。规模较大、党员人数较多的高等学校，根据工作需要，经上级党组织批准，党的委员会可以设立常务委员会。常务委员会由党的委员会全体会议选举产生，对党的委员会负责并定期报告工作。凡是设立常务委员会的党的委员会，每学期至少召开1次党的委员会全体会议，如遇重大问题可以随时召开。这些组织设置强调和完善了高等学校党的委员会的领导方式，包括组织形式、产生办法、任期时限、报告制度、会议要求和工作机构等。

据了解，有的高校没有定期召开党员大会或党员代表大会，甚至二三十年仅召开两三次党员大会（或党代表大会），这是党的民主集中制所不允许的。严格按照党章的规定，按期召开党的各级代表大会，是各级党委必须严格遵守和履行的一项法规。事实证明，任意拖延党的代表大会（或党员大会）的召开，不但会破坏党的民主集中制，削弱代表大会的权威地位，而且会破坏党内民主生活的正常化和党的工作的制度化。

三是从工作职责上强调高校党委的领导核心。《条例》指出："高等学校党的委员会按照党委领导下的校长负责制，发挥领导核心作用。"在规定主要职责方面提出了8项条款，其中特别注重总揽全局，如宣传执行党的大政方针、办学方向、依法治校、科学发展、德育教育、培养人才和组织学习政治理论和相关知识等方面，从战略宏观层面把握全局；特别注重统一领导，如坚持党要管党、党管干部，包括领导班子、干部队伍、人才队伍建设等，在支持协调各个群众组织和统战工作的同时发挥党的领导核心作用，保证党的大政方针和党委决议决策贯彻落实；特别注重重大事项，如学校基本管理制度，包括改革发展稳定以及教学、科研、行政管理等"三重一大"（重大事项决策、重要干部任免、重大项目安排、大额资金使用）的问题，均由党委集体讨论做出决定。在明确高等学校党的委员会主要职责的字里行间，充分体现和强调了高校党委统一领导的核心作用。

高校实行党委制，首先要从培养什么人、怎样培养人的高度加以认识；其次要从充分发挥集体力量和智慧的角度加以认识。所谓党委制，就是党的委员会集体领导制，在党委集体领导下，实行委员分工负责。换句话说，党委制就是各级委员会实行集体领导和个人分工负责相结合的制度，是保证集体领导、防止和克服个人独断专行的家长制作风的党的重要制度。党委制要求各级党委必须坚持一切重大问题均须召开党委会集体讨论决定，坚持民主集中制原则，任何个人都无权决定重大问题。这项已经列入法规的高校党委制，必须在实践中理解其精神实质和完善具体制度，确保这一根本制度在高校的贯彻落实。

第二，要重视高校党委的组织机构，确保党委在高校中的领导作用。

党中央一再提出要加强和改进党对普通高等学校的领导，加强和改进普通高等学校党的建设。加强和改进的关系是辩证的、有机的，加强就要不断地改进，改进是为了更好地加强；只有不断加以改进，才能真正得到加强。高等学校是为国家培养优秀人才的重要基地，事关党和国家的前途和命运。所以，对于高校党的建设，我们一定要重视在工作实践中不断探索，积累经验。

一是要理解高校党委的领导职务。新修订的《条例》与之前的规定有许多不同之处，其中一项就是取消了对高等学校党的委员会的党内任职数量的规定，体现了现实性、灵活性和可操作性，有利于加强党的建设。笔者认为，没有规定党内任职数量，要求更切合实际，有利于工作，当然这不等于可以随意多设或少设任职数量。目前，高校党委成员中身为中共党员的校长、院长许多没有担任党委副书记职务。这从理论和制度上看是党内权力的无意下放。高校党委书记一般情况下不会长期离岗，但是如果出现不在岗位的情况，高校党的领导权力理论上没有掌握在具有中共党员身份的最高领导者手中。这期间，学校各类工作的请示汇报往往是按照固有的思维定式和工作习惯，盲目地把校长或院长看作高等学校、党内外的最高领导者。实际上这是高校党的最高权力的行政替代，有些事务可视为以政代党。从工作和形式的角度分析，党委书记不在岗期间往往党委工作行政化。高校中共党员身份的行政主管如果长期不担任党的领导职务，在处理一些党委工作时就容易把党委具体工作行政化，可能会使党委领导、党的权威、党性观念、党内原则、党的纪律等不同程度地逐渐被弱化和被淡化，不利于加强高等学校党的建设。所以，我们在党的生活中要注意防止以党代政和以政代党的倾向，更要在理论上、制度上和实践上防止和避免权力运作方面出现较大问题。

二是要加强高校党委的集体力量。《条例》规定："高等学校党的委员会实行民主集中制，健全集体领导和个人分工负责相结合的制度。"民主集中制之所以在党的建设中显得特别重要，就在于它所要实现的根本目标是把党组织凝聚成一个有战斗力的统一的整体。但是，我们强调的民主集中制不是绝对的民主或绝对的集中，而是民主基础上的集中和集中指导下的民主相结合。要充分展示每个党委成员的经验和智慧，在畅所欲言、各抒己见、献策献计、集思广益的基础上，实现多数人意志的集中，达到决策的正确化和科学化，最终经得起历史、事实和群众的检验。目前，有的高校七八人组成的领导班子中，却有两三名校级党员领导干部一两年被置于党委领导班子之外。其实，高校党委委员的工作职务对于个人来说不是待遇、身份和光环，也不会给个人带来任何损失。但是，对于党委的集体领导和民主集中制，尤其在吸纳智慧、运用经验、形成合力等方面，却会带来较大的不利因素和经验与力量的损失。高等学校里身为中共党员的行政领导者应该被及时地按照有关程序，包括党代会、党委全会选举或期间由上级党委直接批准党内任职，及时纳入党委领导集体之中，不应把高校的党员校级领导长时间置于党委班子之外。

三是要完善高校党委的办事机构。《条例》中明确规定："党的委员会根据工作需要，本着精干高效和有利于加强党的建设的原则，设立办公室、组织部、宣传部、统战部和学生工作部门等工作机构，配备必要的工作人员。"目前，有的高校党的办事机构还是比较健全的，工作职能也是比较明确的。但是，有的高等学校的党委办事机构有被弱化或形同虚设的现象，职能责任不够清晰，工作落实不够得力。高校党委的办事机构是党委承上启下、组织协调、信息沟通等方面的助手和保障；是确保党委正确决策和有效执行的重要环节；党委能够按照党委议事程序和工作原则办事，党委办事机构应发挥积极有效的作用。会前要调查研究、掌握依据，拟制方案、整理议题，安民告示、协调通气等；会中要分发材料、简要陈述，要点备查、回答有据，认真记录、做好服务等；会后要起草文书、会议通报，整理记录、及时归档，了解信息、及时反馈等。可想而知，如果党委办事机构被弱化或形同虚设，党委议事规则也就可能成为挂在墙上的摆设，喊在嘴上的口号，或是拖泥带水、草率行事。最关键的是会对高校党委领导作用产生一些不利的制约和影响。

第三，要完善高校党委的运行机制，确保党委在高校中的领导威望。

新修订的《条例》体现了新形势下对高等学校党的建设工作的新要求，是高等学校党的工作必须遵循的基本规章。进一步加强和改进高等学校党的建设是摆在高等学校党委和领导面前的一个迫切和重要的课题，必须不断地用心地加以研究、探索和实践，使高校党的建设保持科学的先进性和旺盛的生命力，才能真正确保党委在高校广大师生员工中的领导威望。

一是健全高校党委独立的领导制度。《条例》中规定，要按照“集体领导、民主集中、个别酝酿、会议决定”的原则决定重大事项。高校党委应该独立形成高等学校最高一级党委的会议制度，研究和落实《条例》规定的有关战略性、全局性、重要性的8项主要职责。高校党委会议可以不定期召开，但是必须围绕学校的改革、发展和稳定工作，围绕“三重一大”工作，顶层设计、战略思考、抓大放小。不应该采用党政联席会或党委会暨校长办公会的形式将党委会研究事项与办公会研究内容合二为一。这样一来，会上难分大事小事、难分党务政务，容易以党代政或以政代党包揽和处置一切工作事务，看似节省时间，往往会自觉不自觉地弱化或淡化党的领导。同时，也会对校长独立负责地处理业务工作造成不利。

二是加强高校党委务实的工作作风。高校党委具有务实的思想作风和工作作风，是反映一个领导班子良好精神状态的重要标志，有利于高校党委树立正气，提高威信，增强团结，做好工作。高校党委会或常委会容易出现的主要问题：①讲空话。会上有的婆婆妈妈、冗长拖沓、言不由衷；有的离题万里、信马由缰、不着边际；有的不入主题、左右逢源、绝对服从。会上浪费了很多时间和精力，毫无意义、毫无效果。②走过场。会前没有及时沟通和交流，没有准备，没有酝酿，甚至有时会感到不说不好，说也不好。研究干部工作，事先不通气，与副职领导分管部门有关的人事，毫无准备地当场作解释，说服不了他人，草率投票，结果事与愿违；与副职领导分管部门无关的人事，有的为争取个人利益把自己当成主角，有的把道听途说的内容当成主要内容，有的把免于得罪当成主流。这种情况往往让一些参会者不置可否，哑口无言；有时如同行政会议，走个过场，搞个形式；甚至使个“小坏”，搅个“小局”；有时还会强词夺理，“越俎代庖”。③成研讨。许多文稿、制度、规定等材料上会，之前没有在一定范围进行必要和充分的酝酿、讨论和完善，会上也没有提出研究事项的原则和主题，甚至错别字和病句连篇。如此草率上会，班子成员在会上分别提出修改意见，会议成了研讨会、文件修改会，由于没有深入调研，也不熟知非分管业务的新规定、新要求，各自随心所欲地从各自的角度研究分析问题，拖泥带水，词不达意，造成会议拖长，效果极差，文件修改也是断章取义，盲人摸象，虚无缥缈。④做好人。无关紧要的议题和事项，“你好我好大家好”，多一事不如少一事。不是自己分管的业务，最好不发言，不伤和气；尤其是书记和校长发言后，大家不易再发言，更谈不上有反对意见。⑤易对抗。对于一些敏感事项，事先沟通不够，调查研究也不够，会上又不站在分管业务领导的立场上考虑问题，尤其是个人利益与分管部门的具体工作有冲突时，有时就会各执一词、互不相让、争论不休，既达不到研究工作和决策事项的目的，又非常伤害同事之间的感情。

高校党委的领导班子应该是一个团结、战斗的集体，要努力做到主官不主观、分权不争权、分工不分家、放手不撒手、到位不越位，真正树立起党委的良好形象和正确权威。

三是发挥高校党委重要的宣传作用。《条例》中强调，应当构建多层次、多渠道的党员经常性学习教育体系，不断提高政治素质和业务素质。高等学校党的委员会应当建立党校，培训党员、干部和入党积极分子。目前，一些高校对党员和入党积极分子的党课教育、党员培训投入不够，重视不够，有时采用专家形式报告会或专题报告会代替党课和培训，对党的基本路线、基本纲领和党的基本知识的教育不够及时和深入。随着时间的推移，有的将党对党员的要求、义务，党的章程、党的纪律和入党誓言等逐渐淡忘，工作中不能发挥共产党员的模范带头作用，甚至混同于普通的老百姓。发挥高校党委的宣传作用，更是一个不可或缺的十分重要的内容，要在全校师生员工中经常不断地进行马克思列宁主义、毛泽东思想的教育，特别是中国特色社会主义理论体系的教育和党的基本路线的教育，树立正确的世界观、人生观和价值观，坚定走中国特色社会主义道路的信念。这是党和国家培养合格接班人和可靠建设者的必备基本功，也是提高教师队伍政治觉悟和思想素质的重要必修课。另外，有些高校普通教师中加入其他党派组织和无党派人员很多，甚至中层干部中民主党派人士也不少。虽然这是个人志向和追求的自愿选择，却应该分析其真实原因。是在正常的政治理论宣传教育下真正体现个人的理想信仰、政治追求、组织归宿、仕途选择，还是属于年龄回避、执政抵触、躲避崇高的倾向性问题？不可否认，其中不乏一些事业优秀者和思想纯洁者。我们应该予以关注和重视，作为高等学校的党委对于这样一个严肃和迫切的问题，更应该引起深思和探究。

第四，要提高高校党委的决策水平，确保党委在高校中的领导效能。

《中国共产党普通高等学校基层组织工作条例》的修订执行，不仅是高等学校党的正常工作必须遵循的基本规章，更是推进高等学校党的工作的科学化、民主化的制度保障。因此，要认真贯彻好、落实好《条例》，既要正确理解其中的精神实质和核心内容，还要在学习贯彻《条例》之外不断加强和提高党委集体和领导个人的素质、能力和水平。

一是坚持政治学习，不断提高政策理论素养。高校是培养社会主义合格建设者和可靠接班人的基地，高校党委和各级领导必须深入学习马克思列宁主义、毛泽东思想、邓小平理论、“三个代表”重要思想以及科学发展观，坚持用先进思想和科学理论武装头脑，坚持党的教育方针，保持政治敏感，旗帜鲜明，在政治上、思想上和行动上与党中央保持高度一致。尤其在国家提出建立学习型组织的要求下，坚持政治学习，不断提高政策理论素养，对于高校是至关重要的严肃问题。高等学校事务性工作十分繁杂，教育教学的业务工作也很繁重。但是，这些都不应该成为减少或放弃政治理论学习的借口。不难发现，许多教师包括博士毕业走进高校担任教师者，可以不参加或者几乎不参加任何学校组织的理论学习和政治教育活动，客观上一些学校少有组织全体教师的政治理论学习活动，主观上教师不坐班、参加学校活动的自主性过大。也就是说，教师个人上学读书之后，可以不再参加单位的政治理论学习。这是很可怕的一件事情，却并没有引起相关组织的领导重视。要避免出现重业务知识学习、轻政治理论学习的倾向，真正使高校党委和各级领导的政治理论学习蔚然成风，要建立健全实现内容、时间、人员、效果四落实的严格制度，把党的政治理论知识变成领导者的政治素养和理论武器，确保党的教育方针在高校的贯彻落实。

二是强化宏观意识，不断提高战略思维能力。战略思维是一种能力，是一种高层次、高水平的能力。高等学校的教育教学、学科建设、科学管理的质量好与坏、层次高与低、速度快与慢，其中非常重要的原因就是领导者是否具有战略思维的能力。有了这种能力，就能够总览全局，驾驭局面，宏观控制，游刃有余；就能够站得高，看得远，抓得准，做得好。高校有些领导干部在各种岗位历练得较少，处理复杂问题和宏观战略思维的能力需要加强。当然，能够习惯性地自觉主动地站在全局的角度去思考问题，树立全局观念，强化全局意识，形成工作思路，非一时之功。一定要有意识地去学习、锻炼、培养自己的战略思维能力，要学习有关理论知识，了解社会发展趋势，重视国家最新理念，注意人们的思想变化，能够把新知识、新信息、新理念为我所用，站在学校全局的高度自觉地与工作实际相结合，善于分析，勤于思考，敢于质疑，避免出现只重视分管局部的工作业务而不顾及全局规划的大局问题。

三是把控重大问题，不断提高科学决策水平。党委工作必须熟知政策规定和上级指示，掌握学校有关情况和特点，权衡利弊，把控方向、大局、节奏。有些事情看似是对的、是好的，但是早了不行、急了不行、快了不行，上下、左右、里外都要仔细揣摩一个“度”的问题。因此，科学决策不是一目了然的。党委工作和行政工作在于分清“大事”和“小事”。在具体实践中，有些事情是大事还是小事，界限难分，甚至有时还会转化。笔者认为，在工作中要注意“四个区别”：

一要区别的是中心工作，还是日常行政工作；二要区别的是学校方向性、政策性问题，还是一般技术性、事务性问题；三要区别的是带有倾向性的普遍问题，还是没有连锁反应的普通问题和个别现象；四要区别的是“三重一大”的中心议题，还是实施进程中的具体细节。前者应是党委讨论的问题，后者应是校长负责落实的事务。在一些高等学校校长办公会上，也会讨论一些明显是党委会的议题，思路不明、责任不清、惯性思维等都是导致这一问题的主要原因。在党委会议上研究讨论一些行政问题也是常事，占时很长，临时动议，议而不决，甚至面面俱到，事无巨细。党委工作一定要宏观把握、抓大放小。要努力减少不必要的会议、文件和讲话，突出党委工作的务实作风，不断提高党委的威望。

四是维护党委团结，不断提高集体领导意识。维护党委的团结是非常重要的。毛泽东同志说：“团结就是力量。”但是，高校党委和领导班子中的不团结现象还是存在的，大大降低了党委在群众中的威望，也直接影响了党委的领导权威。分析起来，领导班子不团结的关键是三个字在作祟：权、名、利。作为高等教育群体中的学者、专家、教授，在权限范围内获取正当的名利是应该的，也是必不可少的。但往往却在“争”字上出了问题，即争权、争名、争利。在工作中，我们应该讲原则，讲团结，也要讲感情，学会宽容、谦让和忍耐。平时工作不可能没有磕磕绊绊，要注意沟通交流，积极开展谈心活动，及时交流工作、思想和感情。党委成员尤其是学校的主官不应为了一件并非大是大非的事情，搞得脸红脖子粗、大伤和气，造成今后许多问题都难以坐在一起研究沟通。当然，沟通交流一定是在一个方向、一个渠道上，如果一个为了工作，一个为了私利，双方交流永远不会出现交叉点、和谐点，思想不会统一和一致。总之，要发挥党委的集体领导智慧和作用，就要不断强化党委的集体领导意识。

（2010 年 1 月 10 日）

基层党建工作的基本情况与对策

党的十八届三中全会提出了“创新基层党建工作，健全党的基层组织体系，充分发挥基层党组织的战斗堡垒作用，引导广大党员积极投身改革事业，发扬‘钉钉子’精神，抓铁有痕、踏石留印，为全面深化改革做出积极贡献”。这是对党的基层组织建设的新要求。中国共产党经过90多年的发展历程，取得了新民主主义革命、社会主义建设和改革开放的伟大胜利，探索形成了中国特色社会主义道路、理论体系和制度，党的先进性、引领性和时代性彰显得更加突出和有效，符合时代发展规律、要求和特点。

习近平总书记在《提高党的战斗力的法宝》一文中指出：“如果对自身存在的问题，我们党自己没有能力解决，久而久之，拖延下去，就积重难返了。”中共中央政治局常委、中央书记处书记、中央党校校长刘云山同志在中央党校关于《增强问题意识　坚持问题导向》的讲话中强调：“问题是客观存在的，要敢于正视问题、善于发现问题。问题纷繁复杂，要坚持用科学的方法分析和研究问题。问题绕不开、躲不过，应当有敢于触及矛盾、解决问题的责任担当。”为此，我们有必要从基层党建工作和党务工作者的具体情形，分析研究一些新情况、新问题、新矛盾以及解决这些问题的新探索、新办法、新对策。

一、基层党建工作存在的主要问题

战争年代“支部建在连上”的经验延续至今，这种党的政治优势发挥得鲜明有效、作用突出。无论形势和任务怎样变化，基层党建工作一直活跃在各行各业的基层第一线，积极推进党的建设，有效维护党的威信，不断探索党在基层的工作形式和方法，取得了很好的成效。但是不难发现，在不同的基层党组织和党务工作中还不同程度地存在着“六化”问题。

一是宗旨意识概念化。基层党组织要求党员始终坚持党的为人民服务的根本宗旨，强化宗旨意识，不断自律和约束党员是最基本的要求，起到了一定的激励和督促作用。在现实工作中，不可否认的是为人民服务的宗旨体现在党的先锋队、战斗堡垒、服务保障、政治核心作用以及党员的先锋模范作用等方面，在较大范围内仅作为一项工作去推进、一项任务去完成，在非革命年代很难彰显和突出发挥共产党员的模范作用和体现全心全意为人民服务的根本宗旨，往往成为挂在嘴上的口号、写在文件里的理念，有些党员甚至仅仅将其看作一种概念化的毫无行动约束力的警句和箴言。思想与行动形成“两张皮”，不在一个“轨道”上。还有的党员干部不同程度地淡忘了党的基本知识，不熟悉党在新形势下的新思想、新要求、新举措，践行宗旨更是无从谈起。

二是基本活动形式化。在新形势下，许多机关、单位、工厂、农村、企业、军队、高校等基层党组织，在落实“三会一课”制度的同时，努力创造性地开展工作，摸索形成了许多活动形式和方法。但是，从总体上讲，基层党建活动的主要形式是把党员集聚在一起，常态化的是学习已经知晓的上级下达的文件精神，照本宣科、浅尝辄止；请有关专家或领导做一次报告当成党课，甚至用工作内容代替党课教育；每年各级党委、党总支或处室党支部组织一或两次民主生活会，按照提前撰写的发言提纲讲解一遍，批评与自我批评环节也是以自我批评为主。符合现实需求的创新不多，接地气的、适合新形势下的基层党务工作形式很少，一些有现实意义、教育意义的党员同志喜欢参加的活动更是少之又少，甚至没有。即使类似红色“1+1”等活动也有流于形式或借机旅游的迹象。

三是党务工作简单化。基层党组织正常有效地开展党的经常性工作不够深入、不够到位。上级要求传达学习的有关文件，基层党组织随即安排一次学习；有的根据上级要求，在一定范围内按部就班地组织一次简单的讨论，也就万事大吉了。对政治理论的学习和研讨，学习内容不新、前期准备不足、理论根基不深、重视程度不够、工作作风不实、组织效果不好，党务工作形成不得不做、做不如不做的恶性循环，长期在党员干部中出现不良的暗示作用，使得党务工作失去了真实意义和应有效果。在此基础上，一些单位在学习内容上压缩、时间上减少、人员上不强调，即使参观学习也是走马观花，许多党的会议突出表现为简而化之，甚至有时过于应付差事。

四是政治领导边缘化。各单位是党委、常委也好，是党总支、党支部也罢，目前在工作中都会出现“围绕论”“中心论”现象，领导干部也倾向于“一把手”“一肩挑”，把党务工作和业务工作融为一体。基层党务工作与业务工作相比，强弱虚实一目了然。在以经济建设为中心和市场经济的背景下，政治领导失去了工作“实权”。无论是“党委制”，还是“分工制”“负责制”，基本上都是围绕中心任务开展工作，在业务工作任务重的压力下，党的工作和思想政治工作从客观上转变为附属地位，党的政治领导在基层有边缘化的倾向。许多作为“一把手”的党委领导，不得不抓业务工作，以强化自己的“存在感”和领导地位。

五是入党动机功利化。目前，在基层干部群众中，入党的积极性和迫切性与20世纪五六十年代相比，数量上增多，时间上缩短，质量上弱化。毫无疑问，在市场经济的影响下，很多入党积极分子受到社会上一些不良影响，失去信仰，放弃诚信，追求名利，入党动机的功利性也随之强化。有个别要求入党的积极分子是为了个人进步和发展获得一个必要的重要台阶和价值砝码。许多要求入党的不同岗位的积极分子，入党动机是否正确，很难掌握。由于个人思想的隐蔽性，难以感受和察觉到入党动机的真实性。在入党积极分子的培养过程中，也基本上是按部就班，程序统一化、要求公式化、标准条框化，没有艰难危险和流血牺牲的考验，难以真正解决思想入党的问题。

六是组织建设过程化。在新形势下，在党的建设相关工作中，投入与结果的性价比不高，包括基层党组织的会务、活动、培训等方面，在时间上容易得到支持，在经费上也可以得到满足。但是活动效果不明显，甚至在活动之初就对结果漠不关心，形式代替内容、宣传代替教育、过程代替结果。从基层党务工作和思想政治工作的现状看，容易使教育者与被教育者之间形成“两张皮”的脱节现象，活动的经费投入和教育的有效性难以形成正比。

二、基层党建工作问题的主要原因

随着中国共产党由革命党转变为执政党，党的地位发生了根本性变化，党务工作对象多元化、层次多样化、诉求复杂化、趋向利益化、目的隐蔽化，也不同程度地增加了基层党务工作的艰巨性、严峻性和迫切性。当今社会，教育者和被教育者获取信息的来源基本在一个层次上，分析问题的能力基本在一个层次上，个人利益的需求基本在一个层次上。在这种情况下，教育者如何增强党的工作和思想政治教育的针对性和有效性，是我们基层党建工作面临的一个重要问题。对此，我们不妨仅对基层党务工作队伍的不足和问题进行一些分析。

一是党务知识不足。基层第一线的党务工作者大都是兼职从事党建工作的。首先他们对党务工作是认真负责的，也是努力学习掌握一些党务知识的。但是，他们一般都有自身的主业，很少全面系统深入地进行党建理论和重点知识的学习培训，甚至有时采取应付差事的心态处置党务工作也是难以避免的。因此，许多党务工作者对党务工作“知其然不知其所以然”，正确深入地开展党务工作，使党组织在基层发挥凝聚人、启发人、感召人、影响人、塑造人的作用显得极其不足和相当弱化。

二是政治影响不足。战争年代，部队的“党代表”不仅是战场上冲锋陷阵的先锋战士，而且是党的主义的传播者、党的知识的宣传者、党的行动的组织者，他们身先士卒的勇敢精神和政治素养的影响，使广大指战员和人民群众更加信任党并愿意跟着党走。随着革命党成为执政党，地位的变化、形势的变化、环境的变化、身份的变化，基层党务工作者从客观和主观上对党在基层工作的重要性和必要性的认识也随之发生了变化。就是说，他们认为基层党务工作做好做不好，不会动摇党的执政地位的根本性变化。在评选优秀共产党员的过程中，论资排辈或平庸化倾向比较普遍，优秀者不优秀，使党员队伍先进性大打折扣，在组织内和群众眼中也习以为常。

三是时间分配不足。当前以经济建设为中心与战争年代闹革命打天下的大环境相比，党的工作重点发生了战略上的转移。为此，党的工作中心和重心也都发生了根本性的转变。国家是以经济建设为中心，各单位是以业务、科研、教学等主要工作为中心，党务工作逐渐变为从属地位，甚至有时可有可无、可多可少、可此可彼，往往基层党建和党务工作从时间和精力的安排上就让步于业务工作。基层党组织活动没有新意，更缺乏凝聚力和吸引力，组织者有时变着花样搞一些形式主义的东西，没有持久性。

四是工作经验不足。目前，基层党务工作者相对比较年轻，不仅对党务工作，而且对单位其他业务工作也缺乏一定的经验，有时也缺乏自信。相反，基层党务工作的对象，又往往比做党务工作的人员年龄大、资历老、工作经验丰富。年轻同志“领导”老同志，老同志有时本着“体谅、支持”年轻同志的心态“接受教育”，基层党务工作没有体现真实意义，也不同程度地降低了基层党务工作的号召力、亲和力和影响力。即使是一些业务兼职的老同志，也不是专职从事党务工作的，党务工作者与工作对象之间都有相互关照的成分，党的知识、理论等政治工作内容成为自身的修养和老道的经验，在现实中，经过不断固化，逐步约定俗成为一种常态模式，基层党组织“无能化”甚至理所当然。

五是分析研究不足。基层党务工作者由于大都是兼职的，完成党建工作往往也是完成一项任务，因此对内容、形式、方法、效果等研究不够，目标任务过于简单化、表面化、程式化，无论如何不像战争年代“你死我活”革命斗争所表达的现实。从某种程度上讲，忧患意识、危机意识、责任意识不够强，理论与实践的研究还相对缺乏，甚至脱节，形成“两张皮”。党建理论研究机构在党的建设和政治建设的大局上研究成果颇丰，也仅仅呈现在刊物上，尤其对基层党组织建设的研究更是缺乏至极，特别是在具体指导方面下功夫不够，失去了基层党组织的魅力，也就失去了党组织地位在基层产生影响力和凝聚力的普及意义。

三、基层党建工作对策的一点思考

党的基层组织无论在战争年代、社会主义建设时期，还是改革开放的新时代，都发挥了毋庸置疑的、不可替代的先锋队作用和战斗堡垒作用，为党的建设探索、积累、提供了丰富的经验，做出了不可磨灭的贡献。在新形势下，探索研究基层党务工作的特点和规律，结合工作现实，在如何更好地发挥党在基层的政治优势和有效作用上进行一些必要的思考，提出一些对策。

一是完善干部的选拔方式。在基层普通干部和广大群众中，十分关注干部的选拔任用。普遍认为，最大的腐败就是干部选拔任用腐败，或者说干部的选拔问题是腐败的最关键的根源之一。选拔的干部是唯上，眼睛向上看；还是唯下，把努力实现人民群众愿望、满足人民群众需要、维护人民群众利益，作为工作的根本出发点和落脚点，是解决党在人民群众中的形象的关键所在。同时，还要从体制机制上真正解决干部能上能下的问题。在现实中，信念坚定、为民服务、勤政务实、敢于担当、清正廉洁的好干部，能否真正、正常地提拔使用是摆在首位的重中之重。干部的形象代表着党的形象，要进一步建立和完善选贤任能的体制机制，能够把选人用人作为关系党和人民事业的关键性、根本性问题，抓实抓好抓出成效。

二是建立党建的法律依据。中国共产党已经成立 93 周年、执政 65 周年，国家也发生了翻天覆地的变化，党的地位和形象在人民群众中建立了牢固根基的同时，社会也逐步建立和实现了法治管理。党建工作尤其是基层党建工作也应该进一步完善法治建设，改革不能超越法律、不能突破法律，不能采取不破不立、先破后立、破而不立的行为。法律往往滞后，红头文件、领导讲话等有现实政治指导意义的，应该尽快纳入法律轨道，使其在有法律依据的前提下发挥积极作用。同时，在国家法治的框架下，应该形成和固化党的路线方针政策和新的观点思想理念自上而下的传播渠道，尤其是在互联网发达的新环境下，要保持党内文件传递的神秘性，保证上级精神全面化、正确化、系统化，不被网络信息的碎片化、自由化“先入为主”所误导，保持党内生活的凝聚力和吸引力。

三是保障群众的正当利益。反对“四唯”，但不可简单化地“一刀切”。根本问题是在全局上如何保证最广大人民群众的根本利益的马克思主义立场，如何坚持权为民所用、情为民所系、利为民所谋，如何保证与人民群众同呼吸、共命运、心连心。要站在人民群众的立场上换位思考，始终保证一切为了人民群众的根本利益，建立我们党不脱离群众的有效机制。与此同时，建立和完善基层党组织和领导干部能够始终为人民群众着想、为人民群众谋福利的体制机制至关重要。尤其是在处理人民群众利益的过程中，要坚持公平、公正、公开的原则，趋利避害、见贤思齐、从善如流，形成基础党组织的依靠性、合法性、战斗性。

四是创新党建的有效形式。党校学习期间，班级组织到北京市大兴区榆垡镇现场教学，该镇基层党组织结合新形势、新任务、新特点，开创了在全镇党支部中开展“一带二比三落实”和选人用人“双培养、双发展”的基层党建工作的新模式，在全国还有像华西村党支部带领村民致富的事迹等，他们有组织地自上而下、自下而上地探索、研究和创新基层党建工作，形成符合时代特征、形势需要、党建规律、基层实际的有效形式，是真正真实地落实党的要求、完成党的任务、维护党的纪律的每个重要环节。在中国共产党执政下，基层党组织的作用不可忽视和低估，所以，基层党组织要重获凝聚力和吸引力，重塑依靠性和战斗性，重建生动性和有效性。

五是建立党员的退出机制。目前，我们党有420多万个基层党组织，8512.7万多名党员，已超过英国和法国人口的总和。党员队伍年龄、资历、文化、业务、职务等各有不同，入党时虽是先进者、优秀者，但随着时间的推移、形势的发展、环境的变化、工作的调整、资历的积累，以及个人利益在市场化的影响下，难免发生个人的理想信念和思想追求上的变化。党的干部也是活生生的人，环境也会改变党员，特别是党员领导干部，不能只在出了问题时处理，应该建立必要的党员个人退出和组织劝退机制，及早净化和纯洁党员队伍。同时，要在党内形成党的意识、组织培训、个人检查的自省方法，并通过教育警示、问题约谈、错误纠正的提醒方式，促使党员干部在现实中发挥表率作用和树立楷模形象。

（2014年6月10日）

把讲政治落到实处

我们党作为马克思主义政党，对讲政治有着严格的要求和规定，所以，必须旗帜鲜明地讲政治，严肃认真地开展党内政治生活。讲政治已成为我们党突出的特点和优势。我们党所强调的政治，内涵十分丰富，主要包括政治方向、政治立场、政治观点、政治纪律、政治鉴别力和政治敏感性等诸多方面。如果在这个大是大非的政治原则问题上摇摆游移，尤其是领导干部不讲政治或政治上出问题，轻则误人误己，重则误党误国。正如习近平总书记在党的十八届四中全会上所指出的："干部在政治上出问题，对党的危害不亚于腐败问题，有的甚至比腐败问题更严重。在政治问题上，任何人同样不能越过红线，越过了就要严肃追究其政治责任。"领导干部要在讲政治的问题上成为政治上的明白人和思想上的引领者，就要把讲政治烙印在思想上、落实在行动上，应重点把握住政治立场、政治大局、政治纪律、政治责任四个问题。

一、政治讲立场，要坚定，不拿个人好恶妄议中央精神

政治立场是我们观察、分析和处理各种问题的根本立足点，是我们政治思想和政治行为的统一。坚定的政治立场是马克思主义者的本质属性，是对党的各级领导干部的最基本的要求之一，是中国特色社会主义事业能够不断前进的政治保障。我们党的政治立场就是要站在国家、民族和人民大众的根本利益立场上的政治坚定性。

随着世界范围内全球化、信息化、市场化的新趋势，我国经济发展的中高速、优结构、新动力、多挑战和坚持稳中求进总基调的新常态，意识形态领域斗争的长期性、复杂性和尖锐性的新情况，世情、国情、党情也发生着全面深刻的变化。党

员干部，包括领导干部在茶余饭后关心和议论国际问题和国家大事成为话语主题和言论习惯。关心国事、天下事，自然是好事，无可厚非。但是，一些人在政治立场上“娱乐化”，时常以个人的好恶妄议中央精神，“戏言”政治，流于俗浅，极大地破坏了党的形象。甚至还有一些党员在政治立场上主导“多元化”，崇尚西方自由主义、普世价值、公民社会等错误思潮，弱化和否定党的一元化政治领导，否定马克思主义的指导地位。所以，对于每个共产党员尤其是党员领导干部，要不断强化政治立场不移、政治方向不偏的政治态度和政治定力，绝不拿个人好恶妄议中央精神。

立场上的旗帜鲜明。主要表现在大是大非面前头脑清醒、立场坚定，坚决维护中央权威和党的集中统一。政治立场的旗帜鲜明，关键和前提是强化政治意识。党员干部的政治意识，需要经常性地加强灌输、影响和强化。每个党员干部所处的地位、岗位不同，从个人和利益的角度获取的知其然不知其所以然的政治信息判断评议党的路线方针政策以及中央精神，易于以偏概全、断章取义，导致说三道四、乱评妄议。由此就会在不经意间发生问题，成为政治隐患的导火索，从而影响单位和社会乃至国家层面的政治安全。也许有人会觉得这是一种无意而为，而恰恰这种无意的表达却产生于一定的思想基础和思维定式，无意就会逐渐变为有意。这种所谓的无意，归根结底还是政治上的立场不坚定、旗帜不鲜明。因此，要不断提高党员干部的政治修养，强化政治意识，旗帜鲜明地站在党和人民的立场上维护国家和人民利益，不打折扣、坚定不移地贯彻执行党的战略部署和中央精神，杜绝发生有损于党和国家的政治倾向问题，必要时要敢于亮剑、敢于斗争。

政治上的高度一致。当前，要特别强化核心意识和看齐意识，在党的指导思想和关系国家全局的重大原则问题上，必须自觉地在思想上、政治上、行动上与以习近平同志为核心的党中央保持高度一致，决不容许口是心非、言行不一。高度就是服从中央，没有杂音；一致就是同心同德，坚定自信。全党要站在党中央和国家利益的战略高度，无条件地服从党中央，讲政治才能落到实处。政治上的高度一致，不仅是理想信念宗旨所支撑的政治追求、思想定位和行为准则，而且是重大的政治原则。在政治问题上一旦偏离，就会背离党和国家的政令，就会成为党和国家提出的政治理念、政治观点的迷茫者，甚至反对者。“没有理想和信仰，不可能为党、为国家、为人民做出牺牲，共产党员应该为理想而奋不顾身去拼搏、去奋斗、去牺牲。”因此，要在党内不断强化政治上的高度一致，形成一种思想和行为的自觉。

行为上的对党忠诚。我们每一个共产党员在入党时对党庄严宣誓：“我志愿加入中国共产党，拥护党的纲领，遵守党的章程，履行党员义务，执行党的决定，严守党的纪律，保守党的秘密，对党忠诚，积极工作，为共产主义奋斗终身，随时准备为党和人民牺牲一切，永不叛党。”这是一名合格共产党员在政治上对党的郑重承诺。对党忠诚，一方面的表现不仅要在我们党发展进步的昌盛时期跟着党走，而且更要在党面临形势复杂、任务艰巨的时刻忠诚于党；不仅要在和平时期吃苦在前、甘于奉献，而且更要在党需要牺牲自己一切的时刻，毫无保留、毫无条件地献身于党。另一方面表现在牢固树立全心全意为人民服务的思想，发扬真心实意对人民负责的精神，做到心里装着群众，凡事想着群众，工作依靠群众，一切为了群众，坚持权为民所用、情为民所系、利为民所谋，为群众诚心诚意办实事，尽心竭力解难事，坚持不懈做好事。

二、政治讲大局，要服从，不拿局部微观替代国家宏观

“不谋全局者不足谋一域”。大局观是马克思主义的世界观和方法论，马克思主义者历来重视并善于从整体出发，谋全局，抓大事。大局观也是无产阶级政党的价值论，始终服从和服务于广大人民群众的根本利益、长远利益，也即国家利益。正如马克思、恩格斯强调的，共产党“没有任何同整个无产阶级的利益不同的利益”，亦如毛泽东指出的那样，“共产党员是一种特别的人，他们完全不谋私利，而只为民族与人民求福利……他们不论遇着何事，总是以群众的利益为考虑问题的出发点，因此他们就能获得广大人民群众的衷心拥护，这就是他们的事业必然获得胜利的根据”。当前，国际形势继续发生深刻变革，世界多极化、经济全球化深入发展，文化多样化、社会信息化持续推进，国际格局和国际秩序加速调整和演变。我国正处于发展的重要战略机遇期、社会矛盾凸显期。一些党员领导干部不能用马克思主义的立场观点全面观察世界局势和正确分析国家宏观发展，只从单位利益、局部利益、短期利益出发，忽略和代替集体利益、全局利益、长远利益。因此，党员领导干部必须要在政治上服从大局，树立大局意识、增强鉴别能力、提升思想境界。

树立大局意识。从政治大局出发，服从政治大局是我们党取得革命、建设和改革胜利的政治保障。大局是相对的，不同的时期有不同的内涵。改革开放新时期，邓小平一再强调，“社会主义现代化建设是我们当前最大的政治”，在这个最大的政治下，“个人利益要服从集体利益，局部利益要服从整体利益，暂时利益要服从长远利益，或者叫作小局服从大局，小道理服从大道理”。当前，党中央再次强调“四个意识”，即政治意识、大局意识、核心意识、看齐意识。大局意识，就是善于从全局高度、用长远眼光观察形势，站在党和国家的战略高度上认识和把握大局，自觉地在大局意识下开展工作。习近平总书记强调：“各级党组织和领导干部要牢固树立大局观念和全局意识，正确处理保证中央政令畅通和立足实际创造性开展工作的关系，任何具有地方特点的工作部署都必须以贯彻中央精神为前提。”树立大局意识，仅凭一种豪情和斗志是做不到的，我们要进一步健全和完善党委中心组政治理论学习的引领机制，进一步提高和强化各级党校干部政治理论学习的培训机制，进一步调整和加强基层党组织开展政治理论学习活动的工作机制，进一步建立和强化党员、干部自我学习政治理论知识的约束和监督机制，把树立大局意识当成一项长期艰巨的任务，只有不断提高正确认识大局、自觉服从大局、坚决维护大局的思想水平，才能高度自觉地牢固树立大局意识，才能不断提高政治理论修养和政治立场定力，才能毫无条件地服从、维护中央的核心权威和国家的政治大局。

增强鉴别能力。政治鉴别能力，必须具有正确的政治方向、坚定的政治立场、鲜明的政治观点、严格的政治纪律和较高的政治敏锐性，能够在错综复杂的大是大非面前保持头脑清醒，认清事物本质，站稳政治立场。当今中国，无论从国际环境的视角分析还是从国家社会的角度分析，政治形势都是严峻的。国际上的反华势力采取各种手段分化、西化中国，颠倒是非，混淆视听，甚至利用一些假象和看似所谓正当的证据污蔑、抹黑中国共产党、国家政权和党的领袖，在一定人群范围内制造不良影响，妄图分裂中国、颠覆中国。国内不稳定因素也时有发生，有些别有用心的组织和个人拿人民群众关心却不了解的事情、关注却不清楚的事情、关联却不满意的事情进行恶意炒作，迷惑、怂恿、教唆人民群众。因此，我们要不断提高政治鉴别能力，分清政治是非的界限，对一些看似不起眼的因素、现象和问题，要敏感，要警觉，要在意，万万不可麻痹大意，掉以轻心，玩忽职守，酿成后果。

提升思想境界。思想境界是人对客观事物的认知所能达到的程度。这里所指的思想境界是政治觉悟、政治追求、政治理想、政治信仰应该达到的高度、深度和广度。习近平总书记指出："干部的党性修养、思想觉悟、道德水平不会随着党龄的增加而自然提高，也不会随着职务的升迁而自然提高，而需要终生努力。"因此，提升思想境界，就要把握好世界观、人生观、价值观这个"总开关"，就要补好理想信念这个"钙"。作为领导干部，不仅要为官一任，造福一方，为当地人民群众谋福、为国家做贡献，还要采取有效方法和形式，不断提升自己的思想境界。只讲物质不讲精神不行；只讲经济建设、经济发展，不讲政治大局、政治信仰更不行。站在局部利益上思考问题，容易忽略国家宏观的政治大局，甚至会影响和动摇正确的政治立场和政治定力。在提升思想境界上，要以中央为基准、向中央看齐。只有真正提升了思想境界，才能牢固树立高度自觉的大局意识。

三、政治讲纪律，要严明，不拿小众牢骚曲解大政方针

中共中央修订的《中国共产党纪律处分条例》明确，党的纪律包括政治纪律、组织纪律、廉洁纪律、群众纪律、工作纪律、生活纪律。摆在第一位也是最重要的是党的政治纪律。2016 年 10 月 27 日审议通过的《关于新形势下党内政治生活的若干准则》（以下简称《准则》）中强调："政治纪律是党的最根本、最重要的纪律，遵守党的政治纪律是遵守党的全部纪律的基础。全党特别是高级干部必须严格遵守党的政治纪律和政治规矩。""纪律严明是全党统一意志、统一行动、步调一致前进的重要保障，是党内政治生活的重要内容。"习近平总书记指出："政治纪律是各级党组织和全体党员在政治方向、政治立场、政治言论、政治行为方面必须遵守的规矩，是维护党的团结统一的根本保证。"我们党是始终坚守政治纪律的政党，要求各级党组织和全体党员把严守政治纪律作为首要义务。

改革开放以来，国强民富的景象处处可见。在改革开放的同时，人们的思想和言行也随之得以开放或者放开。一些党员、领导干部对党的纪律置若罔闻，有的甚至站在个人利益的角度向组织讨价还价，达不到目的就发牢骚、讲怪话；有的会上不说、会下乱说，口无遮拦，俨然自己是"特殊党员"；还有的党组织"好人主义"泛滥，对违规违纪行为睁只眼闭只眼，管理上失之于宽、失之于软。对此，不可等

闲视之。目前当务之急、势在必行的是要强化规矩戒尺，规范行为准则，坚守群众观念。

强化严明的规矩戒尺。没有规矩，不成方圆。中国共产党在革命、建设、改革的不同时期取得的伟大成就，很重要的原因就是讲政治纪律、守政治规矩。近些年来，习近平总书记在不同场合多次强调讲纪律、守规矩，并指出："全党同志要强化党的意识，牢记自己的第一身份是共产党员，第一职责是为党工作，做到忠诚于组织，任何时候都与党同心同德。"还强调："各级党组织要把严守纪律、严明规矩放在重要位置来抓，努力在全党营造守纪律、讲规矩的氛围。各级领导干部特别是高级干部要牢记树立纪律和规矩意识，在守纪律、讲规矩上作表率。""欲知平直，则必准绳；欲知方圆，则必规矩。"各级党组织、党员干部必须严明政治规矩的底线和红线。党员干部锐意改革、开拓创新，不是走钢丝、戳底线、越红线的代名词，要彻底消除不讲纪律、不破规矩就不能改革创新的错误谬论。对于一些行走在党的纪律底线或是总在规矩周围打"擦边球"的人，要用铁的纪律予以警示；对于超越底线和红线的行为，要用党的政治纪律和组织纪律进行处置。同时在党内通过反面典型事例教育，强化政治纪律意识。

遵循正确的行为准则。行为准则是个人、集体或社会的行为所服从的约束条件。作为一名共产党员特别是党员领导干部，要严守党的政治纪律和政治规矩，认真落实习近平总书记在十八届中央纪委五次全会上提出的"五个必须"要求，坚决防止和遏制"七个有之"现象。《准则》在严明党的政治纪律中要求："党员不准散布违背党的理论和路线方针政策的言论，不准公开发表违背党中央决定的言论，不准泄露党和国家秘密，不准参与非法组织和非法活动，不准制造、传播政治谣言及丑化党和国家形象的言论。"要牢记"心中有党、心中有民、心中有责、心中有戒"，对党中央做出决定的，要坚决执行；对党中央明令禁止的，要坚决服从。这是全体党员尤其是党员领导干部必须遵循的政治行为准则。要做到慎独、慎言、慎行，不到明文规定禁止出入的场所，不说曲解大政方针的牢骚怪话，不做违背政治纪律和规矩的事情。同时，要用正确的行为准则影响、示范周围的普通干部和群众。尤其在自媒体发展迅猛的今天，不仅要掌握自媒体的技术和手段，掌握信息传播的主动权，而且更要规范在自媒体上传播的信息，从自我做起，从当下做起，把握住自己的一言一行，以强化政治纪律和政治规矩为前提，遵循正确的行为准则，避免因小失大，一失足成千古恨。

牢记优良的群众观念。优良的群众观念是我党革命、建设、改革取得成就的重要法宝之一。当前，社会上的不正之风和违法违纪现象时有发生，在社会和群众中造成了非常严重的不良影响。党内领导干部的腐败问题极其严重，中央政治局的个别常委、一些省部级干部以及政府机关掌握实权的各级领导，在权钱色面前胆大妄为，权力寻租，严重影响了党和政府的形象。多年来，在政府机关各种事务运行中，群众反映的门难进、脸难看、事难办的倾向性问题极为严重，目前变异后的门好进、脸好看、事不办的问题更加令人义愤填膺。在子女上学、居民购房、百姓看病等与人们息息相关的切身利益问题上迟缓无解、久拖不决，让老百姓心里积怨很深，甚至有时怨声载道，牢骚满腹。因此，我们党员干部一方面要规范岗位职责，始终坚持全心全意为人民服务的宗旨，想群众之所想，急群众之所急，帮群众之所需，扎扎实实为老百姓谋发展、干实事，解决广大群众最直接、最关心、最现实的问题，以实际行动维护党在人民群众中的威信和形象；另一方面不能把自己混同于一般的普通老百姓，既不在群众中发泄社会牢骚、发表不满言论，也不让社会上和周围的一些小众牢骚和不满情绪影响自己的政治判断、政治立场和政治定力。

四、政治讲责任，要担当，不拿主观问题影响党的形象

政治责任是指政治官员所制定的符合民意的公共政策并推动其实施的职责，以及渎职失职时所要承担的谴责和制裁。政治责任不同于公民责任、家庭责任、社会责任，在责任中属于最高层次的责任。这种责任的落实，是坚定国家信仰的根基，是强化社会主义核心价值观的关键，是提高广大人民群众基本素质的保障。当前，确有少数党员领导干部好大喜功，唯我独尊，为了谋求个人的前途和发展，做表面文章，搞形象工程，单纯地追求工作政绩，过分地强调自我价值，用经济繁荣代替政治要求，用经济发展代替政治建设。甚至有的党员、领导干部在自己管辖区域内乱作为、慢作为、不作为，不顾及政治责任和党的形象，被人民群众诋毁和唾弃，直接影响了党的形象。所以，讲政治必须以讲政治责任为前提和基础，要担当，要尽职，要负责，确保讲政治落到实处。不拿领导政绩掩盖重大失误，不拿客观不足

掩饰个人失职，不拿主观问题影响党的形象。

明确政治责任的定位。政治责任是每一个共产党员、领导干部自觉地对党应承担的政治责任，对人民群众应承担的政治责任。总体上说，岗位职务越高，政治责任越大。当然也要区别对待，有的重要岗位的政治责任不以职务高低论大小。因此，把自己排除在政治责任之外或是避重就轻的行为是行不通的，起码是掩耳盗铃、一叶障目的愚蠢做法。要进行政治决策和政治行为时，需要从宏观和大局上分析是否符合中央意图、符合国家利益、符合法律规定、符合人民意志。主观上的无意超脱的超脱、无奈渎职的渎职、无心懈怠的懈怠等一切领导个体的职务行为，都应该确定为没有承担起应有政治责任的结果和后果而接受谴责和惩罚。

强化政治责任的约束。政治责任是人们在国家和社会的政治生活领域中与之所担任角色相对应的责任承担，这种政治责任是有岗位职责之分的，对此就有高低、重轻、大小之别。所以，政治责任与其责任主体特定规范的责任和要求相对应。在什么岗位就要遵循什么岗位的政治责任要求，有什么职位就要用什么职位的政治责任约束。在现实中，不会也不可能把政治责任推卸给他人，包括推卸给上一级、同一级或是下一级，总是想方设法把自己的政治责任推卸干净，或是有意识地明哲保身、但求无过，都是一种极端不负责任的没有政治水准和党性要求的恶劣表现，当然结果也一定逃脱不掉政治责任的追究。

重申政治责任的体现。法律都是滞后的，一定是对现实行为归纳提炼后才形成法律条款规范。讲政治，更应该强调和重视的是政治的现实性，或是现实的政治性。在现实的政治生活中，党内文件的规定和要求，有党内法律意义上的政治责任体现。这是及时解决现实动态政治问题的必要手段和方式，全体党员和党员领导干部都应该知晓党内这一用文件规定的形式是有法律意义上的政治责任，这是为防止钻没有法律依据的政治责任之漏洞的补充。政治责任中还有一种潜在的党性道德责任，就是对自己应该承担的政治责任不可采取抵赖、推脱、躲闪的态度和做法。另外，政治责任可以追溯，并且可以连带。政治责任的体现，需要进一步建立和完善政治责任的管理机制和实现方式，否则政治责任易于沦为空谈。

落实政治责任的追究。政治责任是对不同权力、职务和岗位进行相对应的控制和约束的方式，一旦出现政治问题，就要追究政治责任。党的十八届三中全会提出的落实党风廉政建设责任制，就是落实党委主体责任、纪委监督责任和领导干部“一岗双责”。在认真全面落实这些刚性要求的同时，还应强调政治责任的追究机制。首先是自我追究。全体党员、党员领导干部都应在自己的岗位和职位上约束自己，对自己政治履职情况进行自我评价，不断修正自己的政治言行，强化自己的政治责任。一旦出现政治问题，要主动自我追究和承担政治责任。其次是单位党内追究。单位党委和基层党组织对所属的党政机关和企事业单位中，由其管辖和管理的党员和党员干部应承担的政治责任进行及时检查追究。再次是上级党组织追究。具有国家和政府机关职能的上级党委或党组织，对下级党员和党员领导干部应该承担的政治责任进行级别等级和处分等级的追究。最后是立法机关追究。各级人大及其常委会对其选举、决定、任免的干部应该承担的政治责任实施追究，甚至实施法律追究。及时实施政治责任追究，不仅可以强化政治责任约束和教育，而且可以避免滞后处置带来的对党的形象的不良影响。

（2016 年 4 月 7 日）

对高校思想政治教育有关问题的思考

改革开放30多年来，党的教育事业实现了前所未有的跨越式发展。高校的思想政治教育也随着形势任务的变化和需要，不断加强、改进和创新，经过大量卓有成效的工作，取得了可喜成就。党和国家历来高度重视大学生思想政治教育，高度重视从政治上思想上促进大学生健康成长，中央领导同志从事关党和国家前途命运的战略高度，作出了关于加强和改进高校思想政治教育的一系列指示。如何贯彻落实党和国家对高校思想政治教育的指导思想和工作要求，是摆在高校领导者和教育工作者面前的一个重要课题和任务。为此，笔者试对高校思想政治教育的有关问题作一些分析和思考。

一、充分认识高校思想政治教育的重要性

改革开放以来，高校思想政治教育在深入研究和探索中，经历恢复、加强、改进和创新的过程，不断丰富和发展了思想政治教育理论。尤其是党的十六大以来，以胡锦涛同志为总书记的党中央，适应新的时代特征和实践需要，采取切实措施加强高校思想政治教育工作。中共中央、国务院于2004年10月发出了《关于进一步加强和改进大学生思想政治教育的意见》，使高校思想政治教育进入全面加强、创新发展的时期。党的十七大又特别强调要全面贯彻党的教育方针，坚持育人为本、德育为先，实施素质教育，提高教育现代化水平，培养德智体美全面发展的社会主义建设者和接班人。为什么要如此重视高校思想政治教育呢？至少可以从以下三个方面进行理解和思考。

从战略高度看高校思想政治教育的重要性。党的十七大对教育事业作出了一系列重大决策和部署，对理论武装提出了明确要求，进一步回答了“培养什么人、怎

样培养人”的重大问题。思想政治教育具有鲜明的政治特征，作为国家的高等院校思想政治教育，其性质和方向决定了必须培养中国特色社会主义事业合格建设者和可靠接班人。胡锦涛同志非常重视高校的思想政治教育，多次作出重要批示，特别是对存在的问题曾表示忧虑，强调要本着与时俱进的精神，深入研究教学问题，要求在师资队伍、教材建设、教学方法、宏观指导四个方面下功夫，提出了力争几年内使教学情况明显改善的目标。对思想政治理论课如何加强、加强什么和怎么加强提出了明确要求。2008 年 5 月，时任中央政治局常委李长春同志在对加强和改进高校思想政治理论课调研时强调：高校思想政治理论课是社会主义大学的本质体现，是引导大学生坚定中国特色社会主义理想信念、掌握马克思主义科学理论和科学方法的重要途径，是开展大学生思想政治教育的主课堂、主渠道。能不能抓好高校思想政治理论课教学工作，直接关系到培养什么样的人、怎样培养人的大问题，关系到办什么样的高等教育、怎样办高等教育的大问题。毛泽东同志曾说：“世界是你们的，也是我们的，但是归根结底是你们的。你们青年人朝气蓬勃，正在兴旺时期，好像早晨八九点钟的太阳。希望寄托在你们身上。”希望的寄托，就是事业的寄托，需要一代一代合格建设者和可靠接班人继承并发展下去。改革开放以来，我们党始终坚持把高校思想政治教育与党和人民的事业紧密结合起来，与中华民族伟大复兴紧密结合起来；从确保中国特色社会主义事业兴旺发达、事关党和国家前途命运和社会主义中国长治久安的战略高度，反复强调高校思想政治教育的根本目标在于培养中国特色社会主义事业的建设者和接班人。党中央提出，高校要把思想政治理论课作为办好社会主义大学的一项重要政治任务。把加强思想政治理论课重视与否、成功与否，作为高校坚持社会主义办学方向的重要衡量标准；作为领导班子政治上坚强合格的重要考核标准；作为对社会负责、对学生负责、办人民满意的教育的重要检验标准。所以，高校思想政治教育的使命更加崇高，责任更加重大，任务更加艰巨。

从社会需求看高校思想政治教育的重要性。在党的十七大报告中，把“优先发展教育，建设人力资源强国”作为加快推进以改善民生为重点的社会建设的首要任务。一百年的时间，我国实现了从人口大国向人力资源大国的历史性转变。今天，我国教育事业正处在一个新的历史起点上，即面临着实现从人力资源大国向人力资源强国转变的新的历史任务。在这新的历史性转变进程中，高校要全面贯彻党的教育方针，坚持教育为社会主义现代化建设服务、为人民服务，肩负着提高国民素质的重大历史使命。正像胡锦涛同志反复强调指出的：“教育是民族振兴的基石，是提高人民思想道德素质和科学文化素质的基本途径，是发展科学技术和培养人才的基础工程。”教育的特点和优势，决定了高校承担着传承思想道德和科学文化教育的重要角色和责任。教育具有直接使公民个人受益，间接使整个社会受益的功能，教育所产生的结果具有社会“共享性”，这是人类社会生存发展的重要基础。尤其在大力建设社会主义核心价值体系方面，大学生是重点群体，学识水平较高，对社会其他群体具有重要影响和示范作用。时任全国人大常委会副委员长、全国妇联主席陈至立同志在《教育大国的崛起》一书的序言中指出：“把社会主义核心价值体系纳入国民教育，贯穿到各级各类教育中，体现在各种形式的教育教学活动中，帮助学生树立社会主义理想信念，形成正确的世界观、人生观、价值观、荣辱观。”“全面推进素质教育，核心是提高学生思想道德素质、科学文化素质和身体健康素质，深化人才培养模式改革，着力培养学生社会责任感、创新精神和实践能力，解决在新的时代条件下培养什么样的人和如何培养人的问题，是在新的历史条件下落实‘以人为本’的科学发展观、贯彻党的教育方针的现实要求。”可见，高校在提高国民素质方面责无旁贷，应更好地发挥重要的功能性作用。

从内在作用看高校思想政治教育的重要性。培养造就高素质的大学生，是党和国家赋予教育工作的一项神圣使命。目前，高校的学生中大部分为“80后”“90后”，独生子女占很大比例。他们成长在改革开放和我国经济发展的最好时期，面对的却是比过去更加复杂多变的社会环境，需要具备应对未来各种意想不到的挑战的能力，并承担着建设社会主义现代化国家的重任。时任中央政治局委员、国务委员刘延东同志指出：“国家和民族的未来发展，要求当代大学生必须全方位提高自身素质和能力，特别是明辨是非的能力，应对复杂问题和突发事件的能力，处理各种社会关系、与社会和谐相处的能力，创造创业的能力等。而在这些能力中，基础和首要的就是思想政治素质，它对其他方面的素质起着导向和龙头作用。”大学生正值青春年华，处于世界观、人生观、价值观形成的重要阶段和关键时期，抓好高校思想政治教育，才能确保大学生在人生征途上不迷失方向，真正成长为有觉悟、有才干、品德好、能做事的人，成长为对国家、对人民、对社会有益的人。加强思想政治教育是提高思想政治素质、帮助大学生成长成才的内在要求，是培养他们坚定信念、坚强意志、诚实品德和良好修养的重要途径。

二、认真对待高校思想政治教育的艰巨性

近两年，在反对达赖集团分裂图谋、维护国家统一的斗争中，在支持承办北京奥运会的行动中，在支援四川抗震救灾中，在庆祝中华人民共和国成立60周年过程中，当代大学生都展现出了良好的政治素质、强烈的爱国热情、浓郁的人文情怀和昂扬的精神风貌，不愧是热爱党、热爱祖国、热爱人民的一代，是充满理想、大有希望、值得信赖的一代。然而，在加强思想政治教育，尤其在树立正确的世界观、人生观、价值观、荣辱观和坚定理想信念的过程中，许多方面都呈现出不同意义上的特殊性和艰巨性。

思想教育的长期性。众所周知，思想政治教育并非一日之功、一蹴而就的工作，也不是一劳永逸、一本万利的事情，必须经历不断学习积累和长期摔打磨炼的过程。尤其对于刚刚从中学和家庭走出来的大学生，思维主体开始逐步趋向自主性和独立性，面对丰富多彩、纷繁复杂的信息社会，如何在掌握科学理论、积累政治素养的过程中，从感性认识上升到理性思考，从表面现象透视出深层问题，在是非、真假、善恶、美丑等方面不断提高政治敏感性和政治鉴别力，是当代大学生需要不断提高的政治修养和综合能力，也是高校和教育工作者的政治责任和长期任务。

内外环境的复杂性。国际敌对势力对我国实施西化分化的政治图谋从来没有放松，他们宣传推广所谓“普世价值”，在政治制度、人权、民族、宗教等领域对我国进行攻击，将经济问题政治化。他们通过各种途径和手段，加大文化输出和思想渗透，向我国传播西方的政治观点、价值观念和生活方式，企图用潜移默化的方式使年轻一代全盘接受西方的价值观和政治制度。互联网炒过的美国中情局争夺中国年轻一代的所谓《十条诫令》，只能信其有，不能信其无。伴随着改革开放深入推进，经济体制深刻变革、社会结构深刻变动、利益格局深刻调整、思想观念深刻变化，我国社会的经济成分、组织形式、就业方式、分配方式和利益关系日益多样化，人们思想活动的独立性、选择性、多变性和差异性不断增强，价值观念的多样性也

更加明显。对于国内外的许多复杂问题，我们都要结合实际，有针对性地加以研究和解决。

科学理论的实践性。改革开放以来，我们党在推进马克思主义中国化的伟大历史性创造中，体现在实践上，就是开辟了中国特色社会主义道路；体现在理论上，就是形成了中国特色社会主义理论体系；体现在政治上，就是要高举中国特色社会主义伟大旗帜。在中国特色社会主义理论体系中，邓小平理论是开创之作，“三个代表”重要思想是重要组成部分，科学发展观等重大战略思想是理论体系的最新成果。了解和掌握真理都是认识、实践、再认识、再实践的反复过程。大学生如何能够在规定的学时里，因材施教，师生配合，深刻领会理论体系的基本原理和精神实质，用科学理论武装头脑成为自觉，并非一件易事。尤其面对多变的时代、多样的社会、多种的思潮、多质的需求、多类的矛盾，能够有力抵制各种错误和腐朽思想的影响，确立社会主义核心价值体系，鲜明地高扬党在思想上精神上的旗帜，夯实思想政治基础，更加任重而道远。

信息渠道的多样性。在广播电视、报刊书籍等传统媒介不断丰富拓展的同时，又迎来了迅猛发展的网络时代。大学生几乎全部是网民，他们把互联网作为获取信息和进行交流的主要渠道。网络对大学生思想观念和行为方式的影响越来越强烈、越来越广泛。少数学生的信仰缺失，就会使不正确的思想意识和精神追求乘虚而入。信息技术的发展无疑对课堂教育方式提出了挑战。我们只有保持社会主义思想文化和科学理论的传播强势，才能在意识形态领域用马克思主义和科学理论占领主阵地、主课堂、主渠道。

理论学习的趋利性。在思想政治教育过程中，如果采用填鸭式等吸引力不强和单一的教学方法，很难培养、提高学生对丰富多彩、影响一生的政治理论体系和先进哲学思想的学习兴趣，可能在客观上使政治理论课成为弱势学科而边缘化。面对有些学生为了学分而学习的趋利性的尴尬境地，如何紧密联系改革开放和现代化建设实际，联系大学生思想实际，创新教学方法，加强社会实践，努力把科学理论和先进知识变成大学生感兴趣的主要内容，不断增强思想政治教育的吸引力、感染力，真正把高校思想政治理论课建设成为大学生真心喜欢、终身受益的优秀课程是当务之急。

三、注重强化高校思想政治教育的目的性

高校思想政治教育是中国特色社会主义大学的本质体现。其主要任务是对大学生进行系统的马克思主义理论教育，帮助他们树立正确的世界观、人生观、价值观、荣辱观，提高运用马克思主义的立场、观点、方法分析解决问题的能力。其根本目标是培养千千万万中国特色社会主义的合格建设者和可靠接班人。在完成这一艰巨而光荣的使命中，如果没有思路、不分层次、缺少办法，实现高校教育的根本目标就是一句空话。中国特色社会主义事业的建设者和接班人必须对中国特色社会主义政治认同、理论认同、感情认同，真正把中国特色社会主义作为伟大旗帜来高举、作为正确道路来坚持、作为科学理论来运用、作为共同理想来追求。为此，我们必须认真研究高校思想政治教育的目的定位和政治需求，有的放矢地开展思想政治教育。

奠定思想基础。按照马斯洛的需求层次理论，人的需求分为生理、安全、社交、尊重和自我实现五个层次。中国古代教育家、思想家孔子也把人的需求从低级到高级分为五个层次，即生存（低级需求）、食色（本能需求）、交流（社会需求）、尊重（高级需求）、人格自我完善（终极层次需求）。作为生活在社会中的人，在这些需求中就包含着政治需求，譬如追求进步、获取尊重、选择仕途、关注地位、发展自我、提高影响等。由于个体性格不同、性别不同、兴趣不同，发展道路选择会有所不同，政治需求的内容、时机也会有所不同。但是，都会具有强烈的政治需求。高校的青年学生可塑性很强，正处于世界观、人生观、价值观形成的关键时期。美国哈佛学院原院长哈瑞·刘易斯在《失去灵魂的卓越》一书中写道："理论上讲，大学就是学生开始认识自我、发现生活意义和目标的场所。他们所处的年龄正好是培养责任感的阶段。"毛泽东同志说："人的正确思想是从哪里来的？是从天上掉下来的吗？不是。是自己头脑里固有的吗？不是。人的正确思想，只能从社会实践中来，只能从社会的生产斗争、阶级斗争和科学实验这三项实践中来。"教育是从事传道授业解惑的职业。授业中的"业"就是知识，包括自然知识和社会知识；传道中的"道"就是规律，包括自然规律和社会发展规律。我们要通过思想政治理论教育，努力掌握马克思主义立场、观点、方法，不断提高运用辩证唯物主义和历史唯

物主义的世界观和方法论观察形势、分析问题、指导实践的能力。

感悟社会现实。要让学生从课堂书本到社会现实以及物质文化生活的具体事实中获得“解惑”，切身感受到中国特色社会主义事业不断发展带来的好处，充分认识中国特色社会主义政治制度的科学性、合理性和必然性。要从世界许多发展中国家照搬西方模式而无一例成功的悲剧中，真正认识到资本主义不但没有让他们得到发展，反而使他们有的更加落后。历史与现实、国内与国际的实践均已证明，只有中国特色社会主义才是符合中国国情、引领中国发展进步的唯一正确的选择。要从社会现实中真切感悟邓小平同志那段铿锵有力、掷地有声的话：“我坚信，世界上赞成马克思主义的人会多起来的，因为马克思主义是科学。”

指引人生航向。高校的思想政治教育不能跟随学生一辈子，但是科学知识、先进思想、正确观点能够影响学生一辈子。价值观是人生的航标，影响人们的价值判断和行为选择。理想是导航的罗盘，没有理想，便没有明确的方向，也不会有高昂的斗志。通过奠定思想基础和感悟社会现实的教育，启发引导学生树立积极向上的态度，牢牢把握未来人生的正确航向。在教育中，可以把家庭幸福的客观指数和个人成长的主观因素贯穿于思想政治教育的全过程，情在理中，理中有情，情理交融。思想政治素质是其他素质的基础，起着导向和龙头作用。要努力用马克思主义中国化最新成果武装头脑，提高政治鉴别力和政治敏感性，无论遇到什么风浪和考验，都要始终保持清醒的政治头脑，坚定正确的政治方向不动摇。

提高思维能力。学生在高校期间要学习知识、提高素质、强化能力。正像德国物理学家劳厄所说：“重要的不是获得知识，而是发展思维能力。”“当所学过的知识都忘记了后，剩下的就是素质。”社会需求的是具有责任感和事业心、具有创造力和创新性的人。如果说增强责任感是强化人性的话，那么，提高思维能力就是强化灵性。现实中我们经常运用逻辑思维、辩证思维、换位思维、创新思维、战略思维等，都是在学习和实践中不断强化和深化的。美国学者斯腾伯格提出思维三元理论，把思维划分为三个层面：分析性思维、创造性思维和实用性思维。分析性思维涉及分析、判断、评价、比较、对比和检验等能力，创造性思维包含创造、发现、生成、想象和假设等能力，实用性思维涵盖实践、使用、运用和实现等能力。如果大学生在高校期间能够有效地提高思维能力，在面对纷繁复杂的社会和思潮中，就会自觉地客观加以分析并得出自己正确的见解和观点，在各项工作中才会如鱼得水、得心应手。

四、努力提高高校思想政治教育的实效性

开展思想政治教育，总体思路是高举旗帜、遵循规律、改革创新、强化基础。高举旗帜，就是高举中国特色社会主义伟大旗帜，用党的理论创新成果武装大学生，切实把社会主义核心价值体系融入教育全过程，更加坚定大学生走中国特色社会主义道路的信念。遵循规律，就是要遵循高等教育基本规律，遵循思想政治理论教育教学规律，遵循当代大学生成长成才规律，努力提高教育教学的针对性和实效性。改革创新，就是要用时代要求审视思想政治理论教育，积极创新内容形式、方法手段、体制机制，以改革精神推动思想政治教育健康发展。强化基础，就是要以师资队伍建设为关键，以教材和学科建设为支撑，以教法改革为突破口，以宏观指导为保证，全面扎实推动各项基础性工作。在教育中应注重加强和改进教学的方式和手段如下。

灌输理论。列宁曾指出："工人本来也不可能有社会民主主义的意识。这种意识只能从外面灌输进去。"毛泽东同志说："对年轻人进行教育，要靠老一辈人把过去的经历告诉他们，因为他们不知道过去的困难。"邓小平同志也强调："要用中国的历史教育青年。"灌输理论不是强制性的强灌硬输，更不是抑制大学生的个性发展。同样，灌输理论也可以采取案例式、讨论式、互动式、研究式、体验式等方法，运用潜移默化、激发兴趣的教育方式，把理论和实践结合起来，把个人和社会结合起来，把党的主张、国家意志、人民意愿和个人的成长进步、奋斗目标、理想信念结合起来，通过高校的主课堂、主渠道进行讲授和互动，启迪好奇心和创造性思维，"为了每一个学生的发展"奠定思想根基。

引导思想。就大学思想政治教育课程的基本情况而言，需要引导的不是大学教育必修课的内容，而是课堂以外获取的多方面、多层次的信息。如果许多信息和内容不及时加以引导，可能会影响对科学理论的正确理解和判断。尤其是社会发展到今天，信息多渠道、无国界，其中有正确的也有错误的，有系统的也有零碎的，有全面的也有片面的，需要我们用正确的、系统的、全面的理论知识和政策信息，修

正误导，引向科学。

躬行示范。“师也者，教之以事而喻诸德也。”中华民族是一个崇尚道德榜样的民族。讲台上是师表，讲台下是表率。学为人师、行为师范，教师就是学生的躬行示范者，要用行为感召、引导学生见贤思齐、择善而从。随着时代的发展和社会的进步，当代大学生的思维方式和生活方式都悄然发生着变化，我们应更加关注和关心大学生的成长进步，用真情、真心、真诚赢得他们的信任和爱戴，成为他们的良师益友，无愧于人类灵魂工程师的光荣称号。

总之，无论灌输理论、引导思想，还是躬行示范，都应坚持育人为本、德育为先，把立德树人作为教育的根本任务。教育工作说到底，最为关键的环节在于教师。因此，要把加强教师队伍建设摆在重要位置，千方百计培养和选拔优秀教师，营造学教育大师、出教育大师、树教育大师的积极向上的校园氛围，促使教师更新观念、开动脑筋、主动创新，采取生动有效的教育方式，把理论性、政策性、知识性的课程化作大学生感兴趣的教育内容，使之成为人生道路上必不可少的智力源泉和思想武器。

（2008 年 12 月 25 日）

学校建设篇

从研究高等教育“现实问题”入手分析教育改革的艰难性

教育是民族振兴、社会进步的基石，是提高国民素质、促进国民全面发展的根本途径。我国的教育事业经过 60 多年特别是改革开放 40 年的不懈努力，开辟了中国特色社会主义教育发展道路，建成了世界最大规模的教育体系，教育事业取得了举世瞩目的伟大成就，为国家培养合格建设者和可靠接班人发挥了不可估量的重大作用，为我国经济发展、社会进步、民生改善做出了不可替代的重大贡献。国家为了实现从教育大国迈向教育强国，从人力资源大国迈向人力资源强国，大力发展教育事业，颁布了《国家中长期教育改革和发展规划纲要（2010—2020 年）》，这是指导未来 10 年我国教育改革发展的宏伟纲领和行动指南。当前，全国高校紧紧围绕国家中长期教育改革和发展规划纲要，分析“钱学森之问”的主要症结，结合高校实际，都在探索性地改革和改进教育教学工作。在认真分析高等教育的现状，酝酿、探索改革和寻找改革的切入点时，不难发现教育过程中存在的一些问题。这些不应称其为规律性的东西，却存在着客观制约主观、主观影响客观的现象，在不同的历史和不同的历史阶段中也有着不同的表现形式。无论是客观存在的教育规律，还是约定俗成的社会现象，我们不妨认真分析研究这些高等教育的“现实问题”，分析探索教育改革之路的艰难性，以便做好充分的思想准备，保证改革的步伐稳扎稳打，步步为营。下面列举的所谓“现实问题”，也许不够全面、不够准确、不够系统，但是按照这样的思路进行梳理和分析，也许会获得有益的启示。

1. 选择大学的无奈性

由于高校的趋同化和就业的攀比性，学生们在面对大学和专业的选择时，产生了无可奈何的偏离，就是说不能按照自己喜欢的专业选择大学，而只能按照自己的学习实力和高考分数选择排名最前的大学和其相对的专业。不难看出，报考大学时，考生和家长往往都是从大方向上选择学校层次最高即为最好，个人爱好与所选和所学专业不占主导地位，甚至基本无关，爱好与专业之间往往不能衔接，这是一种无奈的选择。而且这种选择的结果还会导致除第一批次之外的考入二本或职业学校的考生，在社会上会或多或少地被认为存在“低人一头”的社会默认和私下评价，甚至有些二本考生与身边一本考生相比可能会出现自愧不如的心理暗示。因为从极端的角度分析，学生虽然喜欢某一高校的专业，但可能因该校排名滞后而放弃报考该大学；而被录取的大学可能没有设置学生所喜欢的专业，学生只为了所谓的名声和名气。一流大学一定不可能穷尽所有专业的设置，学生喜欢的有关专业也不一定会在一流大学里全部呈现。另外，社会选拔大学毕业生时也更加看重学校的知名度，“学以致用”被忽视，“学非所用”却普遍成了双向给予固化的选择。由于社会、高校、家庭经过长期反复的所谓“博弈”和“进化”，高考学生对于大学和专业的选择大致变成了四种方式：一是高分的选择。相当一部分考生即使自己喜欢某个专业，却因其专业所在的大学低于自己高考分数的范围，也要放弃专业，按照自己的实力报考社会知名度相对更高一些的大学。二是家长的选择。孩子无权做主，或者孩子将选择进入哪所大学的选择权无奈地或主动地交给了家长。家长把自己的理想和观念强加给了孩子，以实现家长对社会理解的目标。三是就业的选择。许多家长选择大学和专业，有时仅会考虑孩子将来就业的工作环境、岗位层次、工资待遇等，有的直接把孩子选择大学和专业确定在家长的社会关系和人脉资源范围内，不考虑学生的兴趣和爱好。四是盲目选择。家长凭个人经验分析社会和市场的未来需求，甚至根据往年的就业形势、他人的工作情况，盲目确定自己孩子的专业选择。当然，由于具有最后选择权的考生考分偏低的原因，选择大学和专业也呈递减式，余地越来越小，盲目性越来越大。

2. 教学内容的分割性

首先是教育体系和内容等各阶段间的分割，如果说体系间有衔接，也是规定的教育大纲内容上的间接性衔接。从小学、初中、高中到大学，都是各立门户，各自为政，除了有些大学设有附属中学之外，几乎没有相互的合作方式，更谈不上多模式的合作关系。各省市的教材也各有不同，报考大学时却混合招收，各地域的教育内容或多或少地出现分割性和分离性。其次是过早地进行文理分科，人为地断裂知识的相关性。在难以抉择、不得不抉择的情况下，学生和家长一旦决定理科或者文科，几乎在受教育阶段内再难以调整变更，即使学生随着年龄的增长，对社会、对兴趣有了新的看法和取向，也几乎不能再予以调整和改变。步入大学，各类知识之间难以融合和改变，由于报考大学时的专业限制和考分规定，喜欢的专业难以中途选择学习，不喜欢的专业也要无奈地坚持学下去，结果使许多学生毕业后即放弃所学专业而改做其他专业工作，学非所用。我们国家的高校理工科的学生几乎不再学习写作，仿佛理工科学生不用文字表达。更难以想象的是，在非素质教育的大背景下，从普遍意义上讲学生的学习压力较大，加之学生的素质教育相对滞后和脱节，步入大学这一年龄段的学生世界观已基本形成，先不说思考能力、生活能力、动手能力等在高中之前训练培养较少，就是大学阶段的思想品德和思想政治教育也是步履维艰。

3. 知识灌输的强制性

学龄前儿童，在城市的家庭里早就行动起来了。有一句在家长中流传的所谓至理名言："不能让自己的孩子输在起跑线上。"因此，你上奥数我也上，你学外语我也学，你选器乐我也选，你跳舞蹈我也跳。这种背离孩子个性的强迫性学习，孩子大都没有兴趣爱好可言。从普遍意义上讲，不仅侵占了孩子们的娱乐玩耍时间，也不同程度地戕害了童心，而且不正当的教育方法和不喜欢的培训内容，可能在孩子心灵里种植下讨厌学习、厌烦学习的"基因"。我们不反对"灌输"，理论的灌输、知识的硬背、技术的强制，在学习过程中是必要的。但是，灌输和强制也要注意方式方法，其目的是为了系统传递知识、培养兴趣爱好、引发学习激情。一些钢琴家、舞蹈家等“各类家们”的成功，也有家庭“灌输”“强制”“逼迫”的结果。然而，这些毕竟是凤毛麟角。整个社会中这种“成才模式”的导向，弊大于利。其中还隐含着对孩子进行修养、品德、素质、性格等属于家教范畴的教育和影响方面的缺失。走进高等学校，虽然学生的学习方式变成了自学为主，但是教育教学的体制里充斥、涵盖着太多明显的知识灌输的强制性，顺应着“大量的理论教学课程、无限的知识学习范畴、短暂的考前复习时间、无数的死记硬背概念、少有的个性培养空间、唯一的最终考试形式、认可的独有考试结果”的模式一路走下来，其效果可想而知。应该说，我们这样教育出来的学生已经遍布全球。

4. 文化知识的多样性

大学四年的短暂时间，学生要学习几十门课程，有的要熟记硬背、有的要融会贯通，有的要宏观掌握、有的要浅尝辄止，有的要理论创新、有的要动手实践。迄今的教育思想和教学体系仍是以教师的灌输方式教学为主，特别强调知识的连贯性、系统性和完整性。更早一些年代，各层次的学校设置的知识内容还不算太多，这种教育思想和教学体系的优点可以很快使学生具备宽厚的基础知识。社会发展到今天，知识“大爆炸”，学生与十几年、几十年前所面对的文化知识在多少、难易上都不能同日而语，如果还用灌输的方式进行教学，许多学生把大部分的时间和精力都用在不喜欢的专业内容上死记硬背，可想而知其结果和效果。在这种教育体制下，素质得不到完善，能力得不到提高，甚至可能扼杀了一部分学生对知识的兴趣和好奇心。

5. 师生交流的艰难性

现在的教学与过去老式的教育方式有着较大不同，师生之间的关系也发生了一些变化。20 世纪 60 年代之前的教育基本上是老师想着学生、学生围着老师，千方百计地想把知识传授给学生是教师的唯一职业乐趣和教育目标。现在的教师压力相对要大得多，畸形发展的关键和焦点是所谓的科研工作在大学里的“扭曲”，充当着不正确的角色。科研成果是晋升副教授、教授的必要条件和关键因素，也是提高身份和增加工资收入的重要砝码。在这样的要求下，有的教师认为只要把课程完成、内容按照规定落实就可以了，学生学不学是学生自己的事情，这是现在教学上的“默认结果”。也就是说，教学只要不出问题和事故，学校一般不会追究责任。另外，客观上教师还要进行教改，要不断地深入社会调查，申报科研课题，撰写学术论文，拓展合作关系等。由于各种原因，师生比不断加大，顾不过来也是现实问题。高校中教育教学的管理运行机制也缺乏合理激励和正确导向，客观上造成了许多师生之间的感情难以发自心底地交流与沟通。到国外一些大学考察，我们在校园里经常可以感受到校长、教师与随机见到的学生之间友好和蔼的融洽关系，由衷地羡慕和感叹。

6. 实践教学的固化性

社会竞争是市场经济条件下的正常现象，但是也同时强化了学生在未来社会的就业竞争和工作竞争。为了让学生未出校门就得到一些工作经验和技能，高校增设了许多社会实践教学课程，这是一个非常“接地气”的教学形式。有的高校还在学校里建楼盖房或进行旧房改造，为学生布设了类似社会工作场景和流程的实践实习模拟环节，甚至把“市场”的一角搬进了学校。还有的学校为学生提供“工坊”，包括日常生活的电工、钳工、木工、车工、铣工，还有厨师、裁缝等内容设置，培养学生的兴趣爱好和动手能力，非常有意义。应该说，许多实践教学的内容和方式起到了良好的启发、实习、锻炼的作用和效果。但是，不要说学生选择大学和专业以及学习的被动性等因素对教育效果的影响，即使是学校的教学理念和教师的教育内容随着时间的推移，往往也会出现滞后或者有时脱离市场现实的现象。在全校范围内所有的实践教学内容又难以及时按照社会和市场的需求加以修正和调整。另外，教师本身也不是企业家和社会工作职员，导致一些校内模拟的实践教学内容和形式，在很长的时间里不仅仅变化较小或是基本不变，甚至难以体现实践教学本身的时代性、现实性、超前性和复杂性，不知不觉地将自认为优良的实践教学内容和形式予以固化，成为另一种千篇一律、固定不变的课堂教学模式。

7. 教育过程的被动性

学生即使到了自己喜欢的大学里读书，也基本上按照“教的主动和学的被动”

这样的教育教学体制机制的规定方式进行。在每个课程环节里，大学生主动学习的长度和宽度，可能仅仅取决于一堂课留下来的思考时间和少量作业。如果一门课程结束，也是在考试的压力下，不得不为应付考试而对这一门课程留有一点复习和备考空间，只重视教的开头和考的尾部，忽视教与考之间的过程教学。每年学生考试作弊现象屡见不鲜，也是学生对被动教育的一个侧面印证。我们没有将一门课程进行有效“分割”或“划分”，把百分制分解到讨论、演讲、小课堂、搞竞赛、做作业等环节和模式中，没有把学生的被动学习变为主动学习、积极思考和善于动手，不是让学生在学习过程中把关注变成兴趣、兴趣变成爱好，而是用最后一次考试的“一锤定音”几乎解决学生在校学习的一切问题。当然，学生可以利用规定之外的时间对喜欢的专业知识进行选择学习，但是，这种情形微乎其微。因为从总体上讲，对于多数学生来说，学习内容已经很多、考试压力已经很大。这种学习的积极性，在现今的大学中比较难以实现。另外，踏入社会后，许多学生所从事的职业并非在大学里所学习的专业门类，其中就业市场导向、专业岗位机缘与最大利益驱动等因素的取向在所难免。在大学里不喜欢所学专业的学生不在少数，他们在校期间也不能随意调整学习自己喜欢的专业，毕业后也就自然而然地不去选择所学专业的就业方向和单位。虽然，大学四年的学习生活，不仅是对大学生的知识灌输和专业培训，更重要的是对大学生的素质和能力的熏陶与培养；但是，知识的学习毕竟是大学教育的主攻方向和主要内容。如果在这方面更加体现个人的爱好、兴趣与学习专业知识的一致性和针对性，不断强化学生学习的个性和积极性，就会更好地适应市场的需求和社会的发展。英国牛津大学“导师制”的教学方式虽然有其弱点，但是这种教学方式给予了学生读书、思考、写作和思辨的最大空间，激发了学生学习的主动性和积极性，反复强化了学生的学习能力、思考能力、写作能力、表达能力和动手能力，这是我们应该研究和借鉴的。

8. 教育目的的唯一性

目前，高等教育教学的政策导向是强化毕业证书和学位证书的权威性和唯一性，恰恰将丰富知识、提高素质、强化能力等隐藏在了证书的背后。两个证书应该是知识的体现，仔细想想却有被弱化的感觉。知识的多与少、能力的强与弱、素质的好与坏，一证“遮百丑”，而这些有价值的知识、素质和能力却成了取得大学毕业证书的附属品。毕业证书并不能代表学习知识的多少和优劣。教学中不注重吸收新知识和知识的转化过程，在体制机制上缺乏良好的导向政策、合理规定和有效形式，没能有效印证掌握知识和提高能力的程度和效果，即使重视了教学过程、强化了知识的重要性，也是导向最后的考试成绩。“育人为本”的理念在整个教育教学的政策导向上没有强制性和目标性。长期形成的这种教育目的和结果，最终落到了获取大学毕业证书上。学校和学生均顺理成章地认为，只要获得大学毕业证书和学位证书就圆满完成了学业，顺利过关，大学四年也就万事大吉了。至于学生学到了什么知识、提高了什么能力、强化了什么素质，一概没有评价手段和认证结果，更没有跟踪调查、反馈信息，以修正教育教学内容和形式的机构和部门。即使社会、学校和学生对教育结果和效果不满，也是“一过性”的，难以形成统一的意志而影响全局。在大学四年期间，还有一些学生难以获得这个唯一的结果，总会有一些学生在考试中采取作弊等违反校规校纪的行为，导致毕业时不能获得毕业证书或学位证书。“作弊”在大学里一定是被嗤之以鼻、令人反感的不良行为，这是毋庸置疑的。一般情况下，这些作弊的学生毕业时不会获得学位证书，除非获得一些规定的奖项予以弥补，才可以被取代或解救。这些学生的行为都要全篇一律地归结于品德问题。可是，长期以来社会环境对人性的不良影响与教育波及深远，不可低估，高校对学生在责任和诚信方面的拯救应该是责无旁贷的。不过，从其他的角度分析，改革考试方式也应该是整个教育过程的关键之一。

9. 教育结果的滞后性

学生作为“消费者”，选择了高校读书学习，成长成才不是在学校期间可以完全预测出来的，必须在踏入社会之后，经过工作实践和锻炼，方可逐步显示出一个有知识背景的人的能力和水平。教育结果滞后的这一规律性是不言而喻的。社会工作岗位的经历和磨炼，才是知识转化和能力提高的结果期、收获期。大学期间课程内容的系统学习，一定会对一个人起到不可替代的潜移默化的作用。但是，难以甄别一个踏入社会后的大学生，哪些知识、哪些能力是在学校教育下产生的结果，这也许隐含着教育的潜力和教育的魅力。但是，教育结果的滞后性，恰恰从时间滞后的客观上保护了或者说掩盖了大学教育的真实性或虚伪性、合理性或悖理性、有效性或无效性。在大学里，有些能力和素质是完全可以培养、训练和学习的（军队院校更重视这一点），教育的结果也是可以在大学期间展示出来的。因此，还是要从教育体制和教育机制的正确性、导向性、功能性上查找主要原因，加以全面深化改革。

10. 教育轮回的周期性

周而复始的教育过程和形式，尤其是处于优越的地理环境和丰富的资源环境的大学，随着源源不断的生源涌入，有着“皇帝女儿不愁嫁”的感觉。这种一批一批、一代一代“轮回”的教育周期，不同程度地弱化了大学和专业的竞争意识，自觉不自觉地产生了教育改革和教学改进的惰性。尤其是国内的一流大学和特色大学，仿佛有着“基业长青”的“不倒翁”优越感，甚至会产生沾沾自喜、自以为是、故步自封、唯我独尊的不合时宜的观念和思想，更是改革创新的最大阻力。另外，高校教学质量的评价和教学过程的督导等工作还不够规范，时间、条件和标准的随意性、突击性、临时性也是不难看到的，重要性仅仅体现在评价和督导前后的准备阶段和结果中，功夫并没有放在提高教育教学的内涵和质量的整个过程之中。

以上仅仅从高等教育的一些方面进行了简要分析，是不全面、不系统的。上述问题，每一个人都会以不同角度、对某一方面产生共鸣，但是要全面深化改革，似乎会觉得问题很多，难以招架。其实还有一些不同类别的问题，在这里没有展开。譬如，从教师的角度，可以从思维方式的独立性、观念形成的自主性、目标确立的隐蔽性、道路选择的唯一性、人际交往的单纯性、业务活动的趋利性等方面进行分析；从学生的角度，还可以从智力发展的趋向性、兴趣爱好的掩盖性、知识学习的重复性、人生轨迹的倒置性、就业市场的不定性等方面进行分析。这些类似规律、现象和现实问题，已经被社会、大学和家庭长期地约定俗成，不要说个人、家庭和学校难以改变，就是动用政府和社会的力量，采用强制性的手段，在短期内也难以全面彻底改变。

高等教育的整个过程都应在《国家中长期教育改革和发展规划纲要（2010—

2020年)》的指导下进行全方位、全过程和全员性的改革。如何真正把大学的素质教育放在国家建设和发展的高度上来认识、放在提高国民整体素质的高度上来认识、放在提高国际竞争力的高度上来认识，如何把国家意志和目标化解成每个学校、每个教师的自觉行动，还是需要不断加以全面研究和深入探索的。与此同时，我们还应该看到高校自身不同程度反映出来的许多“现实问题”，也制约着高校的改革与发展。

1. 班子的软肋

高校领导班子总体上的经历都相对比较单纯和简单，而其本身所具有的丰富知识和较高悟性，却会不断地强化提高各高校领导者的能力和素质。但是，工作经历和社会经验要在担任不同职位和处理不同事务的过程中加以积累和沉淀，有些能力和方法仅靠知识和悟性是不够的。高校本身的行政管理并不复杂，但是如何理解社会、融入社会、贡献社会，从主动性和贡献率上看，还是有很大差距的。高校领导班子解决复杂问题的能力也是有待提高和加强的，同时站在国家和政府的高度，强化教育改革的决心和能力，也应该作为高校和领导者的主题和义务，应该成为高校领导班子建设的题中之义。

2. 力量的分散

大学内部的事务性工作不复杂，但却很繁杂。许多工作直接涉及教师和学生的真实思想和切身利益，不能随意松懈和无谓放任，更要防止不经意间成为导火索，出现不良影响，直接涉及社会大局的问题。正因为如此，学校领导把各自分管的工作看得很重，有时却在单方面积极努力做好分管工作的同时，影响了学校的整体建设和长远发展，在分工不分家、各自相加等于或者大于整体方面，有时就会出现欠缺。由于严格分工和固化分工的原因，为防止产生工作歧义和个人矛盾，学校领导相互之间不便于过问和干涉，有一些建设性的意见、思路和办法不能或不会及时转达和运用。如果学校党委和主要领导没有明确提出举全校之力要完成的工作任务，想把各分管的力量集中起来，难度很大。

3. 观念的制约

高校是一个比较稳定的行业，虽然高校不可能都成为“基业长青”的“不倒翁”，但是地理位置优越的大学如果没有政府干预，在相当一个时期和年代里是非常稳定的。这种高校的职业稳定性和地理优越感，对此类高校教职员工产生一些不良影响和作用。他们通常认为只要把自己的“饭碗”端牢，就可以“两耳不闻窗外事”，甚至会产生“一朝选在君王侧”“六宫粉黛无颜色”的优越感和排他性。因此，大学内部的运行机制不够健全，竞争意识还是比较淡化和薄弱的。另外，教师们的心思很难全部放在教学科研上，即使把相当的时间和精力用在教学科研上，也主要是为了补充自己的职称条件。由于制度的不完善和规定的扭曲性，往往会导致教师在观念上的趋向偏离，同时又制约了教师的工作激情和热情。这个问题应该予以关注和研究，长此下去将会影响整个教育事业的根基。还有一种潜在的倾向，如果一名博士生进入大学工作，自己不主动参加学校会议和学习，几乎可以一直不参加思想政治教育活动，其思想和观念的落后往往令人难以置信。我接触过个别教授、教师，其品德修养的极端利己主义行为甚至不可理喻，令人震惊。

4. 辈分的强势

“多年的媳妇熬成婆。”大学属于知识分子成堆的地方，“论资排辈”的情况尤为突出。一旦成为教授尤其是知名教授，基本上就成为终身制教授。这种辈分的强势，有时并未体现在学术和能力上，而体现在时间长、机会多和霸气足等上面，甚至有的已被时代和社会所淘汰，却依然“稳坐”在高校教授的“钓鱼台”上。加之每个大学专业技术职务岗位的编制定额有限，有时再优秀、再突出的年轻教师也难以获得教授身份，有的不得不采取“暗箱操作”或违背道德的行为予以争取；更多的是恶性竞争，大好时间和精力不能用在提高教学和科研水平上，只好在发表文章的质量和数量上低层次重复，以期早日解决几乎成为唯一影响教师一生幸福指数的最基础、最关键、最重要的专业技术职务问题。

5. 流程的固化

每个学校、每个专业和每个教师都形成了自己教育教学的思路、方法和套数。不难看出，不仅有的基础课的内容、模式和形式基本固定不变，而且一些与社会和市场密切接轨的课程也没有与时俱进，未能及时修改教程，使得老套固化的格式无人过问。教师的课程安排随意性较大，专业之间跳动授课也令人费解。每个学生每个学期学习多少课程，经过多少考试，原则上都是一定的。在本学期内，要想改变教学内容也是有难度的。因病因事不能到学校上课时，各院系会采取“求爷爷告奶奶”的方式请求其他教师顶替予以完成教学任务。整个教育教学的计划和安排，尤其是教学过程的推进，很难跳出固有的传统思维方式。低层次的科研成果，也难以在课堂上展示。例如，想要强化学习过程，淡化唯一的闭卷考试形式；强化每个专业课程的教育教学过程，提高学生的独立学习能力和培养学习兴趣；采取“学分制”，给学生学习专业课程选择的自主权等，这些都是难上加难的问题。

6. 教学的困惑

大学之所以能够成为一流大学，除了历史和历史事件带来的知名度，更关键的应该是大学文化的积淀、大学名师的集聚和校友名人的效应。未来高校的发展方向如何确定，已经刻不容缓地摆在了一般性大学的面前。有的高校苦于名师太少和专业不好。其实生源的好与不好都是相对的，只是我们没有搞清楚学生发展的个性和优势。各级政府、企事业等单位对人才的关注点有时与学校培养强化的方向不一致，而学校又没有在各级政府、企事业单位需求人才的关键点上下功夫，甚至置若罔闻、我行我素，有的教材已经落后于社会和市场许多年了，还被作为“经典”在使用。还有非常奇怪的是，在教学过程中教师又出现新的教条主义和经验主义，年轻教师强调书本理论，来弥补社会经验不足的问题；老教师把多年的教学思路和方法固化，成为一种经验主义教学方式。

7. 教师的尴尬

大学体制机制改革不断进行，尤其困扰的是人事制度改革，包括教师的专业技术职务晋升问题。要调动和激发大学教师的工作积极性和知识创造性，主动权主要掌握在学校或上级主管部门手中。因为上级政策和名额条件是有限制和限额的，教师的进步发展仅靠自己是不够的。也就是说教师个人的命运有时不能掌握在自己手中，这使得教师在努力方向和刻苦力度上不甚了了，感到困惑和尴尬。高校教师不可能都成为副教授或教授，而高级专业技术职务却成为教师通向幸福和提高名利的唯一途径。为此，有的教师不得不跳槽或进入机关，走仕途、找捷径。教师职业没有形成社会公认的优先选择的目标岗位，也会对教育事业带来不利影响。

8. 高校的羁绊

教育事业早已成为全社会关注的重点之一，也是群众不满意的重要内容之一。学校如同一个小社会，面面俱到，五脏俱全，每年方方面面的工作堆积如山。如教学改革要推进，教学质量要提高，学生能力要增强，就业指标要完成，科研水平要提升，校企合作要落实，服务社会要加强，历史难题要解决，服务保障要优化，基本建设要上马，高校稳定要保证等。大学中的事务性工作之多，有时难以左右逢源。高校看似相当于正局级或少数副局级单位，但是有些工作没有政府的支持和干预，仅靠高校自身是难以实施和完成的。有人戏称，大学校长不仅是教育家，更是社会家。抓排名、改大学、要项目、争硕士点和博士点，成为许多高校绕不开的羁绊，成为各项工作的重中之重。还有类似的依法管理问题，如校园内的违法经营行为和家属区外来人员房屋管理等事务，公安、城管等政府部门不予走进校门执法，推脱让学校自己解决处置；学校自身又没有执法权，处理此类问题也没有经验和能力。高校的许多工作处理艰难，耗时很长，最终逐渐成为高校遗留问题。学校领导往往全身心地投入到事务性杂事繁事之中，在顶层设计能力、宏观筹划能力、工作推进能力不强的情况下，各项改革任务更加难以推进。

9. 行动的局限

这些年，各地区、各层次、各专业的大学建设方向较为混乱，尤其是在专业和特色上的随意性而非指导性。譬如目前近500所高校设立物流专业，这种有政府无组织的状态，不应作为市场化的自然生成而任其随性蔓延。高校学科的方向定位和专业的总体布局的这种无序状况，终将产生恶性竞争和恶性循环。这种现状上级主管部门不去管理和规范，而有些方面却管得过死。譬如大学的硕士和博士授权点设置或是按照项目申请，是行政手段控制好，还是用政策导向或标准导向好？靠人际关系、名人效应或政府部门的影响，还是看客观程序、学术水平、社会需求、发展前景？党中央一以贯之地强调要加强大学的党的建设和大学生思想政治教育，如何从根本上加以落实，真正为国家分忧，解决好培养合格建设者和可靠接班人的重大问题？方方面面，林林总总，这些关于高校自身的改革和发展问题，高校的自主权、自控力、方向感，都显示出了行动上的局限性。

10. 体制的任性

体制是国家机关、企事业单位等的组织制度。高等教育体制是由高等学校教育体制、高等教育行政体制、高等学校管理体制所组成的高等教育机构与相应规范的结合体或统一体。高等教育体制的确定和固化由来已久。虽然许多体制内的事情也随着时代的变迁而小心翼翼地发生着变化，但是有一点体制内工作经历的人都是知道的，即体制规定的事项往往难以改变。《国家中长期教育改革和发展规划纲要(2010—2020 年)》没有涉及国家教育改革和发展的全部内容，却涉及主要方向、关键内容。教育改革大势所趋，势在必行。国家和北京市的教育规划纲要颁布至今，高校在思路、内容、步骤和方法等准备上，有的厚积薄发、有的引而不发、有的一触即发、有的整装待发。当前，改革步伐的大小、质量的好坏、动作的快慢等执行情况各有不同，大都在摸索、等待和观望之中。作为一所高校是等待观望还是主动出击？是全面推进还是个性试点？是组织安排还是各行其是？是目标管理还是随心所欲？如果没有上级单位的监督和指标落实的检查以及工作推进的时间表，这样下去，中长期目标难以实现，只能是纸上谈兵而已。令人担心的是，由于体制的任性和高高在上，导致上面说上面的、下面做下面的，上面想让下面按图索骥，下面却我行我素。但是，教育改革和发展问题涉及许多难题和难点，有的甚至涉及整个地区乃至国家的教育体制，等靠思想就会自然产生。等靠也好，懈怠也罢，最终都会归结于体制的任性而毫无责任。

总之，从以上一些分析中不难看出，有些应是上级主管部门的战略布局和宏观控制的问题，更多还是高校领导班子战斗力和执行力的问题。作为高校必须积极投身于教育改革的大潮之中，在某一方面能够试行探索，引领改革，这也是现代大学的基本态度和起码作为。

（2012 年 2 月）

对高校全面实施素质教育的思考

党的十八大报告中指出："全面实施素质教育，深化教育领域综合改革，着力提高教育质量，培养学生社会责任感、创新精神、实践能力。"党的十八届三中全会在《中共中央关于全面深化改革若干重大问题的决定》中，进一步强调增强学生社会责任感、创新精神、实践能力的同时，提出"培养高素质劳动者和技能型人才。创新高校人才培养机制，促进高校办出特色争创一流"。这简单的几句话在党的重大决定和报告中反复强调，富有深刻的思想内涵和操作空间。近些年以来，素质教育已经引起全国高校的普遍重视，并进行了广泛实践。目前，我们要进一步熟知素质教育的内涵和本质、分析素质教育的现状和难点以及厘清全面实施素质教育的思路和方法。笔者现就高校全面实施素质教育的有关问题进行一些分析和思考。

第一，分析高校素质教育的内涵和本质意义。

素质的概念来自生理学，是指有机体与生俱来的生理解剖特点，主要是神经系统，尤其是大脑以及感觉器官和运动器官的生理解剖特点。它们通过遗传获得，故又称为遗传素质。素质是能力形成和发展的自然前提，在人的发展中是物质基础和必要条件。

关于人的素质的基本理论，目前主要有五种观点：一是"要素说"，认为人的素质是由品德、智力、体力等多种要素组成的；二是"构成说"，认为人的素质是由自然生理素质（先天遗传）、社会文化素质（后天获得）和心理素质（个性品格）构成的；三是"发展说"，认为人的素质是由三个发展阶段形成的，即由心智全面发展（观察、记忆、思维、想象和实践能力等）到身心全面发展（生理与心理素质的统一），再到个体与社会协调发展（形成思想、能力、品格等）；四是"能力说”，认为人的素质不是各因素静态的总和，而是动态性的，其中任何一个因素的变化都会影响整体素质的变化，并且认为素质是能力（事实上，能力只是素质的外在表现）；五是“统一说”，认为人的素质是其构成要素的“质”与“量”的统一，动态与静态的统一，具有整体性、社会性和适应性。总而言之，人的素质指的是人在先天禀赋的基础上，通过教育和社会实践活动而发展形成的人的主体性品质，即人的品德、智力、体力、审美等方面品质及其表现能力的系统整合。

人的素质包括自然素质、心理素质和文化素质。素质只是人的心理发展的生理条件，不能决定人的心理内容与发展水平，人的心理活动是在遗传素质与环境教育相结合中发展起来的。人的素质一旦形成就具有内在的相对稳定的特征。所以，人的素质是以人的先天禀赋为基质，在后天环境和教育影响下形成并发展起来的内在的、相对稳定的身心组织结构及其质量水平。

我们所强调的素质，是社会学、教育学中的概念，是指公民或某种专门人才的基础品质，如国民素质、民族素质、干部素质、教师素质等，这些都是个人在后天环境、各种教育的影响下形成的。因此，综上所述，素质是指个人先天具有的生理、心理特点和后天通过环境、教育获得的基础品质。先天获得的遗传素质是后天形成基本素质的物质前提，而后天的环境与教育则是先天遗传素质能否发展的条件。

从不同角度对素质有不同的理解和定义。如“沟通”的效率与层次可概括为素质。层次高低取决于人的单项技术知识深度或多面知识修养广度、沟通方式的丰富性和准确性、人生观价值取向、情商优劣等条件。再如，素质是指个人的才智、能力和内在涵养，即才干和道德力量。还如，“素质”是指人的体质、品质和素养。“素质”又往往被简化地称为“能力”“资质”“才干”等，是驱动员工产生优秀工作绩效的各种个性特征的集合，它反映的是可以通过不同方式表现出来的员工的知识、技能、个性与驱动力等。在社会上，素质一般定义为：一个人文化水平的高低，身体的健康程度，以及家族遗传给自己的惯性思维能力和对事物的洞察能力、管理能力，智商、情商层次高低以及与职业技能所达到级别的综合体现。所以，素质是判断一个人能否胜任某项工作的起点，是决定并区别绩效差异的个人特征，也是一个人从事某一工作必备的基础和条件。

素质包括三类八种。三类素质是指自然素质、心理素质和社会素质。八种素质是指政治素质、思想素质、道德素质、业务素质、审美素质、技能素质、身体素质、心理素质。

1999 年 6 月 13 日在《中共中央国务院关于深化教育改革全面推进素质教育的决定》（以下简称《决定》）中指出："实施素质教育，就是全面贯彻党的教育方针，以提高国民素质为根本宗旨，以培养学生的创新精神和实践能力为重点，造就'有理想、有道德、有文化、有纪律'的、德智体美等全面发展的社会主义事业建设者和接班人。"从《决定》中不难看出，素质教育的本质就是以提高全民族素质为宗旨的教育。素质教育是为了实现教育方针规定的目标，着眼于受教育者群体和社会长远方针的要求，以面向全体学生、全面提高学生的基本素质为根本目的，以注重开发受教育者的潜能、促进受教育者德智体美诸方面生动活泼地发展为基础特征的教育。也就是说，素质教育不是面向少数学生，不是单纯应付考试，不是让学生被动地、机械地接受知识，而是在教育的各个环节中，全面实施德育、智育、体育、美育，着重培养学生的创新精神和实践能力。

第二，分析推进素质教育的现实和难点问题。

党的十八大以来，尤其是党的十八届三中全会再次强调实施素质教育，全国各高校都在如火如荼地开展素质教育的探索和实践，无论从教育教学本身的要求，还是考虑吸引优秀学生或是为了学生就业，强化素质教育、提高学生的素质和能力，已经成为高校各级的任务和目标。但在实践中发现难度很大，有理念和操作的局限，有客观和主观的原因，有历史和现实的问题，有近期和长远的利益。

学生生源带来的问题。目前全国各中小学均没有以全面强化提高综合素质为第一要务的教学模式。九年义务教育和高中学习，靠家庭和老师的督促进行文化知识的学习较为普遍，死记硬背的应试教育使许多学生厌烦学习，失去了对学习的兴趣和爱好，相当一部分学生甚至只是为了考上大学来寻求一份体面的工作而无可奈何地走进大学学习。可是，到大学里不难发现，这样的学生确有高分低能、眼高手低的问题。甚至有的学生在期末考试中不会答题、抱头大睡，令人不解。其实当初考入大学的学生的学习成绩都很不错，为什么会出现类似的情况呢？分析起来是因为约束能力、学习能力比较弱，尤其对学习没有兴趣，更成了学生在学习中的问题所在。

学校校风带来的问题。我国大学的学习方式很少有采取过程教育教学、寓教于乐的。美国和欧洲一些知名大学、优秀大学，大都采取过程教学，包括听课、小考、讨论、演讲、答辩、作业、论文等以及期末考试，每个过程都计算成绩，学生形成了主动学习的态势和氛围，可以在平时学习中掌握自己的专业成绩，在过程中变被动为主动，产生对专业的兴趣。我们的大学基本上都采取期末一次性考试定乾坤的方式，有的学校不仅有补考，还有清考。不出原则性问题，基本上全部通过。新生来到高校，本来是“一张白纸”，由于学校没有及时教育和规范，学长们把一些不良的学习习惯和违规做法教给或影响新生，新生往往仿效能力极强，受到不良风气的影响。

社会就业带来的问题。大学生毕业前的就业问题是学校的重头任务，全校上下不遗余力帮助学生就业。学生本身会出现多种情况，有的不着急，有的跑门路，有的好高骛远，有的不以为然。目前，社会工作岗位的竞争环境非常严峻，存在许多不公平竞争的现象：靠关系、靠家长、靠其他非专业能力的要素获得就业机会。社会上类似的问题不可避免，但是这种情况所产生的副作用和反作用力直接传递到高校，后果不可低估，容易产生“读书无用论”的思想问题。

教师教学带来的问题。走进教室听课，总体感觉一些年轻教师讲课有激情、有思想、有方法，与学生互动效果良好，课件制作得新颖有创意。但是，教师教学成效好并不是对教师评定专业技术职务的过硬指标，论文、成果、专利才是“硬通货”。因此，教师不得不把很多时间和精力投入在科研工作上。虽然做好科研工作可以促进教学工作，但是他们很少将自己的科研成果在教学中展示，有的是不屑于在教学上下功夫，有的是低层次成果也难以启齿。科研与教学的关系和导向处理不恰当、失之偏颇，就会大大影响教师的教学积极性，教学质量大打折扣，从而直接影响学生的学习成效和学习质量，以致影响学生的成长成才。

教学评价带来的问题。高校缺乏对教师教育教学的全面、正确、深入的评价机构和评价体系，目前对教学的评价结果也难以作为教师晋升专业技术职务的重要条件。学校对教师的教学评价似乎只有学生评价和督导评价这两种方式，这样一来，课堂严格的教师往往学生评价分数低，相反则高；也会出现教师笼络学生、为自己争取打高分的作弊现象。督导评价也不会每人必听、每课必听，是否缺乏公允，可以另议。这个问题的解决其实并不难，关键在于用心解决与否。如果不解决这个问题，就难以更好地评价、表彰、鼓励和引导优秀的老师积极从事教育教学工作。

高校管理带来的问题。教务部门和学生部门都有自己的一套工作模式和工作内容，在教学上的要求很少顾及学生的过程教育，在学生管理上也难以要求教师如何对待学生。他们在分工如同分家地履行各自职能和开展工作时，一些有关教与学的内容和方式就会出现脱节问题。从返校的校友中不难发现，班主任和学生处的干部更容易在校友的历史记忆中留下深刻印象。高校虽然以教育教学工作为中心，在常态的情况下，学校领导各自分管各自的工作，其重要性和必要性往往是平行的，但是也很难集中人力和精力加强和推进教育教学工作全面、深入地进行有效改革，最终结果还是一个人去组织完成存在许多问题的教育教学管理和改革任务。

综上所述，高校推进素质教育没有统一的、规范的、强制性的模式和方法，改革本身也存在较大风险，看似稳中求进、探索前行，实则走一步看一步，基本上是约定俗成、按部就班。这就是推进素质教育的现状和难点，何况做与不做不会影响当前学校的正常运营和正常工作，也不会出现追责的结果。

第三，分析实施素质教育的思路和基本做法。

时代在变迁，社会在发展。全面实施素质教育迫在眉睫、势在必行。从中小学开始强化素质教育改革，必须彻底改变应试教育所产生的学生思维固化、学习知识僵化、素质能力弱化的现象。要采取多种多样的教育教学形式，不断将所教、所学的知识融化在教学过程中、渗透在温故知新中，从而将知识变为素质和能力。

大学四年的短暂时间，学生所学的知识很多，有七八十门课程。应该说都是与提高素质有关的内容，包括专业素质、文化素质。但是，走进课堂、走进教材、走进教师、走进学生，就会发现大学教育教学中缺乏课堂知识导读课程或是书面知识导读索引，学生不知道在大学四年中自己要掌握所学知识的总体框架和结构布局，所学课程只有必修课和选修课之分，很难弄清哪些课程是核心知识，哪些课程是辅助知识，不清楚课程之间的相互关联，不知道一些课程内容不掌握就难以弄懂其他课程内容的逻辑关系。每门专业课程的重点、难点也许可以在课堂上获知，但是四年大学全部所学专业知识中的重点、难点却没有在学习过程中获得，大学生如此不明就里，学习时就会稀里糊涂，无法针对自己的优势和特点，强化和优化自己某一方面的素质，就会感到无从下手、无所适从。大学教育教学重在掌握专业知识、思维方式，要重点培养学生的思想品德、政治修养、责任意识、文化修养、体育技能，还要培养学生独立的学习能力、阅读能力、思维能力、表达能力、运筹能力和动手能力等。我认为，在德智体美的教育方面，要突出重点、启发思考、培养兴趣。德育方面，一要奠定思想基础，二要感悟社会现实，三要指引人生航向，四要提高思维能力。智育方面，一要传授知识原理，二要启发心灵智慧，三要培养专业兴趣。体育方面，一要教会学生喜爱的终身受益的体育项目，二要提供群体协作的情感智商的培养机会。美育方面，就是要提高综合鉴赏能力和文化知识素养。

北京大学中文系毕业、现在美国任教的薛涌在《北大批判——中国高等教育有病》一书中提出一个观点："大学是为学生打造未来的人生框架，而不仅仅是职业框架。不能舍本逐末，让学生为了一门手艺而在人生的道路上迷失。"他还说："精英的本科教育是通才教育，要给学生足够的时间和优越的环境扩展视野、认识世界、认识自己，发展批判性思维能力，培养良好的价值观念。"这虽属个人之见，但其中确可引发我们的思考和改进。

要把高等教育发展的重点放在提高质量和素质教育上，坚持人才培养、科学研究、服务社会、文化传承创新的有机结合，加强研究和实践，从责任、能力、和谐、诚信四个方面对学生进行强化和提高，努力培养学生成为可靠接班人和合格建设者。

（2014 年 2 月 28 日）

试谈对高校教师培养的基本内容

2009年9月4日，温家宝总理到北京市第三十五中学听课之后发表了重要讲话。不久其文章刊出，题目为《教育大计　教师为本》，文中对教育和教师提出了非常中肯和现实的要求。北京师范大学汉语文化学院院长、第九届和第十届全国人大常委会副委员长许嘉璐教授，在2010年参加亚洲地区教育大学校长论坛时指出："当前中国教育发展的关键在于教师素质的提高和教育观念的与时俱进，'我称之为中国教育发展的两个瓶颈'。"麦肯锡公司代表、英国前首相布莱尔的首席教育顾问麦克尔·巴伯爵士在前不久参加新加坡国际教育圆桌会议时，纵观各国教育改革的经验教训提出了一些看似浅显却极为深刻的道理："教育的质量无法超越教师的质量；改进教育结果的唯一途径是改进教学；学校的领导水平是获取成功的关键因素。"等等。由此可见，提高教师教学水平，是提高高校教育水平的关键所在。

高校中许多教师具有硕士、博士学历，却从未在师范院校学习进修。要提高教学能力和水平，仅靠自发地在实践中学习和摸索，可能需要较长时间。"闻道有先后，术业有专攻。"任何一项事业、事物或工作，都有其内在的规律性，高等教育教学也有其自身的规律和特点。要进一步加强教师队伍建设，把握和运用高校教育的规律性、基础性和逻辑性，针对能力和素质的培养，不断提高和强化教师队伍质量和水平。那么，在培养内容上从哪些方面入手呢？笔者认为，重点可从以下五个方面进行探索和实践。

第一，提高必备的基本素质。作为一名教师首先要具备必要的素质条件，无论是个人还是学校都会对此有足够的认识。在进入学校大门担任教师之前，有关部门要组织进行必要的考核。但是，随着时代的发展和形势的变化，每个人的基本素质都需要不断充实、提高和完善。归纳起来，在必备的基本素质中主要强调四个方面。一是品德素质。品德就是人品，包括道德素质和思想素质。道德素质，包含职业道德、家庭美德、社会公德。高校是培养社会主义合格建设者和可靠接班人的基地，坚持以人为本，以德为先，是最基本的要求。当今社会，“不患位之不尊，而患德之不崇”。思想素质，是对一些文化、观念、思潮和现象等，在法规、纪律和道德的规范约束下，经过意识中的思维活动所产生的符合身份修养的结果。著名史学家司马迁认为：“才者，德之资也；德者，才之帅也。”教师应该是有德之士，是学生的躬行示范者，见贤思齐，择善而从。二是文化知识素质。包括综合知识素质和专业知识素质。下面作为专门内容述之。三是心理素质。包括情感素质、意志素质、智力素质。情感素质，要求能够并且具备正确处理情感问题的修养和方法。意志素质，是从另一个侧面体现人的意志和人格。智力素质，是以培养创造性思维为核心的素质。心理素质在学校时常体现在对不同学生的关心和关爱，尤其面对“另类”的学生，能够展示“大爱”的胸怀。四是身体素质。就是体质、体力、体能。身体素质在人的素质结构中的地位是不言而喻的，是前提性、基础性的。“三尺讲台站一天，思绪滚滚不疲倦”，就是身体素质的支撑和体现。

第二，掌握丰富的文化知识。知识就是力量。李大钊先生曾说过：“知识是引导人生到光明与真实境界的灯烛。”教师应该努力完善“T 形”知识结构，既要专，也要博。所谓“专”指专门知识的深度，就是在某一学科、某一领域学有专长。有句谚语说：“千招会不如一招绝。”在某一领域、某一学科的某一点上胜过他人就是优势，就是专家。所谓“博”指综合知识的广度，但不是也不可能要求穷尽一切知识领域。胡适先生对博学与专才的关系是这样论述的：“理想中的学者，既能博大，又能精深。精深的方面，是他的专门学问。博大的方面，是他的旁搜博览。博大要几乎无所不知，精深要几乎唯他独尊，无人所及。”可见，既是专才，又是通才，方可成为大才。不要像鲁迅先生所批评的：“博识家的话多浅，专门家的话多悖。”就是说，只是通，容易浅薄，不能精深；只是专，容易变得狭隘、局限，甚至会发出令人可笑的悖论。在当前的科学研究中，也证明单一专业难成大器。控制论的创始人维纳认为：“在科学发展上可以得到最大收获的领域，是各种已经建立起来的部门之间的被人忽视的无人区……到科学地图上的这些空白地区去做适当的查勘工作，只能由这样的一群科学家来担任，他们每个人都是自己领域的专家，但是每个人对他们的邻近的领域都有十分正确和熟练的知识。”教师要在讲堂上或在所从事的领域里达到高峰和极致的境地，必须不断丰富自己的文化知识底蕴。高校的教师要注重知识更新，可以从学科建设、课程建设着手，同时对现有教材教程定期修订，充实新的内容。要成为优秀教师乃至成为思想家、教育家，不付出艰辛的努力是万万不可能的。要充实身心，磨砺技能，提高修养。修者修学，养者养气，二者均非旦暮之功，需要一以贯之的精神和百折不挠的毅力。罗曼·罗兰说：“成年人慢慢被时代淘汰的最大原因不是年龄的增长，而是学习热忱的减退。”

第三，修炼不同的表达技巧。著名诗人马雅可夫斯基曾说：“语言是人的力量的统帅。”的确，语言是沟通、交流、交际的基本工具，是教师进行教学的武器。知识、思想和见解，需要通过不同语言表达进行传递、传授，同时展示其才华和水平。表达技巧应从三个方面修炼。一是口语表达。作为教师，文化知识再丰富、再专业，如果没有展现出析理入微、要言不烦、深入浅出、举一反三的语言表达艺术，而是“茶壶里的饺子倒不出来”，或者照本宣科、冗长乏味甚至草率应付的话，可想而知其教学的效果。课堂上的语言表达应清晰、委婉、雄健。清晰可以明志，委婉可以陈词，雄健可以感人。同时，要注意声情并茂、抑扬顿挫、风趣幽默。努力做到“思风发于胸臆，言泉流于唇齿”，合理体现“语不惊人死不休”的教学效果。只有千方百计让学生喜欢学习、掌握知识，才有可能真正获得学生的尊敬和爱戴。二是文字表达。如果说口语表达具有灵活性、即时性、易逝性等特点的话，那么文字表达却有着固化性、严谨性、传承性等特点。在服务社会的过程中，大学一直是发明科技和创造知识的源泉，而一切新的知识都需要用文字表达和记载，以便学习、理解、补充和传承。文字表达本身也是能力和水平的展现。倘若有好的思想、观点和见解，却没有好的文字表达，那是令人失望和不幸的。三是外语表达。学习语言尤其是学好外语，需要坚强的意志、非凡的耐性和不懈的努力。掌握一门外语，就会扩大文化交流、知识交流和朋友交流的范围，就有掌握和学习更多文化知识的渠道和可能。作为教师，仅从能够熟练运用外语这一点上说，就会给人留下一种良好的形象、素养和气质。另外，教师还应注重提高形体语言表达、板书表达和计算机表达能力，这些也是需要不断修炼的技能。

第四，形成特有的人格魅力。汉语词典对“人格”的解释为：“人的性格、气质、能力等特征的总和”，以及“个人的道德品质”。其包含着学识与风度、修养与个性、探索与创新、爱心与激情等。在教育教学的历史和现实中，有一个非常值得深思的现象：当一个学生喜欢一个老师的时候，无论是老师的学识、才华、技巧，还是举止、声貌、态度，甚至包括儒雅风度、穿衣戴帽、风趣幽默等个性表现，都会演变成从喜欢一个老师到喜欢老师所讲授的一门课程。可称其为“爱屋及乌”。相反，如果不喜欢一个老师，可能连其所授的课程一并厌倦或放弃。这种人格魅力的现实对被教育者的直接和间接影响是巨大的，有时也是难以扭转和改变的。所以，如何形成个人独特的人格魅力，这是一门学问，应该引起足够的认知和重视，并加以修炼。2009 年4 月8 日，弃警从教的安东尼・马伦充满激情和阳光，善于发掘每一个学生身上的闪光点，帮助徘徊在社会边缘的“不良少年”迷途知返，在白宫玫瑰园接受美国总统奥巴马授予的 2009 年“国家年度教师”称号。一时间，安东尼・马伦变得像明星一般耀眼。我们国家也有许多超凡的优秀教师，他们都有着楷模和借鉴作用。如民国时期学界大名鼎鼎的怪杰、知名教授辜鸿铭，不仅因为他学贯中西，也不仅因为他能操一口流利的外语，还因为他奇特的外貌和特立独行的做法。他上课时，幽默不呆板，“看他的为人，越发诙谐滑稽，委实弄到我们乐而忘倦，也是教学的一种方法，所以学生也很喜欢”。再如，中国最具影响力的人文学者之一、北京大学资深教授钱理群，思考透彻，激情飞扬，充满了敏锐的发现与深刻的思索，以自体生命与学术一体化的追求，回应了大时代对于中国知识界的呼唤。他曾在北京大学学生评出的最受学生欢迎的十佳教师中名列首位。还如新东方有一位“嘻哈‘80 后’麻辣教师”陆一平，在属于他的英语课堂上，激情四溢，跳霹雳、唱 RAP（说唱）、模仿电影台词，讲台变成了选秀场。但是，他只有中专文凭，却在 4000 多名应聘者中脱颖而出，成为最受欢迎的高级教师。这些听起来许多反常规的人和事，却真实地存在于我们教师队伍中，他们不能简单地用“好”来形容和评价，却深受学生的爱戴甚至追捧。他们有的学识渊博，有的德高望重，有的新潮时尚，更重要的是他们的思想学术创新，教育理念独特，授课方式新颖。他们在课堂上是教师，更是学生的朋友、亲人，甚至是偶像。最重要的是，他们通过“人格魅力”有效地传授了知识。

第五，增强自身的综合能力。如果一个人具有良好的素质、丰富的知识、精湛的表达、独特的魅力，但是没有较强的综合能力，其工作水平和效果也难以达到最佳境界。教师的岗位是锻炼各种能力的天然舞台，只要努力，就没有输家，只有赢家。从不同能力的相关性来看，大致可以分为：一是独立能力，相关联的有自知能力、自治能力、自控能力、自省能力；二是思维能力，相关联的有学习能力、谋划能力、创新能力；三是管理能力，相关联的有组织能力、运筹能力、协调能力、社交能力；四是实践能力，相关联的有写作能力、办事能力、动手能力，作为教师还有教学能力和科研能力。独立能力往往表现一个人的定式和定力；思维能力是一个人智慧的核心；管理能力和实践能力是个人潜能在不同层面的展示和表现。每个人终其一生也难以掌握所有能力，因此要根据自己的特点特质和兴趣爱好，扬长避短，准确定位，优化和强化自己的努力方向。本文所述的主要内容大都与提高教学能力有关。这里，要特别强调的是科研能力。北京物资学院已明确提出逐步由“教学型”大学向“教学科研型”大学转变的办学定位。虽然科研工作目前是我们的弱项，但是科研不能替代教学和超越教学。要在始终坚持以教学为中心的同时，特别重视或突出抓好科研工作。作为当代大学，处于新时代的与社会紧密相连的并着眼面向未来的一所大学，科研工作是在高校教育不可或缺的基础性、科学性、社会性和前瞻性建设中保持生命力的动力源泉。加强科研工作，学校要建立和完善管理机制、学术标准、激励方法等，还要营造良好的学术文化氛围。但是，作为一线教师，一定要把教学与科研有机结合，以科研促教学，以教学带科研。要积极从教学中发现问题，用科技手段进行研究，不断获取成果；个人获得的成果，应该经常在课堂上予以展示，在强化个人自信和魅力的同时，让学生得知并认可老师的能力和水平，从而达到教与学的外在互动和内在互联。所以，我们不能重科研、轻教学，更不能以科研为借口淡化和敷衍教学，这就失去了高校教育教学的本质。我们尤其要焕发和激活属于高级知识分子群体品质中超凡的好奇心、想象力、洞察力，结合专长、突发奇想、深入研究，勇于质疑、善于思考、坚持真理。当然，要在科研领域有所作为，必须付出艰辛的努力，甚至可能在一个时期内牺牲个人的利益。已故的王选院士曾说，“我在工作中能够深刻体会一句名言，‘一个献身于学术的人就再也没有权利像普通人那么生活’。”这句话的本质不是失去生活乐趣，而是热爱探索奥秘。

综上所述，都是教师耳熟能详或是职业要求必备的基本内容，也是不断提高完善的能力和素质。高校的年轻教师由于在教育背景、性格爱好、学历资历等方面的不同，其优势也会有所不同，何况灵活自如地驾驭和运用教学技能也并非易事。对于有限的职业生命，高校教师需要最大限度地挖掘自身潜能，更好地创造个人的自我价值和社会价值，设计职业生涯的最佳路线和最佳前景，并为之而努力奋斗。目前，我国现行的教师评价体系受到广泛批评和质疑，值得深思探讨。然而，我们是否可以积极组织开展多种形式的专题讲座、能力培养、技巧培训呢？年轻教师是否可以按照“缺什么补什么”的思路探而为之呢？罗曼·罗兰在俄罗斯完成伟大革命后的1917年5月1日发表的致函中有这样一段话：“‘进步’很容易筋疲力尽，一次又一次地松弛、懈怠，碰到阻碍就停顿，或像一头懒骡那样躺倒在地上。为了促成一次新的进步和行动的节节进展，就必须有生命力的突然惊醒和活力充沛的革命猛劲，来激励意志，锻炼筋骨，把障碍打成齑粉。”

（2010年1月15日）

安静心情　找准位置　确立方向

——关于如何规划大学生活的思考

从小学、初中到高中，又经过残酷的高考，同学们作为新一代的大学生已步入大学的殿堂。一路走来，努力、拼搏、困惑、快乐相伴随。虽然有的同学对考入的大学或专业不够满意，然而走进大学校门之前，在家庭里、同学间、中学内，都享受了祝福的欢乐、羡慕的眼神、庆贺的场面，已经成为你们众多同学们的佼佼者。历史走到今天，一切都应该放下，积极向前看，展望自己的未来。现在新的平台又搭建起来，同学们一切都要从零开始，四年之后的你们又会出现新的分类，同样会出现祝福、羡慕和庆贺，依然有一部分同学成为新的佼佼者。所以，同学们是否心情已经安静，对未来做了一些思考呢？我想，有的同学一定进行了系统的思考筹划，有的同学可能进行了简单的部署安排，也有的同学还没有静下心来去想这些问题。无论怎样，我想与大家进行一次善意的交流，共同研究探讨一些有关人生规划方面的问题。我认为，有四个方面应该引起我们的关注。

第一，学会独立。

今天强调“独立”这个词的内涵是：不依靠他人，或者说是强调不依赖家人的独立学习和生活的意识和意志。当走进大学校门的时候，成为大学生不仅仅标志年龄增长的成熟，标志一种学习考试的能力，而且标志一个崭新生活的开始。这个开始就是成长成才过程中的一个重要阶段的起点：学会独立，走向独立。对此，我认为至少有三个方面需要强化：

一是摆脱依赖思想。这里所说的“依赖”不是生活中对类似于水电、食物、手机等生活用品的依赖，而是在学习和生活中对家人的依赖。步入大学之前，学生们大都守在父母或亲戚身边，家人的一些叮嘱随时在耳边萦绕，自己的想法和家人的想法叠加在了一起，有时不能分清自己的想法和打算。生活起居和看书学习，有人看管着，自觉不自觉就会产生在学习和生活上的依赖。

依赖，是必经阶段。尤其在限制民事行为能力的阶段，监护人承担民事责任。一个人在成长过程中，这种依赖是必需的。但是此时，有的学生又往往带有一种抵触和反叛。要知道，父母是最亲近、最无私的人，他们总想把最好的东西，包括知识和经验传授给自己的子女。所以，父母是人的一生中最早的启蒙老师，我们要知道感谢，要学会感恩。

依赖，是有害因素。十八周岁以上的公民是成年人，具有完全民事行为能力，可以独立进行民事活动，属于完全民事行为能力人。人有其两面性，即积极性和懒惰性。依赖是在懒惰性的温床上生存的，也是神经中枢长期接受某些外界刺激而养成的习惯，因此具有舒适感、依附感、麻木感，让人如同吸烟一样上瘾。“在慵懒中享受人生”，在一段时间里虽也惬意，但几年下来没有任何成果，却虚耗了时间。因此，要想独立，就要与依赖做一番斗争，甚至是艰苦的斗争。独立是一种能力，也是需要锻炼、养成和掌控的。学会独立，也就学会了一种能力。

依赖，是成熟之敌。克服依赖思想，形成独立人格，是人生成熟的标志之一。我们总有一天要独立学习，独立工作，独立生活。从何时开始呢？许多人顺其自然，或是成家立业之日，或是父母年老之时。这种随意和盲目没有了主观性和自觉性，因而对于摆脱依赖思想也就没有了彻底的感悟。所以，学习独立、走向独立，应该从踏入大学校门的这一刻开始。

走进大学，学习方式和生活方式与过去都不一样，可以说发生了一些质的变化。大学基本上一切要靠自觉、自主、自理。吃饭、睡觉，听课、看书，活动、交流，全天候的学习和生活，都要靠自己独立完成。希望大家对此能够引起足够的重视。

二是养成良好习惯。在现实中，有两个层面的东西会制约我们的言行。一个层面是约束性的：道德、纪律、规章和法律。最高层次是自觉的道德约束；纪律是靠本身的两重性，即强制性和自觉性。规章应属于纪律的范畴，是一个机构或部门的约定俗成，建立在道德之上，不与法律冲突并相向而行；底线是法律，不能越雷池一步，否则将会受到制裁。另一个层面是规范性的：规律和习惯。规律是事物之间的内在的本质联系。这种联系不断重复出现，在一定条件下经常起作用，并且决定着事物必然向着某种趋势发展。规律是客观存在的，是不以人们的意志为转移的，但人们能够通过实践认识它、利用它，也称为法则。习惯是在长时期里逐渐养成的、一时不容易改变的行为、倾向或社会风尚。但是，在现实工作和生活中，传统的思维方法形成了牢固定式，常规的运行方式打下了深刻烙印，人们经常把许多习惯当成规律，把一些做法当成模式，一成不变。这些陈旧的思维定式和运作方式久而久之就会禁锢人们的思想和行动。

良好习惯，是令人羡慕的。当面对一个人的时候，首先观察和感受到的是对方的穿衣戴帽、接人待物、言谈举止。如果一个人形象阳光豁达，衣着大方得体，对人亲切可敬，举止儒雅风趣，就会给人一种好感，大家愿意接近。如果一个人蓬头垢面，不修边幅，邋遢酸气，满嘴粗话，大大咧咧，人们就会敬而远之，甚至可能成为茶余饭后的话柄和笑料。我们可以仔细观察那些有教养的人，他们气质涵养非常优秀，如淑女般的矜持含蓄，绅士般的彬彬有礼。见到这样的人，就会感觉到他们身上出众的气质以及深厚的文化气息。

良好习惯，是需要养成的。良好习惯应该从自己身边的点滴开始。军队是非常注重养成训练的。军队有条令条例，其中有三大条例：《队列条例》《纪律条例》和《内务条例》。这是规范军人工作和生活细化的规定要求，包括怎样走路、站立、落坐、穿衣、理发、叠被，怎样摆放物品以及违纪处罚、惩罚等级等，均一一列出，要求遵照执行。在这样严格的要求下，军人逐渐养成良好的行为举止，站如松、坐如钟、行如风。凡是在军队工作生活多年的军人，一定会养成良好的作风和习惯，办公场所不会凌乱，穿衣戴帽都会按照军人的做法保持整齐清洁，花钱消费也会养成节俭的习惯等。

良好习惯，是终身受益的。大家熟知的周恩来总理、宋庆龄副主席在人们心目中树立了伟大形象，很关键的是他们的信仰、智慧、能力和形象等方面无与伦比的优秀，还有就是他们的良好习惯给人以巨大的影响力。周恩来总理的内衣虽然补了又补，但是干净整洁，表现出的是儒雅可敬的风度和形象；宋庆龄女士大家闺秀的气质和内敛，令人肃然起敬。他们身上的儒雅风度或淑女风范绝非一日之功，一定是在年少和青年时期养成的，经过战争的洗礼，也未改变良好的生活方式和做人处事的好习惯。良好习惯的养成，终身受益。保持勤快、节俭、卫生的良好习惯，把个人卫生和自己周围的环境收拾得干净利索，把自己的事情安排和筹划得周密细致，还可以大大增强自信心，提升自己良好的精神状态。

三是强化合群意识。学习独立，不是强调特立独行、我行我素、单打独斗地去面对一切，而是既有自己的工作、良好的生活习惯和独立能力，又有能够融入集体的交际技巧和积极向上的合群意识。在大学四年的学习生活中，可以说没有功利色彩，主要是知识和情感的真实交流、真诚沟通，也正是培养友爱、厚道、宽容、谦让、协作等和谐基因和要素的良好时机。新一代大学生几乎都是独生子女，在家没有兄弟姐妹的群体生活，将来参加工作后又要面对激烈竞争的环境。在学校尤其在大学掌握融入社会、融入集体的方式方法，善于团结周围的人，与他人打成一片，将会赢得工作和生活的更大空间，也是一个人成熟的基本标志之一。

虚心学习他人的长处。古人曰："三人行，必有我师焉。"每个人都有自己的长处和优点，应该学会发现他人的长处，并虚心学习他人的优点和长处。有的人操持家务是能手，有的人接人待物是好手，有的人整理卫生是快手，有的人学习知识是高手，只要我们细心观察，就可以从他人身上学习到许多独立生活的经验和方法。每个班级的每个同学，虽然都是从不同的学校、不同的家庭走到一起来的，但是都有独特的优势和特点，要努力去发现、欣赏和学习。

耐心克服自己的弱点。美国已故总统林肯说过："没有突出缺点的人，也没有突出的优点。"恩格斯说："人来源于动物界这一点已决定了人不可能完全摆脱动物的本性。作为人，生活在这宇宙的小小星球上，自然有自己的七情六欲，有着这般爱好，那般不足。那你又何必道貌岸然，仿佛不食人间烟火呢？在现实世界中，大众并不接受镀金的偶像，因为他们是虚伪的。大众只喜欢与自己心思相通、有血有肉、活生生的人，即富有人情味的人。"在生活中不难发现一个有趣的现象：人与人交往时的关系融洽与否，关键是对对方缺点的容忍度。当一个人对另一个人的缺点不能容忍，两个人就不可能成为朋友，甚至可能成为对立方；当一个人对另一个人的缺点不仅能够容忍，而且认为是优点的话，两个人就有了成为朋友的基础。每个人都有七分优点三分缺点，或是六分优点四分缺点。改正自身的一个缺点和不足，新的缺点和不足又会随着自身的年龄和资历的变化而变化。改正缺点，也难以使自己十全十美，但是可以把自己的致命缺点和弱点加以改正和修正，更好地适应环境，与人交往。有的同学因为高考成绩或报名有误，没有考上自己理想的高校，就会产生压力和不满，甚至不愿与人交往。有的同学性格本身就内向，不愿说话，愿意自己“宅着”“腻着”“猫着”，这个问题一定要引起注意。首先，性格内向是不利于在竞争的社会中展示自己的；其次，性格内向是可以改变的。所以，一定要正视自己的缺点、弱点和不足，争取在大学期间加以改正，走出大学之后，重新变成一个更加自信、阳光、优秀的自己。

细心体验交友的乐趣。在学习和生活中，有时仅靠自己的力量是做不好、做不成的，这就需要依靠同学、朋友，甚至是集体的力量。俗话说：“在家靠父母，出门靠朋友。”生意人常说：“搭伙求财。”这句话好像有些功利，其实有时与朋友说说话、解解闷，也能让人心情愉悦、心花怒放，也能走出死胡同、解开死疙瘩。社会环境是离不开社交活动的。美国著名的人际关系专家戴尔·卡耐基曾说：“一个人的成功只有15%是依靠专业技术，而85%却要依靠人际交往、有效说话等软科学本领。”但是大学的理论教学中很少有教人际关系的专业，何况人际关系的技巧实践性很强。中国科学技术大学校长朱清时院士说：“现在的青年学生最容易出现的缺陷就是不善于与人相处、不善于交流。”希望学生能够意识到，学会与他人、与社会和谐相处的品格比学习更重要。交朋友是修炼独立的最好帮手；当然，交朋友也要讲责任、诚信、善意和爱心。

第二，学会学习。

从学前班、小学、初中、高中到考入大学，十多年的学习经历，为什么还要强调要学会学习？这是因为初中、高中之前的学习方法与大学的学习方法是不一样的。“学习”是从阅读、听讲、研究、实践中获得知识或技能。大学的学习主要是自主性的、自觉性的，而且更重视的是研究和实践活动。美国教育家卡尔·罗杰斯说过这样一句话：“谁也不能教会谁任何东西。”知识是没有谁能教会你的，要真正掌握知识，将知识变成自己的财富，只能靠自己。教师和图书的作用只是将你带入一个“个性 patio（领域）”，你自己需要什么，靠自己去获取。所以，要通过大学培养学习兴趣，学会学习方法，保持学习欲望。罗曼·罗兰说：“成年人慢慢被时代淘汰的最大原因不是年龄的增长，而是学习热忱的减退。”当前，国家提倡建立学习型组织、学习型社会，因此，每一个学生应该成为提高社会整体文化素质的一员，成为学习型人才。

掌握学习方法。学习的过程至少有以下环节：看书、听课、记笔记、询问、查阅、思考、讨论、研究、练习、实践、背诵、写作、复习、考试等。学习方法因人而异，也需要每个人去体会、去提高、去把握。今天，有几个俗语可以与大家沟通：①一心不可二用。经常会发现，有的同学在听报告或上自己不喜欢的课程时学外语、看课外书。这个行为令人难以理解。俗话说："一心不可二用。"老师在讲台上讲课，你在学习其他内容，相互之间都是干扰。在课堂上或听报告时，自己在这样的环境中学外语背单词，效果能好吗？结果一定是"鸡飞蛋打"。②好脑子不如勤(烂）笔头子。用好自己的笔头子，把看到的、听到的和自己时常释放出来的思想火花随时用笔记录下来，是一个非常好的习惯。现在有手机和可以随身携带的笔记本电脑，都是可以利用的记录工具。③温故知新。就是温习旧的知识，能够从中得到对知识的新的理解和体会。著名教育家卡尔·罗杰斯曾说："任何可以教给别人的东西相对来说都是不重要的，并且它对行为很少甚至没有明显的影响……是无法直接传授给他们的。"任何书都只是提出一些原则和思想方法供你参考、选择，书本上学到的知识或别人教授给你的知识，你都只有通过自己的体验，去重新发现它、认识它，这些知识才能真正成为你自己的思想、素质和能力，转化为你的力量。④读书时，不可有己见；读书后，不可失己见。如果一边看书一边思想，那么根本就看不下去书。看书时，一旦激发出了思想火花，就一定要放下书，把问题想通想透，并马上记录下来，不要让激发出来的思想火花"灰飞烟灭"。在现实工作中尤其要学会提炼和归纳自己的思想和理念。⑤知识在字里行间。这就要求学会看书、看小说，有些环节可以一带而过，有些内容就要精读细读。看社会类、专业类的书籍，就要细读精读研读，知识、文化、逻辑都在字里行间的细微处。⑥带着问题找答案。沃尔玛的创始人沃尔顿曾说："你不能只是继续做以前行得通的事情，因为你四周的每样事情都在变化。想要成功，你必须站在变化的前面。"要有好奇心，要有创造力。什么是创新？我认为创新就是把复杂变成简单，创新就是把不便变成方便，创新就是把不能变成可能，创新就是把需求变成现实。手机、电脑、电视、水壶水开响笛、各种专用锅具、马桶垫、衣服拉链等，我们生活中的所有用品都是在这种思维下产生的。发明者举一反三，发挥专长。无论是单结构的还是多结构的或是叠加结构的，道理是一致的，都是创造力、好奇心的结果。

培养专业兴趣。大学四年只是掌握一些基础知识和学习方法，因此要注意培养自己的兴趣爱好，培养自己的好奇悟性，培养自己的专业方向。比尔·盖茨是一个热爱学习的榜样，大学期间别人热衷于谈恋爱，他却热衷于电脑软件和阅读关于财经的书籍。他认为看书比谈恋爱更好玩，更有意义。学习不仅是能力问题，更是态度问题。首先你要有学习的欲望，真正的学习促进者只能是学习者自己，没有学习欲望的人，即使有再强的学习能力也是没有用的。我们要在强调德智体美全面发展的教学理念上和在围绕教育大纲基本要求的前提下，注重和强调教育思想的基础性和根本性，注重和调整教与学的统一性和启发性。同学们可以做如下体会领悟：智力教育最关键的是掌握原理、启发心智、培养兴趣。一位高校的校长曾指出："大学阶段只是为培养和造就创新型人才打基础，大学毕业生只是创新人才的'毛坯'，能否真正成为创新型人才还要在生产与社会实践活动中去完成。"薛涌在《北大批判——中国高等教育有病》一书中提出一个观点："大学是为学生打造未来的人生框架，而不仅仅是职业框架。不能舍本逐末，让学生为了一门手艺而在人生的道路上迷失。"他还说："中国的教育培养的不是人，而是专业工具。结果，这种专业万能的信念，创造了种种'热门专业'的神话，严重扭曲了大学的精神，甚至在学生的实际生活中也误事。"本科教育应该是通才教育，"要给学生足够的时间和优越的环境扩展视野、认识世界、认识自己、发展批判性思维能力、培养良好的价值观念"。其思想内涵应引发思考。

拓展知识外延。李大钊先生曾说过："知识是引导人生到光明与真实境界的灯烛。"朱清时院士有一段话，我认为很有道理。他说："迄今在我国实施的教育思想和教学体系是，以教师为中心用灌输方式教学为主，特别强调知识的连贯性、系统性和完整性。过去人类的知识还不太多，这种教育思想和教学体系的优点很突出，因为它很快就能使学生具备宽厚的基础知识。然而，在最近一二百年中，人类的知识'大爆炸'，再用这种灌输方式教学生，学生的负担就过重了，他们的其他素质就得不到发展，甚至扼杀了学生对知识的兴趣和好奇心。"我曾经在军事医学科研和教学的最高殿堂工作，曾建议身边的一些专家教授留出 10% 的时间和精力学习社会学，学会与大家打交道，其结果一定比用100%的时间和精力钻研业务的效果会更好。在工作和生活中，应注重掌握一些工作和生活技能，如社交、表达、外语、电脑、开车等，尤其是表达（包括文字、口语）和社交，这是提高情商的重要手段和方式。

强化素质修养。随着时代的发展和形势的变化，每个人的基本素质都需要不断充实、提高和完善。首先是品德素质。高校是培养社会主义建设者和接班人的基地，必须坚持以人为本，以德为先，这是最基本的要求。在思维活动中学会见贤思齐，择善而从。其次是文化素养。这是大学四年特别强化的内容，希望同学们努力掌握知识，提高文化素养。再次是身心健康。这里的健康不是指单纯的体质强壮、心理正常，强调的是充实身心、磨砺技能、提高修养。修者修学，养者养气，二者均非旦暮之功，需要一以贯之的精神和百折不挠的毅力。所以，要具备正确处理和应对一切包括复杂事务的意志、体魄、心理、人格。学生在高校期间要学习知识、强化素质、提高能力。正像德国物理学家劳厄所说："重要的不是获得知识，而是发展思维能力。""当所学过的知识都忘记了后，剩下的就是素质。"

提高自身能力。薛涌博士说："在中国读书，总担心自己没有学问、不懂什么。在美国读书，总担心自己没有思想，没有激发人的能力。""学生在大学里泡在一起，对社会的见识越来越狭隘，开创精神越来越差，而且总是抱着一种不知道天高地厚的'状元心态'，眼高手低。"通过教育，培养和提高自己的独立能力、学习能力、思辨能力、动手能力，已成为教育教学的发展趋势。美国陆军军官学校（简称西点军校）已有200多年的历史并闻名于世，一向以培养最优秀的领导人才为己任。但是，报考西点军校必须具备三个条件：在当地高中成绩名列前茅；身体健康；有一定的组织领导才能（在报考前一年必须得到美国总统、副总统、参议员、众议员、州长、市长或部队主管的推荐）。因此，该校曾培养出三位总统和3700多名将军，各类人才已遍布在世界500强企业和各行各业之中。将来同学们步入社会，大家就会感到能力多么重要。

第三，学会思考。

"思考"就是进行比较深刻、周到的思维活动。我们每一个人都会思考，但是为什么还要强调"学会思考"呢？这里所说的思考，是指高层次的思考能力，是一种自觉地主动地对事物进行深刻思维和考量的过程。大学时期是学习、锻炼和养成思考能力的关键阶段，而具有良好的、缜密的思考能力，又是人们成长成熟的重要标志之一。为此，有几点感受。

奠定思想基础。大学生的可塑性很强，在大学学习期间更是世界观、人生观、价值观形成的关键时期。美国哈佛学院原院长哈瑞·刘易斯在《失去灵魂的卓越》一书中写道："理论上讲，大学就是学生开始认识自我、发现生活意义和目标的场所。他们所处的年龄正好是培养责任感的阶段。"毛泽东同志说："人的正确思想是从哪里来的？是从天上掉下来的吗？不是。是自己头脑里固有的吗？不是。人的正确思想，只能从社会实践中来，只能从社会的生产斗争、阶级斗争和科学实验这三项实践中来。"教育是传道、授业、解惑的职业。授业中的"业"就是知识，包括自然知识和社会知识；传道中的"道"就是规律，包括自然规律和社会发展规律；同时，作为新一代的大学生要从课堂、书本到社会现实以及物质文化生活的具体事实中得以"解惑"。通过高校的主课堂、主渠道，进行讲授和互动，启迪好奇心和创造性思维，"为了每一个学生的发展"奠定思想根基。思想基础，是思考问题的前提，是把握思考问题方向性的关键。我们在学习中，要动脑子去思考，除了专业课要把握其基本原理、实质核心、重点难点之外，最重要的是要逐步确定个人的思想基础和发展方向。这是人生最关键、最重要的环节之一。因为机会是人生成功的重要因素。机会在很大程度上就是对有预见性的人的一种报酬。

掌握思维方式。社会需求的是最具有责任感和事业心、最具有创造力和创新性的人。如果说增强责任感是强化人性的话，那么提高思维能力就是强化灵性。哈佛大学的校训："一个人的成长不在于经验和知识，更重要的在于他是否有正确的观念和思维方式。"我们在现实中经常运用逻辑思维、辩证思维、换位思维、创新思维、战略思维等，都是在学习和实践中不断强化和深化的。美国学者斯腾伯格提出思维三元理论，把思维划分为三个层面：分析性思维、创造性思维和实用性思维。分析性思维涉及分析、判断、评价、比较、对比和检验等能力，创造性思维包含创造、发现、生成、想象和假设等能力，实用性思维涵盖实践、使用、运用和实现等能力。如果大学生在高校期间能够有效地提高思维能力，在面对纷繁复杂的社会和思潮中，就会自觉客观地加以分析得出自己正确的见解和观点，在各项工作中才会如鱼得水、得心应手。

强化思辨能力。“思辨”在哲学上指运用逻辑推导而进行的纯理论、纯概念的思考。我们所强调的是“思考辨析”。时任中央政治局委员、国务委员刘延东同志指出：“国家和民族的未来发展，要求当代大学生必须全方位提高自身素质和能力，特别是明辨是非的能力，应对复杂问题和突发事件的能力，处理各种社会关系、与社会和谐相处的能力，创造创业的能力等。而在这些能力中，基础和首要的就是思想政治素质，它对其他方面的素质起着导向和龙头作用。”所以，年轻人走入大学，一定要认真学习哲学思想和辩证法，提高和锻炼自己的思辨能力。建议同学们认真对待政治理论学习，学好搞懂，终身受益。高校的思想政治教育不能跟随一辈子，但是科学知识、先进思想、正确观点能够影响一辈子。价值观是人生的航标，可以影响人们的价值判断和行为选择。理想是导航的罗盘，没有理想，便没有明确的方向，也不会有高昂的斗志。通过奠定思想基础和感悟社会现实的教育，要树立积极向上的态度，牢牢把握未来人生的正确航向。思想政治素质是其他素质的基础，起着导向和龙头作用。要努力用马克思主义中国化最新成果武装头脑，提高政治鉴别力和政治敏感性，无论遇到什么风浪和考验，都能够始终保持清醒的政治头脑，坚定正确的政治方向不动摇。人们思想活动的独立性、选择性、多变性和差异性不断增强，价值观念的多样性也更加明显。对于国内外的许多复杂问题，我们都要结合实际，有针对性地加以分析，不要随波逐流，要提高自己的思辨能力。

提高思考层次。人的最高的思维模式就是开放性思维、战略性思维。开放性思维，要求保持一种开放的心态和思维，才能顺应变化，把握机会。战略性思维，要求总揽全局，驾驭局面，宏观控制，游刃有余。具有开放性思维和战略性思维的能力，才能站得高，望得远，变得快，抓得住，看得准，做得好。学习开放性思维，主要有两个方面。一是对外部世界开放，即把握趋势的变化，成功的人是能够预测和接受改变的人；把握低谷和高峰的辩证关系，高峰时要有危机感，低潮时要增强自信心，善于把握机会；要腾出“闲工夫”思考问题和规划未来；不断丰富自己的阅历和经历，把握住重要机会，多渠道增长才干。二是对内心世界开放，也就是反思式开放。萧伯纳说过：“智慧不与经验的多寡成比例，只与对经验的领悟程度成比例。”学习和掌握战略思维，要从几个环节去训练：一是必须形成全局意识。凡事能够习惯性地自觉主动地站在全局的角度去思考问题，形成思路，提出建议。养成全局观念，形成全局意识。二是必须关注国家政策。国家每次重大会议、重要活动，都会通过领导的讲话和新闻媒体的宣传出台和表达一些重大决策，字里行间传递出来的信息有些对我们至关重要，可以完善工作目标，修正工作思路。三是必须掌握实际情况。有了好的政策、好的思路，但好高骛远，不切实际，盲目随从，凭想当然，靠拍胸脯也是不行的。只有掌握实际情况，包括发展前景、主要目标、优势特点、困难不足，做到扬长避短，取长补短，运筹帷幄，方可决胜千里之外，方可有志者事竟成，方可有所为有所不为。四是必须做到权衡利弊。理论与实际相结合就是决策上的权衡利弊。权衡利弊必须了解上情，掌握下情，才能分清利弊，站在全局的高度，果断形成决议和决定。全面准确地进行利弊分析，这是战略思维的重要环节，情况不明，信息不准，利可能不是利，弊可能不是弊。利弊不清，利弊颠倒，都会影响决策的果断性和正确性。五是必须具备宽广胸怀。领导者或组织者要具备宽容接纳存在明显弱点或与己意见分歧之能人的气度。这种胸怀是当好领导、成就大事的前提条件。

第四，学会筹划。

走入大学校门，要努力做好大学生活的规划以及后期的人生职业规划，显然不可能一次性准确定位。之所以在大学要进行规划，关键是对所学专业和个人素质、技能方面的学习进行有效筹划。筹划，就是想办法、订计划，根据不同的社会发展趋势和个人的兴趣变化转移，调整自己的发展思路和目标计划。大学期间，是奠定思想根基、把握专业方向、学习文化知识、掌握思维方法、培养良好习惯、提高素质能力的重要阶段，我们一定不要随意放弃，放任自流，我行我素。有几点需要注意：

分析个人强项。每个人都有自己的优势和长处，但是我们自己必须清醒地意识到自己有哪些优势和长处，并在工作、学习和生活中充分展示，发扬光大。有的人性格外向，善于与人交流交往，组织活动、广交朋友、参加演讲可能都是强项；有的人善于口头表达，有的人善于文字表达，有的人文字、口头表达都很优秀，可以根据需要发挥自己的长处；有的人自身的亲和力、吸引力、感染力和组织力很强，无形之中可能成为学生领袖。这些有突出优势和专长的人，今后就会自觉不自觉地按照个人的天赋走上具有个性特点的发展之路。但是有两个问题，一是每个人都有优势和长处，自己有时不甚了解，甚至把自己的优点视为缺点；二是每个人都存在缺点和不足，有的不以为然，有的过于自卑。其实缺点是可以转化为优点的。在大学期间，每个同学一定要正视自己的缺点，克服自己的弱点，强化自己的优点，形成自己的亮点。

明确阶段目标。刚刚从中学和家庭走出来的大学生，思维开始逐步趋向自主性和独立性，面对丰富多彩、纷繁复杂的信息社会，如何在学习知识、积累经验、提高素质的过程中，从感性认识上升到理性思考，从表面现象透视出深层问题？作为生活在社会中的人，由于个体性格不同、性别不同、兴趣不同、能力不同，发展道路的选择、岗位时机的确定、条件待遇的需求也就会有所不同。大学的第一年除了正常的课程学习之外，要突出体悟和锤炼学会独立、学会学习、学会思考、学会筹划这“四个学会”。大学四年，要在责任、能力、和谐、诚信上下功夫。当然，目标要根据个人的情况进行细化。许多年轻人很想寻找人生的定位，有时仅仅在学校里幻想，往往不切合实际。刚刚走上社会的年轻人，是无法一眼就看出自己的人生方向的，只能在实践中不断探索和尝试，不断寻找和抉择。任何一个人的发展定位，都是在经历过程中不断思考、权衡、抉择、奋斗，最终实现人生的目标。

了解社会趋势。学校提出一个工作思路：开放入主流，整合出特色，激励上水平。为什么提出“入主流”呢？就是不能脱离和偏离国家和社会的主流去另辟蹊径，如果这样往往很难得到发展。高校是这样，一个人往往也是这样。社会发展的主流、趋势，是我们分析、调整自我发展进步的大前提。但是，我们往往比较麻痹，不经意。目前网络的影响很大，大致有两个趋向：一个是表现主流性、趋势性、方向性的内容，要认真关注；另一个是暂时性、八卦性、耗时性的内容，有的人倾注了许多时间和精力，都是徒劳无功的浪费，甚至有些是片面的、零碎的、错误的内容，误导我们的思想和观念。我们在大学的课程大都是系统的、正规的，需要注意的是大学课程以外获取的多方面、多层次的信息，如果不经过思维的分析、筛选、甄别，可能会影响我们的正确理解和准确判断。信息的多渠道、无国界、无禁区，使信息有正确的也有错误的，有系统的也有零碎的，有全面的也有片面的，需要我们用正确的、系统的、全面的知识和方法修正误导，把握全局。

确定人生方向。刚恢复高考时大学生毕业后都统一安排工作，明确干部身份，虽然工资不高，但可以养家糊口。当代大学生应该说面对的是更加复杂的现实，竞争更为激烈。要靠自己的能力去打拼一个属于自己的工作环境和生活世界，更非易事。因此，要精细地规划自己的人生未来和奋斗方向。人不是机器，都有惰性。为什么有的人能克服惰性取得成功，而有些人却完全被惰性左右？那些能克服惰性的人有着明确的人生目标。目标就是一种意志导向，就是一种潜在力量，帮助自己控制自己到达人生前进的彼岸。我们要正确认识和把握人的成长规律，避免成为不把握机遇的后悔型，不明确前景的盲目型。如果我们现在不在意，或是遇到困难就放弃，若干年后回味人生的时候，就会叫苦不迭，后悔莫及。大学生正值青春年华，处于世界观、人生观、价值观形成的重要阶段和关键时期，努力把握自己、锤炼自己、提高自己，确保在人生征途上不迷失方向，才能真正成长为有觉悟、有才干、品德好、能做事的人，成为对国家、对人民、对社会有益的人。

（2012 年 9 月 27 日）

盘点历史　把握现实　运筹未来

——北京物资学院30周年之感想

2010年的金秋，北京物资学院迎来了她的30年华诞。

30年的风雨沧桑，30年的建设发展，坚实丰富和绚丽多彩的历程，无论她的轮廓，还是她的内涵，都已发生了天翻地覆的变化，使得站在今天新的起点上的物院人，都会以不同角色从不同角度生发许许多多的感慨！

一、历史的启示

我径直走进了北京物资学院的历史。当以轻松快乐的心情浏览欣赏着有关资料、图片和数据等一系列定格的历史片断时，对一些生动翔实的内容产生了无比的兴趣和好奇，油然而生一种带有责任感的遐想，引发了些许深思和探究。

自强不息。北京物资学院在改革开放之初应运而生，又随着社会主义市场经济的大潮发展壮大。当初学校的招生工作是由北京经济学院物资管理系的材料管理和机电产品管理两个专业代招代管，自1983年8月成立第一个系即物资经济管理系，到现在设有经济学院、物流学院、信息学院、商学院、劳动人事系、外语系、法政系共7个院系和体育教学部、继续教育学院等教学机构；由原来设定规模为学生1600人，到现在有本科生、硕士研究生、留学生等各类在校生近8000人；由原来几十名专职教学人员，到现在的正高级职务44人，副高级职务134人，正式在编教师共379人。显然，当时建立这所学校的初衷，无论人才培养的数量，还是人才培养的方向，与今天已不可同日而语。在北京物资学院建设发展过程中，每走一步都随着形势和任务的变化而不断调整部署，譬如专业学科发展建设、硕士研究生授权点的申报过程、师资队伍的培养充实、招生规模的急剧扩大、学校发展思路的调整完善，都经历了许许多多的跌宕起伏与艰难坎坷。学校的领导者和耕耘者们，始终在积极探索，勇于开拓，不甘落后，自强不息。

《易经·乾卦》中曰："天行健，君子以自强不息。"意思是说，时间永恒流逝，天体运行不止，有道德的人应效仿天的这种精神，积极有为，奋力向前，永不停息。今天，我们倡导自强不息的精神，更加充满着时代和社会对我们的强烈期许，不仅要求数量上的增加，而且要求质量上的提升。我们不能跟随社会的发展亦步亦趋、蹒跚而行，更不能停滞不前、故步自封；我们要开拓进取，不断创新，勇于攀登，自强不息。我们要在培养人才、创新知识的同时，努力提升服务社会的功能，投身于国家和北京市建设的主战场。高校要在某一领域、某一方面成为引领社会的先行者并发挥作用，其思想领域、文化素质和创新能力必须超出社会发展的平均值，否则就是被社会牵引前行的落伍者。我们学校先后联合主办了三期中国北京流通现代化论坛和三期期货论坛。这些行为都是引领社会的重要举措，不可低估其影响力和引导力。我们一定要具有"路漫漫其修远兮，吾将上下而求索"和"先天下之忧而忧，后天下之乐而乐"的自强不息精神和信念，勇往直前。

敢为人先。20 世纪 90 年代，北京物资学院在全国高校中率先开设和建立了物流管理专业和期货专业。这种敢为天下先的精神，摸着石头过河的胆略，至今仍在校园内外传颂，令人感叹和敬佩。随着时间的推移，物院培养的人才已在国内许多重要岗位上大显身手，他们赢得了发展先机、同行赞誉和社会地位。历史上的这一壮举是"初生牛犊不怕虎"可以解释的吗？当然不是。这是一种社会的责任、精神的力量和智慧的选择。近期，学校在全国高校中首次设立了采购管理专业，这又是敢为人先的现实证明。

当前，在迅猛发展的社会实践中需要破解的难题和创新的机缘很多。学科专业要达到"你无我有，你有我新，你新我优，你优我精"的境界非常之难。难，不可不追求。邓小平同志提倡要有一点闯的精神和冒险精神。江泽民同志也多次要求各级领导干部"要以认真负责的态度、应有的理论勇气和政治气魄，去大胆开拓解决问题的新路子"。因此，在许多别人没想没做的重要领域里，或是在加强学校管理、凝练学科方向、培养学生能力等其他高校正在探索试行的诸多方面，能不能有所突破、敢不敢先人一步？如果在这些方面努力实践，其结果将会比首次建立一两个学科专业更有影响力和感召力，对社会和教育事业的贡献也会更大。“海到无边天作岸，山登绝顶我为峰。”我们一定要坚持这种敢为人先的壮阔胸怀和豪迈气派。

与时俱进。北京物资学院30年的发展历程，是伴随着国家改革开放的不断深化、与时俱进的发展历程。国家从计划经济，计划为主、市场调节为辅，逐步过渡到市场经济，学校也随着经济时代的变化不断调整教育教学的内容和目标。当时物资计划和物资供应组织作为主要教学内容，由于教学理论滞后于社会实践，在国家经济建设迅猛发展的时期，教育教学内容迅速被淘汰。为此，学校从培养方案、教学大纲、专业教材、教学方法、考核制度等方面，坚持与时俱进的动态发展的管理思路，不断加以建设、调整、改进和改革，以适应不同时期、不同时代的形势发展和任务变化的需要。学校成立之初，对教育的定位是培养“识货工程师”，为物资流通领域培养高级专门人才；还先后提出要培养复合型人才、创新型人才；1995年又提出为流通领域培养高级人才的目标定位。2007年随着形势和任务的变化，北京物资学院进一步明确立足北京、服务首都、面向全国的办学定位，以培养德智体美全面发展、实践能力强、富有创新精神的高质量应用型人才为根本目标，不断调整、完善和确立了学校的办学定位、工作思路和发展目标。

《易经·益卦》中曰：“天施地生，其益无方。凡益之道，与时偕行。”意思是抓关键，就是随时令前进，把握时机施行。蔡元培先生在撰写《中国理论学史》时，针对清朝末年中国思想文化界抱残守缺、故步自封的局面，通过中西文化对比，指出“故西洋学说则与时俱进”。他把散见于中国古书中的“与时偕行”“与时俱化”“与时俱新”等激励人的说法概括为“与时俱进”。江泽民同志提出的“三个代表”重要思想中强调，我们要不断创新、不断进步、与时俱进。“与时俱进”的“时”，就是时机和时代。当前，挑战与机遇并存，困难与发展同在，学校要准确把握学科发展和创新的方向，大胆探索，勇于改革，积极实践，坚持与时俱进的动态发展，始终站在时代的前列，才能永葆学校基业的生命力。

勤能补拙。北京物资学院物流管理专业和期货专业在学校首创时，教师都是从其他学科专业调整调入的，他们在没有现成的教学课程和教案的情况下，认真学习国内外有关专业和理论知识，结合实际，刻苦钻研，一边学习，一边编写，逐步形成了一套该专业的教育教学提纲和教案。他们也在教育教学过程中勤奋耕耘、积累经验，最终成为国内有影响的知名专家教授。1998 年年底，北京物资学院在教育部高等院校（财经类）本科教学工作合格评价中为不合格，虽然 2000 年 4 月经复评得到本科教学合格评价，此事却令全校上下失望至极。经过学校全体教职工的顽强拼搏、不懈努力，于 2008 年教育部本科教学工作水平评估中获得优秀。从不合格到优秀，10 年艰辛的道路，艰难而负重，天壤之别的结果，欣喜而释然。我们暂且不论这种评估的效果和问题，起码可以证明一个深刻的道理——勤能补拙。

世上许多事情没有捷径可走，天道酬勤。《礼记・中庸》说："人一能之，己百之；人十能之，己千之。思能此道矣，虽愚必明，虽柔必强。"即为"勤能补拙"。无论是教学工作还是科研工作，无论是管理工作还是服务工作，只有勤劳不辍、克服困难、完善自我、努力攀登，才能到达胜利的彼岸。北京地区高校林立，除"211 工程""985 工程"的高校以及美术、电影、音乐、戏剧、服装等特殊专业的院校外，在其余市属、市管高校中北京物资学院的客观地位是怎样的呢？我们应该有危机意识、风险意识、责任意识和创新意识。荀子曰："锲而不舍，金石可镂。"我们应该集中"优势兵力"针对某一方面打"歼灭战"和"持久战"，坚信勤能补拙、心坚石穿，最终一定能够有所收获、有所成就。

取长补短。北京物资学院于 21 世纪之初，与北京师范大学珠海分校国际金融学院共同合作创办了国际合作课程班，随后，学校又与英国 3 所院校开展了"3 + 1"校际学分互认项目，与美国阿卡迪亚大学开展了"3 + 2"本硕连读校际学分互认项目。建校以来，北京物资学院还先后与美国、加拿大、英国、澳大利亚、日本、韩国等多个国家和地区的大学或科研机构建立了良好的校际交流关系，在科研课题、合作办学、教师互访、师资培训等方面开展了一系列合作，促进了教学与科研的发展，扩大了学校在国内外的影响。尤其是与国外院校开展的联合进行学生培养合作，通过选送部分优秀学生到国外大学学习锻炼，进行知识的互补，理念的渗透，教学的启发，提高了教育教学质量和学生素质能力。学校还坚持"走出去、请进来"的访学方法，每年由学校领导带队到国外合作大学和国内知名的、有特点的高校进行走访、请教和研讨，学习借鉴，取长补短。近几年，我们不断汲取经验，结合学校实际，建立和完善了一系列规章制度，规范了教学科研工作，加强了行政管理工作。

宋代卢梅坡的一首咏梅诗这样写道："梅雪争春未肯降，骚人搁笔费评章。梅须逊雪三分白，雪却输梅一段香。"梅花和白雪都有独特的个性之美，但相比又有各自的不足，梅花比雪的洁白逊色三分，白雪却"输梅一段香"。很美的一首诗，也蕴藏着深刻的内涵。《楚辞·卜居》云："尺有所短，寸有所长，物有所不足，智有所不明。"《晏子春秋》指出，要"以人之长续其短，以人之厚补其薄"。在当今高校都在加强改革和探索的形势下，每所高校都有各自的优势和特色。积极主动到国内外高校进行访问学习、合作交流、取长补短是一个可行、快捷、有效的好办法，可以博采众长、取厚续薄、择优于己、化劣为优，这也是明智的治学、践行之法宝。

居安资深。北京物资学院研究生教育萌芽于1986年，翌年学校正式招收物资经济专业研究生，1990年被国务院学位办批准为硕士研究生授权培养单位，从1991年独立招生、委托代培转为1992年独立招生、独立培养研究生。现有5个专业，涵盖18个研究方向。学校培养的许多研究生已成为社会有关各界的栋梁之材。在以本科教育为主的高校中，研究生教育绝非"锦上添花"的一束，而是优秀人才培养的摇篮。近几年，学校仍在积蓄实力、调整思路、细致筹划，申报新的学位授权点，努力提高学校教育教学的层次和内涵。自1999年至2009年，学校先后引进教授12人，副教授13人，并在住房和其他待遇上给予政策倾斜；先后引进具有博士学历的年轻教师85人（含博士后4人和留学回国博士3人），为教学和科研第一线充实了有生力量，学校的核心竞争力也有了显著增强。孟子说："居之安，则资之深。"居，是积存、积累、积蓄之意；资，是学问、智慧、品德之意。正如荀子所说："不积跬步，无以至千里；不积小流，无以成江海。"努力之，必得之。

有资料表明，我国从1996年开始实施"211工程"，总共投入建设资金达292.94亿元人民币，是历史上最大的教育投资。成为"211工程"的大学仅占大学总数的十分之一，却在设备总价值、图书馆藏书和科研经费上分别占全部的54%、31%和72%。1999年"985工程"正式启动，入选的大学"丰衣足食"。类似我们这样的高校，却没有那么幸运。当前，申请增加博士、硕士授权点和引进大师级人才，更加艰辛和困难。为此，我们更要耐得寂寞，锲而不舍，居安资深，这也是延续学校生命、保持基业长青的根本所在。

追求卓越。北京物资学院主办的《中国流通经济》杂志已成为业内的佼佼者，作为全国中文核心期刊、中国人文社会科学核心期刊、中文社会科学引文索引（CSSCI）选用期刊，连续10年排在流通学科杂志的首位。发展至今日，实属不易。应该说，高校或科研机构经营一个专业性极强的期刊是非常艰难的，不仅需要能力强的编校人员、基本经费的支持、优秀稿源的征集、文稿质量的把关、流程环节的管理，而且需要与时俱进的意识、百折不挠的勇气、特立独行的风格、常青不衰的机制和追求卓越的执着。某一个环节出现较大的问题都会一落千丈，风光不再。

仅有30年历史的学校，怎么能够成功主办一种全国性的核心期刊呢？在探究其根源时，深感“追求卓越”这铿锵有力的四个大字的分量。此外，我们学校申请到了许多高级别的科研项目，如国家“863”计划项目、国家科技攻关计划项目和国家自然科学基金项目等，以及部分学生在学习实践活动中获得的高级别奖励，都在追求卓越的道路上赢得了赞许。郑板桥有《竹石》一诗：“咬定青山不放松，立根原在破岩中，千磨万击还坚劲，任尔东西南北风。”坚持这种韧劲、意志和气概去追求，在某一方面卓尔不群、引领社会、创造奇迹，是完全可以实现的。

志存高远。历史赐予高校的机遇之多、上升之快，令不同决断的领导者或喜笑颜开、津津乐道，或垂头丧气、后悔莫及。征地扩张、贷款建设、更名求大、“借鸡下蛋”等，使得有的高校迅速突变或发展壮大。改革开放以来，国家和北京市政府对教育事业非常重视，经费投入也逐年增加。北京物资学院经过移交土地、先后七次征用土地和两次租用土地，从最初的94.5亩发展到现在的595.42亩（含租用土地134.2亩和南院等54.5亩）。2006年以来，学校积极谋划、主动申请，在基本建设上有了突破性进展，校园呈现了崭新的风貌。由此可见，能不能看到稍纵即逝的机缘，能不能抓住充满风险的机遇，关键在于有没有远大理想和追求。“志当存高远。”志，理想也，乃人的精神世界、精神支柱。有理想、有追求，才会产生强烈的工作激情和拼搏精神。

当前，《国家中长期教育改革和发展规划纲要（2010—2020年）》已颁布实施。如何在落实国家中长期教育事业的大背景下，结合实际，做好文章？国家已把物流作为十大振兴产业之一，我们如何在以行业背景、学科特色的物流和流通为核心的领域里赢得一席之地？北京市将在通州区建设现代化国际新城，规划建设运河北京文化商务中心区。作为坐落在这个重要地段的唯一一所本科教育的高校，能否挤进规划、抓住先机、发挥作用？学校在产学研结合并与国家大中企业合作的过程中，怎样理解企业的发展意图和运作方式，真正做到优势互补、互惠双赢？诸葛亮在写给其外甥的一封信中说：“夫志当存高远……若志不强毅，意不慷慨，徒碌碌滞于俗，默默束于情，永窜伏于凡庸，不免于下流矣。”所以，没有远大理想和追求，意志不坚强，心胸不开阔，整天忙于事务性琐事，难有大志，难成大事。明代学者王阳明说：“志不立，天下无可成之事。”北宋大文学家苏东坡也说：“古之立大事者，不惟有超世之才，亦必有坚忍不拔之志。”所以，成就学校大事大业者，在于有志之士。

二、现实的感悟

北京物资学院的全体同人们对学校充满着危机感、使命感和责任感。在30年的历程中，学校的办学理念和发展思路一直在改变、调整和充实。随着形势和任务的变化，现仍在继续探索定位、转型、方向等关乎学校命运的大问题。调整和完善符合时代要求、社会需求和高校发展规律的战略宏图和长期规划，势在必行。学校已提出了新的办学定位、发展设想和工作思路，也得到了广泛认同。对此，有六个关系问题，略有点滴感悟，实属一家之言，意在抛砖引玉。

水平与特色。北京物资学院提出了建设“高水平特色型大学”的办学定位。“高水平”和“特色型”的内涵是什么？如何实现高水平和特色型？应该加以剖析，理出头绪。

1995年国务院批准的《“211工程”总体建设规划》中对建设目标有如下阐述：“使相当一批高等学校和重点学科点能够成为培养高层次专门人才和解决国家经济建设、科技和社会发展重大科技问题的基地，在教育质量、科学研究和管理等方面处于国内先进水平，并有一定的国际影响，其中若干所高等学校和部分重点学科达到或接近世界先进水平。”这个建设目标中显然有着“高水平”的含义，主要指向建设世界一流大学的高校。所以，我校可以参照国家的目标要求，结合学校的实际情况，提出切合我们实际和特点的“高水平”指标。我们学校的“高水平”建议主要应该在以下五个支撑点上下功夫：一是有比较充足的教学和科研经费来源；二是

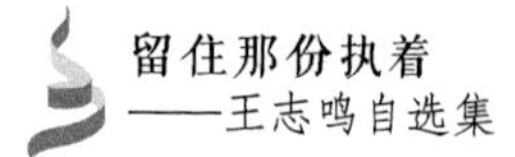

有一批优秀拔尖的教师人才和大师；三是有创造知识、科学研究的技术平台和学术环境；四是有合理配套的现代化的管理运行机制；五是有独特的校园文化理念。从产出的角度而言：应该能够培养高层次的人才，获得高水平的成果，发表高质量的文章，提供高技术的服务。当然，以上无论从建设角度还是产出角度，均可结合实际，在有多有少、有大有小、有深有浅的质量和深度的层次上有所选择、定位和突破。

特色学校一般应表现为具有明确的办学理念、特殊的学科个性、灵活的课程设置、良好的教学方法、独特的校园文化等。我认为，在强调以物流和流通为核心和"五星红旗式"学科布局的同时，各个学科不应该放弃自己的专业个性和发展空间，否则将会失去自我、弱化支撑。国家已把物流作为十大振兴产业之一，中国物流与采购联合会等机构又是大力支持我们的后盾。在这样的前提下，如果我们能够在以具有行业背景、学科特色的物流和流通为核心的领域里占有一席之地，何乐而不为？在强调学科的交叉渗透、带动相关学科和新兴学科、营造广阔的学科群以及健康发展的学科生态的同时，如果我们能够在其他学科专业领域"异军突起""拔得头筹"，又怎可厚非？当然，我们可以想象，一个企业没有"拳头产品"，如何占领市场和影响消费；一家医院没有知名专科和名医，如何会有源源不断慕名而来的患者；一所高校没有令人向往的特色专业，如何赢得政府、社会、企业以及家长和生源的关注？这些都需要我们进一步深思和研究。其实，"一枝独秀"也好，"百花齐放"也罢，有些时候很难一厢情愿。如果眼下还难以看得出相对优势和突变前景的话，我们应该着眼于整体发展，强化基础建设，重视内在素质，找准突破方位，为"上水平"和"出特色"夯实根基、储存实力、明确方向。

建设"高水平特色型大学"是一个非常复杂而又漫长的过程，需要长期的积累积淀。我们必须持之以恒，坚持有所为有所不为，走具有自己特色的道路，这是我们的必由之路。

思路与方法。目前，学校提出了"开放入主流、整合出特色、激励上水平"的工作思路。在学习理解的基础上，结合学校实际认为："入主流"就是要积极投身于国家和北京市中长期发展建设规划的主战场，努力参与解决具有全局性、战略性的重大理论和现实问题，实现教学创新、理论创新和科技创新。如果左道旁门，远离现实，难以做出符合大局需要的成果，也难以得到政府的支持和资助。“出特色”就是在全国三四百所高校均有物流专业的背景下突出自身独有的不可替代、难以模仿的学科和专业特色，积极探索大行业背景、全配套支撑、多交叉融合的巩固与提高、独特与优势、新兴与研发的各学科发展的特色体系。如果维持现状，缺乏统领，难以保持鲜明的个性特色，也难以成就未来的特色大学。“上水平”就是在历史短、规模小、学科少的情况下对学校全方位、各层次的人财物、责权利达到细化和精致的管理，以有效提升教学和科研水平。如果视野不宽，力量分散，难以实现教学科研上水平，也难以实现学校高水平的发展目标。开放入主流的“开放”，不是一句简单的口号和态度，应该是一个举措，一个思维创新的行为举措；整合出特色的“整合”，不是一个简单的叠加和调整，应该是一个重组，一个学科内涵的优化重组；激励上水平的“激励”，不是一种简单的鼓励和表彰，应该是一个机制，一个全面管理的运行机制。

当前，我们应该创造性地开展工作，解放思想，破除僵化，勇于探索，大胆实践。学校可在四个方面下功夫：一是高，抓住特色学科的制高点；二是实，建立发展个性的实践场；三是新，开拓强化能力的创新班；四是活，设计教学模式的活教程。学校的发展关系到全校师生的切身利益，每个人都应该以主人翁的精神关心学校、支持学校。学校领导、院系领导、机关干部、教职员工都应在不同的岗位上履行职责、发挥作用。历史证明，智慧和真理往往蕴含在群众之中。集思广益、群策群力、求同存异、同心同德、克服困难、抢抓机遇，是我们当前最应展示的工作状态和精神风貌。

教学与科研。学校要求由“教学型向教学科研型转变”，是非常明智的决策。当今社会，只有不断研究新知识、新理论和新技术，并充实到教育教学活动之中，教育教学才不会走向乏味和无知。教学与科研对高校而言，犹如车之两轮、鸟之两翼。大学发展最初的700多年间，大学的主要使命就是培养人，当然要以教学为主；大学进入第二个发展阶段，“洪堡精神”在大学确立后，人们把科研作为大学的第二使命，教学与科研成为大学的两个基础。

教学在讲台上要充满智慧和活力，必须有坚实的科研后盾作支撑；科研在舞台上要彰显水平和个性，需要有灵活的教学平台作实践。对于教学工作，重要的是深化教育教学改革：及时更新教学内容，不断改革教学方法，逐步强化实践教学，以期有效培养合格的创新人才。对于科研工作，重要的是推进三个结合：加强科研实践与培养创新人才相结合，加强力量整合与长期、持续发展的科研综合目标相结合，加强科学研究与解决现实问题相结合，以期多出高层次人才、多出高水平成果。其实，在国内许多大学或国外知名大学里，教学和科研基本上是不分家的，水平就此得以提高，能力就此得以增强。同时，可否试行企业和企业家走进学校和课堂，教师和学生进入社会和企业，采取科技攻关、联合办学，甚至兼职授课、现身讲座、亲手指导等，一定会产生新的理念、闯出新的路子，成就跨越式的发展。

还有一个应该强调的大学龙头工作，就是学科建设问题。学科是在认识世界、形成知识的过程中，把同类知识系统化集合。综合性大学重视基础学科、突出新兴学科、鼓励学科交叉融合，注重形成学科综合优势。具有专业特色的学校主要突出优势学科，在行业领域内形成高水平、高知名度的重点学科。我们学校曾经提出“努力形成优势学科与特色学科、传统学科与新生学科相辉映，应用学科与基础学科相促进的多学科协调发展”的思路。我们应该立足国家需要和学科特点，集中有限资源和必备条件，选择领域突破、形成相对优势，建设重点特色学科。要特别把现有的北京市重点实验室、人文社科研究基地、实验教学示范中心的建设摆在教学和科研工作极其重要的位置上，不断改进和强化，更好地出人才、出成果。在科学研究呈现深入细化和联合攻关的特点下，要特别关注新兴学科和交叉学科的形成，这里往往蕴藏着特色学科和优势学科的机遇。学科是学术的土壤、是创新的源泉、是人才培养的基地。无论教学还是科研都离不开学科建设，归根结底学校是教育和培养人的基地。

质量与创新。质量是大学的生命，创新是大学的灵魂。提升质量，不断创新，是发展建设大学的永恒主题。国家教育部和有关领导已明确指出：中国高等教育发展的重点将进一步集中在质量的保障与提高，要把提高质量作为高等教育发展的核心目标，作为大学创新的主要追求。

提高高等教育质量是一项复杂的系统工程，需要各方努力探索创新。高校自身要求的教育质量，包括生源、师资、教学、管理等各方面的质量。其实，最关键的是生源质量和教学质量。要在教学改革创新上有所作为，难度之大、要求之高、范围之广，不言而喻。但是，必须围绕培养创新人才这个核心目标，深化教育教学的改革与创新，推动人才培养模式的改革与创新。我们应该超脱固有的思维定式和现成方法，甚至要有颠覆性、前瞻性的探索和开拓，发扬敢为人先、追求卓越的精神，积极争取教育教学事业发展的主动权。

生源与就业。根据教育部统计，全国中小学校数量以及在校生总数均迅速下降。10 年前，全国中小学校总数 60 万所左右，5 年前 50 万所左右，现在大约 40 万所。最新的数字显示，初中以下在校生总数 2008 年比 2007 年减少 230 万人。根据相关专家预测，如果仍然按目前每年高校招生计划增长 5% 测算，到 2013 年后，高考的全国平均录取比例有可能超过 80%，在经济发达和高校众多的省份可超过 90%，甚至达到 100%。2010 年北京高考报名人数是 8 万，高招录取率 84. 6%，高考报名人数比 2009 年下降了 20%。上海比北京更严峻，也是全国高考录取分数实际最低的地方。因此，北京、上海正在减少本地招生计划，纷纷把招生计划转往外省市。根据山东省教育厅的资料，2013 年山东省考生总量从 2008 年的 80 万下降到 40 万左右。2010 年湖南省破天荒地拒绝部分外省高校的招生计划，以确保湖南高校的生源。

显然，高校目前的生存状态，难以应对生源迅速减少带来的挑战。一旦生源不足，学校就会因为资金链的断裂，难以为继。可以预见的是三五年后坚持现行政策，必然有一批高校将面临招不到足够学生的局面，进而陷入办学困境而带来“灭顶之灾”的风险。有的高校所谓的“永不破产”“基业长青”的神话将会被逐步击破。当然，国家和地方教育部门调整高考试题，简化难度，抬高分数，提高录取率，也是可以解决生源问题的，至于生源质量就会“不显山不露水”地打了折扣。因此，未雨绸缪，从长计议，要及早考虑将来的生源问题。

高校扩招以来，“大学生就业难”年年都是热点话题。要生存和发展，就意味着必须从规模发展转向质量提升。为了赢得生源，许多高校更加面向需求、面向社会调整和探索办学思路。中央和各省市在 2010 年的政府报告中将高校毕业生就业列入重点工作之首，并提出按照经济社会发展的需求，建立大学毕业生就业的系统导向机制，促进供求关系逐步趋向合理。

这个问题的确应该引起我们的深思。就业问题直接影响生源问题，那么，我们就应该多从就业问题着手，认真加以研究和探索。一方面可以针对《中国大学生就业报告》（就业蓝皮书）关于大学本科毕业生划分为红黄绿的现实情况进行有效分析，同时从国家、社会、企业的长远发展需求调整、改进和设置专业门类；另一方面可组成若干大学生毕业分配后的跟踪调查小组，认真了解分析需求单位和企业的人才观，譬如在选拔人才时关注的焦点、认识的盲点、选拔的重点、海选的难点、需求的特点。再针对社会和企业的需求，努力调整教育教学的课程，以达到提高素质和能力的教育教学目的。

成长与培养。高校一般意义上分为教师、教辅、管理和服务四支队伍，也可大致归成两支队伍，即教师队伍和干部队伍。这两支队伍是高校发展建设必须依靠的基本力量。那么，主要是自然成长，还是不断强化培养，关系到两支队伍建设的成效，应该引起足够的关注和重视。从教师队伍的情况看，大多数教师在从事教学工作之前都经过了专门学习培训；也有的教师到国外进行了学习培训。但是仍有100多人，占26.6%的教师没有经过师范或专业培训。无论参加培训与否，教师在讲台上主要靠自己摸索，自发训练，自主成才。教育教学如同其他知识一样，不仅是一门学问，而且是一门科学，还是一门艺术。有针对性地强化教师队伍的教学训练，是学校的基础性、根本性和关键性工作，应该经常不断地加强知识的补充、技法的培训、能力的提高、经验的总结。有效地培养和训练是使教师提高能力水平的“捷径”。另外，要长远规划招收博士学历的教师，人才的均衡配置和结构优化也很重要。古人说“人无远虑，必有近忧”，我们应该引起关注。

从干部队伍的情况看，一是缺乏优秀的年轻干部。学校的干部数量并不少，但是缺乏优秀的、拔尖的、能够独当一面的年轻干部。在干部队伍中确有不少品德素质高、工作干劲大、发展潜力好的优秀苗子，应主动全面地加以培养和磨炼。毛泽东同志曾教导我们：“政治路线确定之后，干部就是决定的因素。因此，有计划地培养大批的新干部，就是我们的战斗任务。”在现实工作中，有一个比较普遍的现象，往往自己建立的制度像一个绳索又把自己牢牢束缚起来。我们应该从大局出发，坚持德才兼备与唯才是举相结合，无论学历高低、年龄大小，只要想做事、能做事、做好事，能够推动事业的发展，就应该按照有关规定程序予以启用和重用。二是缺乏持久的工作激情。有的干部在同一级别岗位上工作了10多年甚至20多年，如果不采取有效办法，干部的积极性和创造性从何而来？邓小平同志指出：“不讲多劳多得，不重视物质利益，对少数先进分子可以，对广大群众不行，一段时间可以，长期不行。”

加强教师和干部队伍建设，对高校至关重要。积极培养、不断磨炼和激发热情，一定比自然成长、临时培训和满足现状更主动、更有效。

三、未来的畅想

时代在变迁，社会在发展，北京物资学院也一定会有美好的未来。但是，我们对未来的关注和关心是无语还是有心，是淡漠还是强烈？在思考撰写此文之时，我对学校未来的三大功能进行了一番畅想。未来是无限的，想象是丰富的。因此，对未来可以敞开思路、毫无拘束地遐想某一时期的横断面。此次，我关注学校未来的四个关键词是：改革、调整、提高、增强。

管理运行机制的改革。科学要求的是准确，艺术讲究的是和谐，而管理则要求两者兼具。在管理实践中，有科学知识，有艺术内涵，还有内在规律。对于高校管理的内在规律，如果了解它、顺应它、利用它，就会产生事半功倍的效果；如果漠视它、违背它、破坏它，就会产生事倍功半的后果。长期以来，可以说粗放式管理依然存在于工作中。在现实工作中，传统的思维方法形成了牢固定式，常规的运行方式打下了深刻烙印，经常把许多习惯当成了规律，把一些做法当成了模式，一成不变，牢不可破；抓工作模式化，就事论事，按部就班，墨守成规；办事情工序化，面面俱到，慢条斯理，效率低下。如果存在这些陈旧的思维定式和运作方式，一定会禁锢我们的思想和行为。

高校是一个复杂的系统，对管理者要求很高。但是，如果建立健全一整套、一系列的管理运行机制，就可以改变管理上的许多根本性和现实性的问题。美国著名管理学家、现代管理学理论奠基人，被誉为“当代不朽的管理思想大师”的彼得·杜拉克有如下见解：“领导人花在人的管理与进行人事决策上的时间，应当远超过花在其他工作上的时间。因此，没有任何的决策所造成的后果及影响，会像人事决策与管理上出现的错误那样持久而又难以消弭。”所谓管理运行机制的改革，就是要坚持围绕学校教学这个中心任务，以教学、科研、管理、服务为一体的分类目标管理责任制为主线，调动积极性和发挥创造性为核心，加强成本核算和提高岗位待遇为手段，逐级负责管理和岗位目标竞争为特征，年度考核或届期考评为周期，强化教学、科研、管理和服务能力为抓手，提高培养建设者和接班人的质量为目的，全方位、全过程和全体人员参与的改革。校院（系）两级管理机制的改革也必须在整个改革之中。学校领导班子要加强宏观领导的战略性、前瞻性和科学性；机关职能部门要加强制度管理的研发性、指导性和服务性；按照责权利统一的原则，在规定权限范围内必须给予院系一级必要的自主权和管理权，否则缺乏生机和活力，更缺乏积极性和创造性。

另外，物质生活方式是人们最基本的生活方式，物质利益原则是社会发展的一项基本原则。社会发展到现阶段，人们对现实政策的评判，对社会前途的关心，更多的是与个人的利益联系在一起。在工作中，如果把教学和利益结合起来，就会强化教学意识；把科研与利益结合起来，就会强化科研意识；把质量与利益结合起来，就会强化质量意识；把效率与利益结合起来，就会强化效率意识……当这些结合以公平为基础，充分利用现有资源，量力而行，掌握适度，奖罚分明，改革就会朝着良性竞争和相互促进的方向发展。当然，管理运行机制改革，必须符合政策规定，符合内在规律，符合权限范围，符合实际情况。

改革是需要成本的。没有足够的经费支持，改革在启动时期很难保证稳定，在运行时期很难保证持久。一旦运行成功，经费可能不再成为需求问题。积极探索、稳步推进，全面改革、逐步实施，赢得支持、协调发展，是必须坚持的工作原则。

教育教学目的的调整。温家宝同志在 2009 年 9 月 4 日撰文《教育大计　教师为本》中强调："要培养全面发展的优秀人才，必须树立先进的教育理念，敢于冲破传统观念的束缚，在办学体制、教学内容、教育方法、评价方式等方面进行大胆地[①]探索和改革。"话语中采用"必须树立""敢于冲破""大胆探索"的词句，深切表达了对我国教育教学各个环节的亟不可待、迎难而上、全面改革、决不后退的决心和意愿。《国家中长期教育改革和发展规划纲要（2010—2020 年）》已启动实施，围绕教育改革和发展的若干问题都会逐步全面展开。其中，我们所关心和关注学校未来的一个重要问题，就是教育教学的目的性。

---

① 原文是"地"，正确是"的"。

大学四年的短暂时间，主要在课堂上以灌输的方式教授学生，除了学习文化知识之外，其他素质很难得到发展。目前教育方式的单一性和学生学习的被动性也会扼杀学生对知识的兴趣和好奇心。所以，通识教育、素质教育应该提到高校的议事日程上来，纳入教育教学改革的序列之中。我们作为财经类高校是否适合“通识教育”？答案是肯定的。要在强调德智体美全面发展的教学理念上和在围绕教育大纲基本要求的前提下，注重和强调教育思想的基础性和根本性，注重和调整教学目的的统一性和启发性。德育，一要奠定思想基础，二要感悟社会现实，三要指引人生航向，四要提高思维能力。智育，一要传授知识原理，二要启发心灵智慧，三要培养专业兴趣。体育，一要教会学生喜爱的终身受益的体育项目，二要提供群体协作的情感智商的培养机会。美育，就是要提高综合鉴赏能力和文化知识素养。

学生基本素质的提高。胡锦涛同志要求：“把高等教育发展的重点放在提高质量和优化结构上，密切高等教育与经济社会发展的联系，坚持培养人才、创新知识、服务社会的办学理念，加强研究和实践，着力培养学生的创造能力、实践能力和创业能力、就业能力。”大学毕业生在经济社会发展的竞争环境中，如何能够成功地踏入社会和融入社会，成为社会的有用之才，应该从社会需求和教育功能两个方面进行思考定位。我认为，高校应从四个方面对学生进行强化和提高：负责任、有能力、促和谐、讲诚信。

责任，是品德的转化和体现，也是教育需要强化的内容。梁启超的《少年中国说》中提出：“故今之责任，不在他人，而全在我少年。少年智则国智，少年富则国富，少年强则国强……”美国哈佛学校前院长哈瑞·刘易斯在《失去灵魂的卓越》一书中强调：“18 岁到 22 岁是年轻人在人生发展道路上的特殊阶段。”“他们所处的年龄正好是培养责任感的阶段——学生从父母亲的依赖那里独立出来，开始为自我和社会承担责任。”他在书中指出：“本科教育的根本目的——把年轻人培养成具有社会责任感的成人！”要把事情做好，就要担负责任；只有担负责任，才能得到信任；只有得到信任，才能赢得发展空间。一个没有责任感的人，最终是不可能取得事业上甚至生活上的成功的。有人曾评价“美国前 500 强大企业教给人伦理，而西点则教给人品德”。美国西点军校闻名于世的校训：责任、荣誉、国家。“这个校训简洁明了，具有金刚石般的质地和永不过时的伟大意义。”

能力，是知识的转化和体现，也是教育需要强化的内容。“钱学森之问”给我们的教育工作提出了挑战，强化知识转化，提高学生能力，是保证教育出人才的关键所在。许嘉璐教授在2009年香港教育学校举行的校长论坛上指出：源源不断地培养大批善于独立思考、具有强烈创新意识和能力的人才，是今后教育改革要解决的核心问题，也是我们必须闯过去的一个“瓶颈”。薛涌博士说：“在中国读书，总担心自己没有学问、不懂什么。在美国读书，总担心自己没有思想，没有激发人的能力。”“学生在大学里泡在一起，对社会的见识越来越狭隘，开创精神越来越差，而且总是抱着一种不知道天高地厚的‘状元心态’，眼高手低。”通过教育、培养和提高学生的独立能力、学习能力、思辨能力、动手能力，已成为教育教学的发展趋势，适应形势，突出重点，掌握方法，受益终身。

和谐，是情感的转化和体现，也是教育需要强化的内容。自1983年始，国外大学开启了EQ情商学说，1995年《纽约时报》专栏作家丹尼尔·戈尔曼出版《情绪智力》一书，将情商推向高潮，随即风靡全球。甚至有人提出“20%的智商+80%的情商=100%的成功”的公式。情商的功过大小，我们姑且不论，强调人与自我、与社会、与自然的和谐，已在社会产生共鸣。当前中国家庭大都是独生子女，在家庭中几乎没有兄弟姐妹的感情交流，走出大学校门，又进入了强烈的社会竞争环境。中国科学技术大学校长朱清时院士说：“现在的青年学生最容易出现的缺陷就是不善于与人相处、不善于交流。”希望学生能够意识到学会与他人、与社会和谐相处的品格“比学习更重要”。在大学四年的学习生活中，主要是知识和情感的交流，正是培养友爱、善待、厚道、宽容、谦让、协调等和谐因素的良好时机。能够融入社会、融入集体，善于团结周围的人们，与他人打成一片，也是一个人成熟的基本标志。

诚信，是人格的转化和体现，也是教育需要强化的内容。爱因斯坦曾这样警示人们：“大多数人说，是才智造就了伟大的科学家。他们错了，是人格。”孔子在《论语·为政》中说：“人而无信，不知其可也。”意思是，人如果不讲信约，不知道他怎样可以立身处世。诚实守信一度被一些人丢弃。随着经济建设和社会环境的不断发展变化，诚实守信已成为人们遵循的道德标准。在世界许多国家，科学道德教育课程是研究生阶段的必修课，以此引起学生领会科学道德与科学职业的伦理精神。刘延东同志指出，要将科学道德列入大学和研究生必修课程，使青年学生从学生时代就养成恪守学术诚信的自觉，让诚信深深根植大学生的头脑，内化为精神追求。诚信，应该成为一个人的习惯和追求；讲诚信，可以获得社会和他人的尊敬和爱戴。

要真正做到负责任、有能力、促和谐、讲诚信，需要人的悟性，更需要人的意志。负责任，社会接纳；有能力，社会需要；促和谐，社会欢迎；讲诚信，社会信任。走进学校大门，我们就可以告诉并引导学生在大学四年的时间里要不断提高和强化责任、能力、和谐、诚信等基本素质，为人生和今后踏入纷繁复杂的社会能够逐步走向成功而奠定坚实的基础。

学校经济实力的增强。北京物资学院未来发展的内容很多、范围很宽、潜力也很大。其中增强学校的经济实力，应该引起足够重视，因为具有富足的经济实力是学校发展的有力后盾。高校在培养人才、创新知识和服务社会的三大功能中，都有一部分资源没有被充分开发和利用。学校各院系资源的分割，有时会产生相互掣肘、重复建设的问题。在财务状况优越的情况下，要注意整体规划、区分功能，搭起框架、抢抓机遇，围绕需求，完善校区。在财务状况困难的情况下，要积极开源节流，充分利用资源，强化管理，盘活内存，这应是我们探索和实践的题中之义。

目前学校仍是单纯地依靠政府投资，未来的状况不容乐观：报预算，要经费，无活钱，难富余。高校的经费来源大致可分为三类：政府投入的、社会支持的、学校开发的。政府投入的和社会支持的，必须定向、专项使用；学校开发的经费比较灵活，但最好用在两个方面：一是投入在提高学校教职工的福利待遇上；二是投入在政府和社会不能支持和关照的却又严重制约学校发展的关键项目上。学校使用经费，一定要坚持预算是法，量入为出，不搞赤字预算，还要避免个人的认识和意志对资源的整体、合理运用的影响。高校预算应该切分成不同的条块，针对必做的、可做的、不做的实情，坚持先急后缓、量力而行的原则组织实施。留存经费就是逐年积累的“家底”，“家底”越厚实，心里越踏实。

高校后勤是高校整体的一个组成部分，在人力资源和项目资源上占一大块，大有“文章”可做。只要调整政策，给予支持，放开搞活，就可以较好地降低成本，避免浪费。高校后勤不应成为高校的负担和包袱，而应成为高校“造血功能”的重要渠道之一。高校还应该结合实际，积极慎重地将许多资源整合，既“尽力而为”，又“量力而行”，按照集团化、企业化的运作方式予以开发和利用，逐步走向社会化和现代化，努力创造财富，为学校发展建设贡献一份力量。

三十载岁月沧桑，三十载光荣梦想；三十载风雨同舟，三十载扬帆搏浪。往昔的成就，今日的开拓，必将迎来明天的灿烂与辉煌！

（2010 年 7 月 7 日）

分管业务篇

对高校基础服务保障部门业务工作的思考

高校基础服务保障部门的业务工作是不可忽视的。对于以教学为中心任务的高校而言，基础服务保障不仅不可或缺，而且非常重要。高校基础服务保障机构大都由后勤、财务、资产、基建、安稳等管理部门和图书信息等教辅部门组成，这些部门也参与一些教学和科研工作，但更多的还是为师生提供不同的基础服务和保障业务。在服务保障项目的类别中，有教学保障、科研保障、条件保障、安全保障、生活保障和信息网络、图书资料等诸多内容，对于高校师生几乎离不开，甚至缺一不可。那么，高校基础服务保障部门如何出色地做好业务工作呢？笔者认为，应该始终坚持围绕高校的中心任务开展工作，千方百计解除师生员工的后顾之忧，千方百计调动服务人员的工作积极性，简称为“一个中心，两个千方百计”。所谓“千方百计”就是在政策、规定、权限和条件允许的范围内想尽或用尽各种办法；提出的“解除后顾之忧”，必先“调动积极性”，积极性调动得越充分，后顾之忧解除得相对越彻底。要真正实现这一目标，还必须努力做到以下几点。

第一，要学会战略思维。

基础服务保障部门必须站在学校宏观战略的高度分析研究问题，因为这些部门的许多业务工作涉及学校的全局利益和师生的根本利益，甚至涉及大局和政治问题。譬如后勤食堂的饭菜价格，在社会市场物价上涨过高过快的情况下是否可以自行调节价格？但是，恰恰因饭菜价格的一点点上调，就有可能引发学生的极大不满，进而产生高校不稳定乃至社会不稳定的极大隐患。再如信息安全问题，高校安稳和信息部门所掌握的信息可能是非系统性、非完整性、非全局性的内容层次，如果不按照上级要求落实，靠自身掌握的信息量判断安全稳定形势的严重性和危害性，将可能大错特错。由此可见，基础服务保障部门的领导者学习和掌握战略思维，应是本职业务中的题中之义。战略思维是一种能力，是一种综合性的思维和判断能力。如果能够出色地运用战略思维，就可以总揽全局，驾驭局面，宏观控制，游刃有余；就能够站得高，看得远，抓得准，做得好。

如何培养这种战略思维能力呢？

一要形成全局意识。面对一切重大的涉及全局的事务不可草率行事，不能仅仅从狭隘的本职工作的角度而简单处事。经验告诉我们，有许多看似小事却隐含大局的工作都应自觉地往深处想一想，为什么、怎么办？当然，要养成全局观念，形成全局意识，非一日之功。应该经常性地学习研究国家大政方针、社会发展趋势、政府最新理念和人们关注的舆情，经常性地把一些新知识、新信息、新理念、新舆情自觉地与本单位实际相联系，善于分析，勤于思考，能够习惯性地自觉主动地站在全局的角度去思考问题，形成思路，提出建议。

二要关注政府信息。国家、政府和有关部委的每次重大会议、重要活动，都会通过各种文件报告、各级领导讲话和新闻媒体宣传等公布于众，许多重大决策、先进思想、科学依据、最新理念，在字里行间传递出来的信息，对我们的业务至关重要，可以进一步明确工作目标，修正工作思路，改进工作方法，坚定工作决心。所以，关注政府文件精神、各级领导讲话和正确渠道信息，是提高战略思维能力的重要环节。

三要掌握自身情况。虽有好的政策、好的理论、好的思想，但好高骛远、不切实际、盲目随从，凭想当然、靠拍胸脯也是不行的。只有掌握自身的特点、优势和不足，扬长避短，才能真正做到运筹帷幄，科学决策，才能有所为有所不为。后勤服务保障效果大致可分为三个层次。第一层次是基本满意或是基本保障型的层次。这个层次做得好，大家可能不以为然，似乎可有可无，其实是离不开，离开了就感觉不便，就生出麻烦了。但是，这个平衡很难把控，一方面作为服务者长期重复此类工作，免不了懈怠麻痹，有时标准不到位；另一方面作为被服务者的需求随着变化而不断提高，以往的标准过去满意，现在不满意了，何况“众口难调”。从这个层次又派生出了上下两个层次即第二、第三层次，第二层（之下的）就是不满意或是不能完成保障业务的低层次。这个层次有保持原标准相对不变而出现滞后感造成的；或是最低端的、实实在在没有做到，而让被服务者不能得到满意的结果。第三层（之上的）就是为了求变、求新、求好而不断调整、改善和改革以达到很满意的高层次。实现这个层次难度较大，需要客观条件和主观努力。服务保障部门的领导者要熟知自身的实际情况，只有知己知彼，才能把握全局，抢占主导地位。

四要做到权衡利弊。理论与实际相结合，要进行决策上的权衡利弊。只有熟知理论、了解实际，掌握上情、知晓下情，才能分清利弊，站在全局的高度果断形成决议和决定。全面准确地进行利弊分析是战略思维的重要环节，情况不明，信息不准，利可能不是利，弊可能不是弊。利弊不清，利弊颠倒，都会影响决策的果断性和正确性。要做到这一点，各级领导必须利用足够的时间思考全局问题，对工作抓大放小，不可事无巨细，事必躬亲，陷入事务性工作之中。

第二，要完善长远规划。

随着形势和时代的发展变化，高校服务保障的内容越来越多、任务越来越重、要求越来越高。许多问题都需要通过宏观规划和长远设计、先急后缓和运筹管理、逻辑分析和逐步建设，解决和实现当前与未来、重点与全面、民生与环境的发展目标。我们要树立科学发展观，强调“一盘棋”思想，不急功近利，不盲目随意，一切工作设想和发展规划都要从长计议。对此，应遵循以下原则：

一要了解上级下级权限。长远规划的设计与构思，一定要符合发展方向，符合上级规定，符合单位实际，尤其要符合权限范围。要分清哪些是属于上级部门的事情，哪些是属于自己权限的事情，分门别类地组织筹划落实。我们一方面要积极向上级提出合理化建议，另一方面更要在自己的权限范围内多做弥补工作，尽可能调整设计思路，减少损失，不出差错。如果不考虑上级规定和权限范围，就会给自己人为地设置障碍，制约工作进程和单位发展。

二要分清主流支流意见。高校服务保障业务面宽、事杂，涉及学校和师生员工的有关教学、科研、安全、生活和图书信息等方方面面，不可避免地会出现这样或那样的意见和建议。无论个人的还是集体的意见和建议，只要正确、有益，就应该认真对待和解决，当然更要关注主流意见，包括基础性、根本性意见。在加强基本建设、后勤改革以及“平安校园、绿色校园、智慧校园”建设等整体规划和总体设想中，坚持“兼听则明，偏信则暗”的原则的同时，一定要注重全局、兼顾一般，重视听取和积极采纳主流群体的意见和呼声，当然也要吸纳少数人员的正确思想和有益内核，认真分析其正确性、可行性和前瞻性。

三要抓好横向纵向布局。我们制定长远规划，横向要全面考虑设计，包括教学保障、科研保障、条件保障、安全保障、生活保障和信息网络、图书资料等方面，相互协调，事半功倍；相互掣肘，事倍功半。有些时候仅考虑单方面或单个问题，可能会造成事与愿违的结果。高校应该采取“大后勤”“大服务”的管理模式，既要分工负责、齐头并进，又要减少浪费、降低损耗。从纵向的角度而言，每项任务也要认真调查研究，组织专家论证，围绕长目标短操作、积小项成大事的原则，提出深入实施的具体步骤和方案。在此基础上，严密组织，分步实施，稳扎稳打，实现目标。

四要分析主观客观条件。服务保障业务是高校建设发展不可或缺的重要组成部分，虽然不是中心工作，做不好却会影响中心工作。所以，要认真分析主客观因素。北京高校的后勤服务保障设施的优劣程度参差不齐，客观条件大不相同。站在后勤服务保障部门的角度，环境条件改善是当务之急；站在学校整体的角度，有可能排不上议事日程，尤其各种经费捉襟见肘，急需花钱的地方很多。在这种情况下，更要正确对待和区分主观想法和客观条件，坚持有所为有所不为。

五要明确近期长期任务。长远规划做出后，要分阶段、分步骤、分期限组织实施，切忌急功近利，盲目追求效率，不留调整余地。当然，这项工作仅仅限于后勤服务保障部门的设计规划是不够的，必须纳入学校整体的长期和近期任务及目标之中。譬如高校后勤基本经费的额度一般占学校总投入的1/5或1/6，比重很大。实施节约节能工程，每年可为学校节省基础保障经费至少1/3。基本建设也是这样，在经费紧张的情况下，要分期分批完成整体规划，按照建设的逻辑关系实现建设目标。否则，像撒胡椒面一样，几年下来经费投入不少，却难见成效。

第三，要构建和谐环境。

高校内部一直以来还是存在一定的等级观念的，后勤服务保障部门的人员处于弱势群体一方。这就要求服务保障部门的领导和同人，一方面不断提高自己的素质和修养，从思想意识和行为修养上实现服务保障的高层次、高水平；另一方面也要锻炼自己的心理素质，以包容宽厚、善良友爱的心态面对一切。要努力构建和谐环境，建立正常的人际交往和良好的工作关系，使校园上下融洽、左右和睦、内外和谐。为此，要努力做到：

一要领导之间和谐。高校服务保障部门有关领导之间的和谐非常重要，应努力做到受到表彰不邀功，产生问题不推诿，遇到情况多沟通，发生矛盾少埋怨，相互交流切磋，分析研究解决。要使各部门领导之间能够和谐配合，分管部门的校领导是关键因素之一。首先，要深入各业务部门了解真实情况，采取有效方法激励他们创造性地开展工作，同时帮助他们解决现实中的困惑和难题。其次，要不失时机地将他们的功劳公布于众，同时对存在的不足和问题予以提醒。最后，要积极推荐他们到适合发挥优势作用的岗位任职，同时还要不许愿、不袒护，处事公道、以德服众。在工作中的既要讲原则，讲团结，也要讲感情。为了做好服务保障工作，要学会宽容、谦让、忍耐，积极创造生动活泼的工作局面。

二要业务之间协调。要做好高校服务保障工作，还有一个非常重要的环节，就是要知晓各有关部门之间的辛苦劳作，尤其要了解掌握相互之间的工作性质和主要内容，从感情上的理解到工作上的支持，形成群体优势，提高凝聚力和战斗力。要做到这一点，就要形成大合作的工作机制，努力将部分服务保障单位合署办公，并及时与相关部门协调工作，通报情况、分析问题、处置困难、协调业务，真正把各项工作的配合协调落到实处。高校基础服务保障部门统一的管理运行模式，可以又好又快地解决许多工作中的新情况、新矛盾和新问题。

三要部门之间合作。高校服务保障单位不是孤立的，也不是靠自身的努力就可以做好工作的，与学校其他部门和二级学院之间的合作是密不可分的。这不仅是理解和包容，更是支持和帮助。要做到这一点，服务保障部门要不断了解相关部门的业务知识和工作流程，掌握与之协同工作的合作点以及经常出现的问题及其原因。这些情况如果处理不当、工作不到位就会影响进度和程度。尤其对一些其他部门无能为力，也不在服务保障部门职责范围内的“空白”和“悬浮”的工作，要主动想办法承接落实，否则就会相互扯皮、推诿，最终影响工作，甚至产生严重后果。

第四，要振奋工作精神。

工作精神是一个人的思想境界、工作姿态、外在风貌、内在气质的综合反映，与每一个人紧密相连，形影相随。它是一个人精、气、神的突出表现，宛如一面镜子，可以反映出一个人的理想、信念和抱负，可以折射出一个人的世界观、人生观和价值观。信念，是人的精神支柱；理想，是人的奋斗目标。一个人有了正确的精神支柱，有了远大的奋斗目标，才能调整精神状态，振奋工作精神。如果没有旺盛的革命斗志、高昂的工作热情、良好的精神状态，不要说成就一番事业，就是踏踏实实干点事情也是很难的。后勤服务保障部门的干部职工要树立理想目标，更要振奋工作精神，起码应把握以下四点：

一要讲工作态度。工作态度是通过外在表象展现个人的心理活动和素质能力，对待工作的态度是积极的还是消极的，是主动的还是被动的，从做事情的初始就决定着成败与否。后勤服务保障部门的领导和同事的工作态度，可以直接感染被服务对象，进而影响服务质量。在现实工作中，服务保障单位直接接触被服务对象，无论个人心情舒畅与否、家庭幸福与否，都要微笑面对是一件很难的事情。在个别被服务对象出言不逊的刺激下，时常就会发生一些冲突和矛盾。所以，建立健全合理有效的职业培训和激励机制，就显得更加重要和突出。

二要讲工作效率。服务保障业务工作必须强调效率。夏季，学生公寓的电扇不转；冬季，室内的暖气不热；患病，校医院的医生休息；学习，手中的电脑上不了网；等等。设身处地、换位思考，如果不及时服务到位，怨气和愤怒就会油然而生，不分青红皂白的意见就会向四面八方扩散而去。所以，效率的快与慢也是服务效果成败的不可低估的因素。报修、维修、维护等一站式服务方法，应成为服务保障部门认真思考和解决的问题。

三要讲工作质量。在工作过程中，服务保障的质量也是必须加以强调的重要环节。服务态度好、工作效率高，但是服务质量不到位，就失去了优质服务的意义。提高服务质量，一方面要加强业务知识和专业技术的学习培训，“没有金钢钻，不揽瓷器活”，否则难以保证服务质量；另一方面要爱岗敬业，如果有“伺候”人的感觉，心中总是产生委屈和抱怨，也是不能提高服务质量的。作为服务保障部门的员工要始终坚持服务第一、质量第一，是一项非常艰巨的任务。

四要讲工作效益。高校后勤服务保障部门每年占全校的经费投入比重很大，如果没有效益意识，用浪费资源和提高成本的代价实现服务保障能力的提升也是万万不可以的。作为服务保障业务的工作人员，心中一定要有节约、节能、节省的意识，每时每刻都要想到降低成本，减少损耗。要站在学校全局的角度认识问题，珍惜资源、爱护资源，充分利用资源。同时，我们每做一件事情都要考虑其经济效益和社会效益，在学校师生面前发散正能量、正效能。

第五，要强化服务意识。

确立服务思想、强化服务意识、讲究服务态度、提高服务技能，是服务保障单位经常强调的一系列问题。后勤服务保障部门要严格管理是必须的，不能失之于软、失之于宽。但是，不注重在道德修养、领导艺术、思想方法、业务素质、组织运作、管理方式、办事效率上下功夫，没有良好的服务意识，要真正实现“一个中心、两个千方百计”，是根本做不到的。因此，强化服务意识，以下三个方面不可或缺：

一要提高必备的素质能力。不断加强理论知识、业务知识、文化知识的学习，因为文化素质决定着思想品德，思想品德决定着服务意识。随着形势和时代的发展，新技术、新手段、新方法层出不穷，如果不加强专业技术学习和培训，提高服务水平、完成保障业务就是一句空话。采取有效形式和方法，不断加强和提高服务保障部门全体人员的政治素质、文化素质、思想素质和业务素质，应成为当前和今后一个时期的重要任务。只有素质能力上台阶、上层次，成为业务工作的行家里手，才能真正实现高品质、高层次的服务目标。

二要学会良好的服务方法。服务保障单位点多、面宽，不同的业务也需要不同的服务方式和方法。作为部门领导也要讲究服务方式：“发号施令不能体现能力和水平，和蔼可亲不会降低素质和人格”“严格不一定横眉冷对，认真不一定谨小慎微，管理不一定越俎代庖，落实不一定事必躬亲”。在服务保障工作过程中要体现“出力要讨好、管理要舒服、服务要体贴”和“人性化管理、亲情化服务、柔情化处置”的理念。良好的服务方法，可以赢得人心，获得支持，弥补设备条件上的不足和技术手段上的落后。

三要提倡扎实的工作作风。高校基础服务保障业务工作，要注意在实、细、新、稳、快、好上下功夫。实，就是实实在在，不搞华而不实的花架子；细，就是细致入微，把服务真正送到师生的心坎上；新，就是开拓创新，用新技术、新方法服务他人；稳，就是平稳处事，不邀功、不张扬的低调处事方式；快，就是讲究效率，尽快解决师生遇到的问题；好，就是注重效果，设身处地为他人着想。

（2013 年 1 月 26 日）

高校后勤改革创新之我见

后勤服务保障是高校不可或缺的组成部分。高校后勤是随着高校建设发展的需要而建设发展起来的。20 世纪 90 年代，高校后勤是高校发展“瓶颈”问题的提出，在全国高校掀起了深化改革的热潮。也正因为此，有力推动和促进了高校后勤的改革与发展，形成了高校后勤服务保障的新格局。应该说，高校后勤为国家和社会培养人才做出了应有的贡献。今天在新形势和新态势下，高校后勤全面深化改革应该再次摆在高校改革发展的重要议事日程上。

一、高校后勤的地位与作用

高校后勤有着不可取代的地位和作用，不仅仅要努力实现“三服务、两育人”的宗旨，而且要提供温馨、温暖的环境和氛围，提供不可或缺的工作、学习和生活的服务保障。从高校建设发展至今，高校后勤确立了应有地位，发挥了重要作用。毫无疑问，高校后勤做出的贡献已经载入高校历史发展的功劳簿。高校后勤发挥的作用，至少有以下四个方面：

一是服务保障作用。高校对后勤强调“三服务”，即高校后勤必须坚持为教学、科研和师生员工服务。随着师生需求的不断提高，后勤提供服务保障的能力和水平也要不断提升。追逐需求和满足需求成为高校教学之外生活方面的基本矛盾。高校后勤只有把服务保障工作落实好、完成好，才能使教师踏实教书、学生安心学习。后勤业务中，许多工作具有专业性、技术性。在设施设备落后、专业人员不足的情况下，落实服务保障，后勤业务人员要采取许多措施和手段，不断发挥聪明才智，下功夫，才能得以实现。

二是安全稳定作用。高校后勤承担着安全稳定工作的两个方面。一方面是直接面对的任务。学生公寓管理中的安全工作，包括消防、防盗，防止打架斗殴、破坏纪律等。餐饮服务中，食品安全工作是一项十分艰巨和烦琐的监督检查工作，大宗食材的统一采购，肉食蔬菜的抽样化验，每日饭菜的食品留样，都是不引人注意的重要安全保障环节。锅炉安全、用电安全、车辆安全、流行病预防和防治，还有学校许多历史遗留问题的处置等工作，都是直接落实的安全工作。另一方面是潜移默化的辅助作用。配合安稳处和学生处以及相关部门做好学生思想稳定、心理疏导等辅助工作，家属院、招待所入住人员的登记核查工作，校园管理、校园安全等协管工作。

三是辅助育人作用。高校要求后勤“两育人”，即管理育人和服务育人。高校后勤具有两种基本属性，即经济属性和教育属性。经济属性就是让后勤服务实体把依靠财政拨款的发展模式逐步转变为“收费服务”的自我发展模式，实现市场化、企业化、产业化，从而代替本应社会承担的服务保障功能。在此基础上，实现管理育人或是环境育人。至于其教育属性，应该寓教于服务。高校后勤的教育属性是由服务对象的特殊性所决定的，无论高校的行政机关、后勤机构，还是企业性质的后勤服务实体，在向学生提供后勤服务的同时，客观上具有一种教育功能，优良的服务环境、服务态度、服务质量，直接或间接地向学生传递善意、厚道、耐心等不同信息，可以影响其形成正能量的价值观和道德情操。这种教育功能由于后勤服务与学生生活的紧密性、直接性而发挥着潜移默化的育人作用。

四是体制探索作用。高校后勤运营成本不断增大，后勤人员不断减少，师生需求不断提高，专业技术不断更新，许多后勤工作本应按照市场化、社会化运行，可是，由于社会市场的不够成熟，出现欺骗、造假、违规等行为，容易导致高校内部的安全隐患，且明确要求校方承担相关责任。对此，高校后勤的许多业务学校又收回改为自主经营，高校后勤在“进一步退一步、退一步进一步”的艰难探索中，虽然没有全面实现市场化、社会化的经营路径，但在探索中获得了许多有益的尝试和经验教训。尤其是经过20世纪90年代社会化改革之后，思想观念和运作方式有了极大改变，不仅不否定追求良好的社会效益和经济利益，而且这一观念和追求已成为后勤员工的价值观和获得感，使其变成后勤服务中企业文化的一部分。

二、高校后勤的发展屏障

20 世纪 90 年代，国家有关领导人在视察高校工作时多次强调：“看来制约高校发展的主要问题是后勤”“后勤是制约高校发展的‘瓶颈’”。“瓶颈”问题提出后，引发了高校大讨论，同时推动了高校后勤的全面改革。1999 年开始，国务院办公厅先后召开了四次全国高校后勤社会化改革工作会议，大大推动了全国高校后勤的深化改革，也逐步提高了高校后勤的保障能力、运行效率和服务质量。随后，由于高校后勤改革“停滞不前”或维持现状，改革发展出现了新的“瓶颈”。主要有以下五个方面的问题：

一是思想观念滞后。后勤工作从普遍意义上分析，在高校虽然不可或缺，分管后勤的校领导和后勤部门做了许多研究和探索，但是没有引起上级政府和主管部门以及本校主要领导的特别关注、全面重视和持续强化，起码在操作空间没有形成很好的长期规划和实际运作。高校后勤业务的推进，不像安全稳定工作那样，得到领导和部门的高度重视，其结果和效果有着天壤之别。高校后勤工作属于一般性内部事务，除非发生责任事故或者引发安稳问题，才会引起阶段性重视，诸如前几年个别高校后勤饭菜遵循市场规律自主提价，导致学生强烈议论带来不稳定因素，北京几所高校在系统内被公开批评。无论主观上还是客观上，对于高校后勤而言，“解放思想、更新观念”依然是一种口号，或者说是体制机制内改革的“小打小闹”“意思意思”而已。高校后勤自上而下、自觉不自觉地服从和认可单纯的供给制，被动接受主要靠国家和政府财政支持补贴。高校后勤虽然由计划经济下的“福利型”“供给型”转到适应社会主义市场经济的要求，遵循价值规律，注重经济核算，强调投资效率，却因没有更好的政策导向、利益驱动和操作动力，对有偿服务和后勤社会化失去积极性，也就习惯性地接受了封闭性管理模式。

二是体制机制老化。高校的历史形成一种“凡事不求人”的思维定式，把学校变成了一个小社会。高校后勤经过社会化改革浪潮之后，大都采用“小机关、多实体”或是“小机关、大实体”的运作模式，虽然部分社会企业进入了高校，却主要负责餐饮、超市、保洁、绿化等，还因成本过高、政策滞后和责任导向，有些业务几经周折又收回到学校后勤自主掌控。许多可以通过招、投标面向社会的业务，也均由高校后勤独立完成。高校后勤体制属于条块性直上直下纵向领导，虽然服务保障面向全校教职工，但其后勤部门仍有下属机构，遍布学校各个角落，因为其他部门没有领导关系和隶属关系，只能通过后勤最高管理层表达意见和意愿。与此同时“后勤人”也失去了接触外界和发展进步的空间。后勤人想冲出“后勤圈子”，其他部门的人员不想、不愿进入后勤岗位，除非担任后勤中层领导。多年形成的这种恶性循环，使得“后勤人”也难有工作积极性和创造性，甚至时常消极应对。高校后勤的摊子很大，每年运行经费不断增多，而收益却相对很少，长期形成的工作机制几乎一成不变。“后勤人”极少有人被提拔使用，工作性质以体力劳动为主，休息日、晚间或寒暑假期间也时常加班加点，不能与其他教职工一样获得休息自由，工资待遇却相对过低。“后勤人”创造的经济效益难以兑现，久而久之不再关心、关注学校的经济效益。高校后勤没有人权、财权和决策权，“后勤人”想突破现有的体制机制更是难上加难。

三是人员流失严重。高校后勤业务上的许多岗位属于职工，而非干部；属于专业技术骨干，而非管理人才。在高校引进和招聘人才的有关规定中，学历门槛过高，岗位行业不分。高学历人才难以引进和招聘到后勤岗位上工作，低学历的人才骨干或职业学院的大专生，没有规定支持，因此不能引进和招聘。多年来，除军转干部之外，后勤几乎没有新人履职。历史上集聚的专业技术骨干，随着时间的推移，有的调离后勤岗位，有些已逐步退休，人员流失过大，缺乏新生力量补充。为了落实和应付后勤工作，只有不断招聘合同制员工，其工资待遇和缴纳的五险一金成为许多高校后勤不断加大的一笔不小的开销。校医院或是学校综合门诊部，由于个人专业发展受限和工资待遇偏低等问题，招聘医护人员更是无法操作的艰难现实。

四是基本设施陈旧。高校后勤的设施设备都是随着学校发展和师生需求而不断添置更新。除了医疗设备和特种设备等使用时间较长之外，食堂的厨具、灶具、餐具和家具都是五六年更换一次，学生公寓的家具随着大学生入住周期视情更换。高校后勤大多数设施设备基本上都属于消耗性的。因为使用量之大，导致折旧率之高。往往管理者不了解使用者反复维修对付凑合的苦衷，使用者不知道管理者申请资金更新设备的难处，负责资金投入决策的主管领导和相关部门又隔了一层，后勤的一些设施设备不得不“超期服役”。多年来，上级主管部门对高校后勤提出的餐饮、公寓和物业“标准化”要求推进艰难，似乎成为一种可做可不做的软性指标。尤其是落后的公寓、餐厅等基础设施设备方面，更是难以进行全面升级改造。这种长期形成的“小而全”“全负责”“供给型”“福利型”的经营运行模式，不可能在短时间内全部依靠社会企业全权负责，也不可能从已有的少得可怜的经营收入中获得发展基金再投入进行更新换代，只有依靠财政支持补贴，失去了后勤管理和经营的主动性、积极性和创造性。

五是管理内容偏离。不难看出，高校后勤业务宽泛，不仅为教学、科研、师生的工作、学习、生活提供餐厅食堂、学生公寓、师生浴室、通信交通、生活超市等方面的服务，还要做好水电供应、环境保洁、房屋管理、校园绿化、宾馆接待、物业修缮等方面的保障，甚至还有锅炉房提供暖气、校医院提供医疗、幼儿园负责子女等特殊种类的服务保障。高校后勤应该承担与之相适应的管理性、保障性、服务性三大类业务，围绕服务保障、维护维修开展工作，并非场地资源的把控管理和教学科研的具体事务。在现体制下，全面提升服务保障能力和管理水平已非易事。目前，许多高校后勤还承担着完全不属于后勤范围的业务工作，最突出、最麻烦的是负责学校各种历史遗留问题和一些教职工利益冲突争执问题的处置。另外还包括其他部门不管、不愿管的杂乱事务，如为其他部门提供预约的教学场地、体育场馆，同时负责粉笔提供、钟表调拨、窗帘制作等细小工作，而教室里卫生保洁因经费需要支出却由学生勤工俭学负责，桌椅家具、教学设备的维修更换却由教务部门联系厂家负责落实。使得后勤业务阴差阳错、随意扩大，时间和精力投入偏离，有不务正业、频于应付之嫌。

三、高校后勤的改革思路

当前，以习近平总书记为核心的党中央提出的全面深化改革是关系党和国家事业发展的全局性重大战略部署，是当前工作的主旋律，也是高校工作的重点内容。高校后勤是一项基础性和保障性工作，理应成为高校深化改革的一个重要领域。高校后勤既是高校工作的重要组成部分，也是制约高校发展的瓶颈之一。目前，高校后勤业务范围之宽，师生要求之高，运营成本之大，从业人员之少，技术更新之快，全面深入健康地推进后勤改革已经到了势在必行的地步。我认为，高校后勤改革的关键是主要抓好三个环节：

一是提出改革方案。由于北京高校安稳责任重大，高校后勤推进改革几乎“停滞不前”，实现后勤社会化也是“遥遥无期”。我们要探索一种符合形势需要、符合高校实际的稳妥有效的改革之路和改革方案。这个方案就是把现后勤业务进行梳理分离，一部分业务由学校成立服务实体，承担社会企业进入高校的功能职责，避免可能带来的安全隐患；另一部分由“瘦身”“减负”后的后勤管理部门继续承担管理和保障类业务工作。一要调整合并高校相关服务部门。基建与后勤的工作关系，可以根据本校基建项目多少确定合署办公还是单设部门。资产管理部门应统一归于“大后勤”，便于资产的统一申购、调拨、使用和管理。二要分清高校后勤的业务性质。高校针对本校情况，将后勤业务的保障性、服务性和管理性三类中的项目合理分离。保障性的包括水电气暖和与其相适应的设施设备的购置、运用、管理、维护和维修；服务性的包括行政服务和有偿服务；管理性的包括后勤机关的统一采购、节能环保、住房管理和人员管理方面的业务指导工作。三要捋清和重组高校后勤的各项业务。高校后勤的有关部门和各项业务，有的已无业务可言；有的应适当予以加强；有的要视情重组合并；有的要面对现实新建。四要及时汇报得到支持。把将要分离出后勤的部分业务情况及时向学校主要领导和相关部门的分管领导汇报，争取得到理解和支持，移交和接收部门做好充分准备。五要成立后勤服务实体。要将高校后勤实体投入的资产进行产权明晰，明确所有权和使用权。同时，按照相关规定，选准配好班子人员，确立法人地位，明确经营原则。

二是分离后勤业务。无论历史还是现在，全国高校后勤承担的业务范围不同，地位作用就有所不同，改革的宽度、程度、力度也会有所不同。因此，高校后勤深化改革的内容、范围和步骤，要讲究针对性和有效性。后勤干部和职工在政策限制、人员流失的情况下，业务工作必须进行“减负”和“瘦身”。

（1）有偿服务项目的分离。后勤实体建成后，可以将目前后勤服务性业务中有偿服务项目分离出来，比如餐饮服务、学生公寓、校园绿化、卫生保洁、客房招待、医疗服务、车辆租赁、物业修缮等业务交由后勤服务实体进行合理的经营性运作，真正实行企业化管理，降低运营成本，提高服务质量，讲求经济效益。

（2）有关重复业务的分离。将后勤财务转交学校财务部门，归口管理，撤销后勤财务科。或者改造成后勤服务实体的企业财务，负责后勤服务实体的财务管理，独立核算，自负盈亏。将公用住房的资产账目和管理移交学校资产管理部门统一登记、有效调配、强化管理，合理使用。

（3）应急处置事宜应有归属。后勤负责处理的原校企工厂和长期遗留问题，包括一些教职工利益争执的应急处置方面的职能，应归并学校信访部门或其他部门，安排专人负责协调、研究处理历史遗留问题以及不断出现的工作矛盾、突发事件和人员上访，建立有序正规的历史资料保管制度、处置矛盾应急方案，确保此项工作的政策连续性和业务连续性。

（4）明确后勤主体分管业务。后勤管理部门仅保留保障性和管理性的业务工作，从繁杂硬撑的困境中解脱出来，专心致志地做好后勤职责范围内的工作，不断提高保障水平和管理能力。调整归并相关机构和人员，明确责权利，相互配合，各司其职。

三是双管组织运作。高校后勤社会化改革的重点是健全运行机制、改变落后模式、减少后勤人数、降低运营成本、满足服务需求、提高经济效益。将高校后勤业务大致分为两部分：一部分由所建立的后勤服务实体承担。利用学校现有企业资源，或者重新注册公司或后勤集团，要按照企业化、社会化运营模式，把责任义务、服务质量、效率效益结合起来，通过招标竞争为高校输出服务，提高服务实体的运营能力和管理水平。这种形式可以避免安稳责任隐患，完成本应社会承担高校后勤的部分服务项目，随着服务实体的成长成熟，走进其他高校提供后勤服务保障业务，引领和规范高校后勤服务公司或集团行为。随着社会企业成长成熟，自然就会参与高校后勤服务保障业务的运营。另一部分由高校后勤部门重组机构承担。针对新形势新任务，按照符合上级标准要求、符合高校保障规律特点、符合后勤实际情况的原则，调整重组管理机构，建立健全新的监督管理机制，加强后勤干部和业务骨干队伍建设，针对分管业务和管理对象，建立和完善岗位职责和工作运行程序。同时，按照工作岗位和业务性质，调整合同制员工的编制职责，形成新的高校后勤管理模式。

高校后勤改革不仅是理论问题，更是实践操作问题。

（2017 年 2 月 22 日）

高校基本建设过程中的苦与乐

近些年来，北京高校基本建设的经费是比较充足的，除了根据不同的基建项目向市财政或市发改委申请工程建设经费之外，每年还可以申请财政专项经费，包括基础设施改造和设备购置项目，虽然时常会有一些政策和方向上的调整，但是总体上对高校基本建设的推进和校园环境的改善起到了积极的作用。有的高校占地面积小，已经没有余地进行建设；有的利用良好时机和条件，更好更快地改善了环境；有的历史欠账过多，利用3年基本建设规划等机会突击进行一些基础设施改造和建设项目。北京高校的校园面积相比其他省市高校的校园面积要小得多，由于地处北京市的高校已达到90所，直接由北京市拨款的高校近30所，各高校需要经费比较多，改善校园环境的需求比较迫切，标准要求也比较高，经费投入就产生了一些意想不到的困惑。从高校本身来说，基本建设不仅是为了改善优化师生学习、工作和生活的校园环境与设施条件，而且是为了在学校校园文化建设方面做一些有益尝试。笔者在分管学校基建工作的经历和感受中深感欣慰的同时，还留下了不可预测和不可控制的太多遗憾。

一是设计理念的新旧带来的遗憾。高校在申报基本建设项目立项之前，都会选择一些符合自身特点的建筑设计单位进行沟通，在地处北京的高校中，一些经济实力和运作能力较强的高校，就会选择一些水平比较高、名气比较好、影响比较大的设计机构进行项目设计，有的选业内名人，有的选院士牵头。不过，大部分的市属高校没有这个选择的余地和可能。首先是设计费用过高。选择三五家设计单位都要付出一定的设计费用，加在一起就是不小的开销。其次是支付费用倒置。设计必须先行一步，但是恰恰这个时候没有经费，许多学校没有事先支付设计费用的规定和程序。如果立项和招标成功，招标成功的施工单位可以从总投资经费中列支后补，这是约定俗成的“潜规则”。如果立项“流产”，设计费用就成了难题，尤其对没有自身“造血功能”的学校，无论多少都是很难办的事情，有时就要动用学校舍不得花的家底。因为这两个问题，一般高校就会选择自我感觉是一些实实在在的、年轻时尚的设计机构进行基建项目设计。在这个过程中，学校基建部门按照学校领导的意图，将学校的基本设想和建设理念进行通报，参与设计的机构通过理解、碰撞，他们有针对性地进行专门设计，等待学校按照相关程序予以认可。无论选择有名气、有实力的成熟设计机构，还是有思路、有热情的年轻设计公司，在设计理念上都会出现庄重与时尚、实惠与豪华、现实与超前、明快与厚重、收敛与夸张之间的大相径庭的反差冲突，不可能把思想、理念和追求全部涵盖其中，相互之间各有所长，但又不可抄袭模仿。不同设计机构的设计带来的遗憾和不同设计风格带来的遗憾，都是不可避免的。各设计机构之间的设计理念不同、风格不同，也不屑于借鉴，其中俗套的观念所带来的遗憾和伤害最大。学校领导们的审美观念、发展立意、建设要求等千差万别，完全凭自己的好恶选择确定。如果学校选择的看似中规中矩的却是陈旧俗套的设计方案，毋庸置疑就会留下诸多遗憾，随着时间的推移，这种遗憾还会逐步扩大。

二是审批制度的宽严带来的遗憾。目前高校基建项目仍按照“九二指标”进行立项、设计和建设。“九二指标”顾名思义是 1992 年设立的基本建设的规定标准，颁发“九二指标”的三个政府机构都早已被撤销、改制、合并。学校考虑学生的实际情况和发展需求，可能在设计上更多地考虑师生的学习、工作等细节方面的要求，但是不符合“九二指标”的规定，面积缩小，档次降格，有的极其不符合建设规律和发展理念。为了减少浪费，提高档次，学校自身有时会提出变项增项，如塑钢门窗、铝合金门窗改为断桥铝门窗等，洽谈变更、增加投资不说，在最终项目验收时，还会带来一系列验收、转固等麻烦，加大了学校的负担。

高校一个时期基建项目要分类申请报批，譬如后勤服务类、体育场馆类等由发改委审核并拨款，教学场所等方面则属于发改委批准立项，经费却由财政部门审核拨款。别看这只是小小的区别，难易程度和经费投入却有差别。难易程度决定工程批准时限；经费投入多少决定基建项目设计、面积和结果。可想而知，其内在所产生的诸多难题和遗憾。

三是经费投入的多少带来的遗憾。高校的基本建设都有其主观和客观带来的历史根源，有的高校建筑完整、区域功能齐备；有的高校占地较小，已无建设空间；有的高校欠账较多，急需加快改善；有的高校功能缺项，犹如雪中送炭；有的高校好上求好，好似锦上添花。上级分管部门应该具体分析，分类指导，重点支持，趋于平衡。同时，还应该结合地理区域的弱点、学校发展的特点、师生需求的重点，不搞“一刀切”投资。经费投入多少，有时还直接影响设计效果。设计效果不同，建设效果就不同，甚至决定着基建项目的大小和好坏。国外高校的校园楼宇建筑区别很大，有的很古老，有的很时尚，有的很庄重，有的很新潮。但是，都可以成为校园文化的重要组成部分，成为标志建筑、百年建筑，成为高校历史不可磨灭的辉煌印证，并引以为豪。当然，我们不能单纯地求高、求大、求全，盲目追求奢华。但是，基建项目仅仅为了使用而建设也是一种浪费，既失去了校园文化光辉精彩的一笔，又失去了百年建筑精品存留的机会。

四是工作失误的大小带来的遗憾。在基建项目施工过程中，经常会有许多变项，有增有减，减项自然就会降低费用，但是往往增项多于减项，增项大都是在原基础上提高品质、改善样式、增加功能，费用都是提高的。譬如有段时间由于外墙保温材料突然从 B 级提高为 A 级，市场一时间供不应求不说，在使用中发现新型材料也有突出的问题。后来，外墙保温材料的标准又从 A 级降为了 B 级。窗户在申报的时候只批准塑钢材料，可是这样一栋新楼还用这种落后的材料，学校都会觉得遗憾，所以基本上都会更换成断桥铝的材料。新建楼宇大门周边外围裙墙等重要位置也会改成石材。根据楼宇面积的大小，费用也会随之增减。但是，在增项的过程中，各种档次、价格不同的材料很多，要根据学校投入的多少进行选项。这些变动和变项很难在施工前期进行全面的深化设计，以免项目未被批准而投入过大，只有项目批准之后才能进行深化设计补救，往往此时就会带来许多不可想象的遗憾。

五是高校发展的快慢带来的遗憾。北京市属、市管高校较多，每所高校的建校时间、学科领域、指导思想、发展方向、建设理念等都有所不同，掌控环境、把握机遇、领导能力、运作方式等也会因人、因时、因事而异，加之高校建设和发展不在一个起跑线上，其每个阶段的结果也会非常不同。那么，高校发展步伐的大小、速度的快慢都会带来很多遗憾。发展较快的高校，一定是在某个或某些时期抓住了机遇，校外征集土地、引进优秀人才、申报热门专业、扩大基建项目等，在许多方面是可遇不可求的，一旦错过不再出现。譬如征地，目前如果不是政府行为，几乎不可能。但是，有的高校如果正处于天时地利人和而抓住了机遇，便会给学校带来很大的发展空间，还可以避开许多政策上难以逾越的鸿沟与障碍。相反，将会给学校带来不可逆转的遗憾和损失。

然而，不可否认的是高校基本建设的乐趣也是显而易见的。每一栋楼宇钻出地平线，从“小苗初长”到“瓜熟蒂落”，从“初出茅庐”到“功成名就”，一种成就感就会发自心底油然而生。尤其是校友返校日看到校园的变化，外校访问者看到校园的美化，那种赞叹令我们这些学校基建工作者很欣慰。

（2016年3月23日）

探索高校安全稳定工作的规律与特点

高校安全稳定是不可忽视的重要工作，虽不是学校的中心工作却直接影响中心工作。北京高校的安全稳定工作无小事，不仅影响北京甚至影响全国的安全稳定大局。因此，在中央要求北京“大事不出、小事也不出”的前提下，高校安稳工作就必须做到“确保安全，万无一失”。但是，每所高校的安全稳定工作如何才能做到确保安全、万无一失？怎样才能做到心中有底、安稳可控？其内涵外延涉及广泛，深不可测，正是我们需要认真研究探索的高校安全稳定工作的题中之义。这些年我们在工作中深入分析和研究高校安稳工作的规律和特点，尤其在全面推进“平安校园”创建工作中，不断实践和探索，形成了一套行之有效的防范管理模式，为保证校园良好的教学、科研和生活秩序奠定了坚实的基础。在实践中经过归纳总结，采用“点、线、面”这一容易记忆、容易操作的模式，将高校安全稳定工作全部囊括其中，便于及时发现、分析研究和解决处置问题。

一、面面俱到，不留死角

学校的安稳工作对象具有一些特点。一是学生流动性集中。上课时，集中在教室；下课时，集中在院落；吃饭时，集中在食堂；休息时，集中在宿舍。二是房屋阶段性闲置。上课时，宿舍腾空；休息时，教室腾空；吃饭时，宿舍和教室都腾空。三是设备周期性购置。学校大量的固定资产非同年代购置，非同时期报废，非同地点放置，非同人员使用，非同部门管理。四是人员流动性变化。每年新生入学，老生毕业，四年变换一轮；教师上课到校，下课回家，不坐班；每月四个周末，占全校学生总数60%左右的北京籍学生离校回家，暑假寒假和长假绝大部分的师生离校，导致校园空空荡荡，冷清寂静。加之校园面宽、点多，周边环境复杂等，极易发生各类安全隐患和涉及稳定的问题。所以，针对高校的规律和特点，有的放矢地加强高校安全稳定工作势在必行。这几年结合工作实际，我们有针对性地加强人防、物防、技防建设，使之互为补充、相互作用，努力实现横向到边、不留死角。

一是强化人防。人防就是人力防范，简称为人防。基础的人力防范是利用人们自身的传感器（眼、手、耳等）进行探测，发现妨害或破坏安全的目标而做出反应；用警告、恐吓、设障、武器等手段来延迟或阻止危险的发生。在自身力量不足时还要发出求援信号，以期待外援做出反应，制止和延缓危险的发生或处理已发生的危险。学校范围区域较大，要真正落实人力防范，就必须采取必要的措施，将学校的范围区域“化整为零”，落实到人，分工负责，责任到位。

按照北京市教工委《网格化管理实施方案》的指导意见，结合学校空间布局的特点和要求，要将校园分为大、中、小三级网格，按照“全面覆盖、不留死角，夯实基础、落实责任，整合联动、有效防控”的原则，实现“精细化管理、多元化参与、科学化配置、规范化运行”的校园网格化安全管理格局。对此，我们要对学校的每个办公室、档案室、保密室、研究室、实验室、教室、食堂、仓库等所有房屋进行登记造册，管理责任落实到每一个人身上，人员变动时进行有效移交。甚至将学校的环境区域包干划分给具体单位或班级或小组，真正实现学校全方位网格化建设目标，把资源管理和安全责任落实到每一个人。

人防中还要特别重视自防和预防。在对学校师生进行安稳自防和预防教育时，要特别重视六个方面，即讲政治、懂消防、重饮食、防盗窃、守纪律、筛心理。一是讲政治，这不是一句空洞的口号，而是必须要确立正确的思想取向。政治讲立场，要坚定，不拿个人好恶妄议中央精神；政治讲大局，要服从，不拿局部微观影射国家宏观；政治讲纪律，要严明，不拿小众牢骚曲解大政方针；政治讲成绩，要全面，不拿工作绩效替代政治信仰；政治讲责任，要落实，不拿主观失误影响党的形象。尤其在课堂上要真正落实讲政治、守纪律。二是懂消防，不是一时随意的要求，而是必须要终身强化的能力意识。消防工作是高校安全的重中之重，不仅要加强全方位的消防设施建设，而且学校师生要懂消防知识、会器械操作、能适地逃生。这些都是非常重要的，也是最应加强设施建设、消防教育和普及知识的重点内容之一。

三是重饮食，不是一个简单的说教，而是必须要把住师生的健康关口。学校有四个环节需要认真对待、强化落实、坚持长远，即统一采购、零购化验、饭菜留样、控制外卖。统一采购就是防止无溯源的有害食材进入学校食堂，强化食材的来源可靠、安全、健康；零购化验就是将随时购买的鸡鸭鱼肉和蔬菜佐料抽样进行毒素残留化验；饭菜留样就是将每餐次的食品成品留样，按单品不少于100克的食品，分别盛放于清洗消毒后密闭专用的容器内，并放置在专用冷藏设施中存放48小时以上，用于出现食物中毒等问题时，可以有效排查或排除自身问题，争取时间，及时处置；控制外卖就是限制社会外卖盒饭进入校园，许多外卖食品借助合法平台，将无证经营的食物带进校园，不仅导致责任问题，而且可能造成食品卫生安全危害带入校园。四是防盗窃，不是一种无奈的防范，而是必须要不断养成的行为习惯。高校集中学习、集中餐饮、集中住宿，校园内大都是自己的老师和同学，容易忽视外来非法人员的侵犯。所以，防止盗窃要让师生终身强化“防人之心不可无”的思想意识和学会身边以及房间贵重物品的保管方式，真正养成终身防窃的习惯。五是守纪律，不是一纸摆设的文书，而是必须要了然于胸的言行底线。作为约束个人言行的组织纪律，不是挂在墙上的摆设，应该时刻记在心底，不触底线、不碰红线。高校在申明纪律时是全方位的，而恰恰在执行纪律时失之于宽、失之于软。六是筛心理，不是一次责任的推卸，而是必须要时刻关注的生命安全。学校应该靠技术手段和心理观察，对有心理疾病的师生进行“一对一”的看管和约束。学校不分青红皂白地将患有心理疾病的学生交给家长或是家长“一推六二五”、全然不顾地将患有心理疾病的学生交给学校，都是不负责任的。如果在某一个细小环节松懈和麻痹，就有可能酿成大祸，导致生命财产危害。

二是完善物防。物防即为物理防范，也称为实体防范。物防的主要作用在于推迟危险的发生，为外援做出反应提供足够的时间。现代的实体防范，已经不是单纯地采用物质屏障的被动防范，而是越来越多地采用高科技手段，一方面使实体屏障被破坏的可能性变小，增大延迟的时间；另一方面也使实体屏障本身增加探测、反应和保护的功能。

针对存放现金账目、文件档案、贵重仪器、危化物品等重要实物的重点部位，严格按“双锁联管”“三铁一器”的要求加强防范。还要对学生公寓设计安装门禁翼闸系统和防盗门窗护栏，学生刷卡出入，保证学生公寓的安全。定期或不定期对全校重点部位和基础设置进行全面检查，防患于未然。

三是提升技防。技术防范，简称技防。技防是通过科学技术逐步形成的一种相对独立的可以从平面上预防为先、发现线索和处置隐患的安全防范手段。技防可以避免和克服管理者在巡逻中的疲劳、黑夜中的迷茫、无趣中的麻痹等难以自控的问题，全方位、全天候、全过程地进行监控。但是，技术手段的不断改进和发展，以及监控设备使用的周期性，避免不了要针对技术设备的陈旧老化程度不断进行更新换代，提升及时性、准确性、有效性和全面性的技术防范能力和水平。

在建设视频监控系统之前，要深入调查研究，不能被施工方“牵着鼻子走”，用所谓的技术手段和超前理念渲染得“天花乱坠”，使我们“雾里看花终隔一层”而不知所措。学校方要有自己的“主心骨”，也就是针对中控室建设的具体目标，至少要对施工方提出五个方面的要求：以“六位一体”建设为框架、以迅速发现问题为关键、以及时解决问题为目的、以采用先进技术为支撑、以简便操作方式为要求，真正实现“可定点视频、可跟踪追像，可单屏放大、可分屏巡视，可前期预防、可后期查阅，可全面监控、可重点侦察，可白天扫描、可夜间聚焦，可平时管理、可战时指挥”的建设目标。建设“六位一体”的视频监控系统是上级的要求，应该全面准确地加以落实。视频监控要努力发现行为举止异常、非法聚集活动、散发不良传单等情况，严防不易察觉、不易防范、不易控制的死角。同时，与消防报警和安全监控平台和后勤节能监管平台相互联动，防止和处置在水、电、气、暖、火等方面发生的安全隐患。

学校在完善细化“六位一体”系统的校园安全监控视频系统的同时，还要进一步加强和改造消防报警系统和节能监管系统的整合联网联动工程。随着这些专项的落实，学校将进一步提升消防报警、预防雷电、联动平台等系统的防范能力和管理水平。

二、分类研究，深要可测

在工作实践中，深感安稳工作受世界变革、历史冲突、文化思潮、社会环境、意识形态、人员思想、利益需求等方方面面的冲击和影响，往往导致校园安稳工作变化无常，深不可测。由于上述原因，我们不断探索，反复研究，归纳总结了学校安稳工作防控容易出现的薄弱环节集中在五个渠道：看不见的、想不到的、防不住的、躲不掉的、管不了的。对此，我们有针对性地加强防控，努力做到纵向到底，深要可测。

一是看不见的，要做到深入剖析。意识形态、非法传教、师生心理等问题，预测难、发现难，往往是看不见的，却是学校安全稳定工作的重中之重。

学校要特别重视意识形态领域斗争和抵御防范非法宗教势力的渗透和影响。学校宣传部、信息中心要对校园网络的不良舆情和信息进行筛选和封堵；统战部、宣传部、思政部和学生工作部等有关部门要对全校师生开展社会主义核心价值观教育，对民主党派的师生进行登记管理，掌握和引导全校师生思想动态，形成了具有鲜明特色的工作机制。

学校每年要对师生心理问题进行排查，及时掌握存在心理问题的人员，积极采取严格的排查防范措施，进行心理疏导干预，严防发生不良后果。特别要关注受到环境影响、心理障碍、人际关系、学习进步、职业发展、情感受阻、家庭问题和身体健康等因素影响的学生。

二是想不到的，要做到全面防控。学校时有发生不知来者、不分时间的社会外来人员私自混入学校进行违法犯罪活动，包括偷盗、行骗，甚至有报复社会而闯入高校行凶等案件和突发事端，给学校师生造成了意想不到的危害。譬如，我校校区内连续发生外来人员系列盗窃手机团伙案和女生厕所偷拍案，虽已破案，但是起初引起了许多师生的不安和恐惧。每年学校安稳部门都为学生找回丢失物品上百件，处理校内外偷盗案件多起。为此，大力加强校门、教室、学生公寓的管理，重点盘查外来人员和可疑车辆，昼夜进行校园巡逻，对重点部位进行蹲点守候，建立“一事一登记、一事一报告、一事一处置”制度，是对学校进行全面防控的重要手段。

三是防不住的，要做到积极排查。学校地下管道、房屋线路、食堂灶具、实验设备和机动车辆等因陈旧老化而存有潜在的、不可预知的安全隐患，时有跑冒滴漏，防不胜防。有一年，学校的学生公寓、教师单身宿舍、食堂灶具和绿化场地草坪等先后发生多起火情，因发现及时而未造成严重后果。对此，要适时对学校地下管道和各种线路等进行隐患排查，安排经费进行检修、维护和有效规整，从根本上消除此类安全隐患。

四是躲不掉的，要做到主动应对。每所学校都存在一些棘手的长期未能解决的难题，包括历史上成立的数家公司、校办厂，有的会出现债权债务和人员安置等遗留问题。校园内多有摆摊设点、非法经营的问题，多年难以解决。甚至还有个别人员采取威胁、对抗的做法，不仅在全校范围内造成极其恶劣的影响，而且也带来了不稳定因素和严重的安全隐患。学校的家属院住房出售出租和外借的不在少数，对家属院住户进行房屋和人员信息登记势在必行，否则责任难以推卸。同时，要对入住学校内部招待所的人员定期进行身份核查，规范校园各个方面的安全检查。此类矛盾和问题发生在校内，当地政府有关部门由于各种原因不进学校予以解决，目前学校内部的问题只能由学校自行处理。学校没有执法权，又无法左右当地政府机关，而此类问题又是躲不掉的，越躲积累问题越多、矛盾越大，不及时解决，拖延下去就会引发更加严重的安全隐患，甚至激化矛盾。因此，学校要积极提出解决方案，主动处理遗留问题。

五是管不了的，要做到借力处置。学校大门和围墙之外虽然学校管理不了，却与学校的师生利益有着千丝万缕的联系，诸如道路安全、垃圾堆放、车辆堵门、门外小吃、利益纠纷等，往往涉及安全隐患的防控，同样是不可忽视的校园安全重要问题。学校要积极应对周边复杂社情、民情，主动与当地政府综治办、公安、城管、交管等部门以及镇政府、村委会、小区业委会沟通，建立良好的工作关系和处置机制，因在校园之外，可以借力处置，解决一些应急的矛盾纠纷，及时消除安全隐患。

三、抓住重点，落实到位

学校在落实安稳工作中，要做到有张有弛、有急有缓、有条不紊、胸中有数，必须探索和把握这项工作的规律和特点。因此，我们梳理归纳了一些包括指令性、指导性、常规性、阶段性、突击性等重点和常规工作。

重要时期：“两会”、节假日、“三·一四”“四·二五”“七·五”，包括涉及钓鱼岛、“占中”等突发事件引发的政治敏感问题的时期。北京是全国安全稳定的中心，也是不法分子破坏捣乱、最想造成各种影响的地方。高校师生更要在政治敏感期提高政治觉悟和政治嗅觉，不要成为不法分子蛊惑的人群，他们会利用和蒙蔽善良热情的师生，制造一些带有政治影响和危害安全的事端。因此，在此期间要特别强调“六个坚决防止发生”，即坚决防止发生校园暴力恐怖事件、坚决防止发生危害国家安全和社会稳定的重大政治事件、坚决防止发生大规模群体性事件、坚决防止发生重大治安形势案件、坚决防止发生重特大安全事故、坚决防止发生重大失泄密案件，做到大事不出、小事减少、管理有效、秩序良好。

重要时段：开学、实习、假期、毕业以及在校园内举行的各类大型活动期间，包括一些法定假期的安稳防控，这是具有高校规律和特点的几个时段。在新生入学和老生毕业的时段里，大多数的师生注意力没有放在身边的物品上，也疏于对宿舍和教室存放物品的管理。社会上的一些不法分子走进学校一般会采取两个途径进行偷盗：一是混入陌生群体，夹在新生中间“浑水摸鱼”“明拿暗盗”；二是寻找无人之地，趁老师学生不备“顺手牵羊”“偷鸡摸狗”。同时也要防止学生聚众喝酒失态引发不良事端。在专业实习、社会实践和节假日过程中，学生也往往不会关注自身安全，偶有造成人身伤害的问题。

重点部位：实验室、锅炉房、配电室、食堂操作间、人员聚集场所和文件档案、贵重仪器、危化物品、现金账目的存放地点以及公共通信设施安放地等，都是容易引发不可逆转、不可挽回、不可估量的事故和案件等重要和关键部位。因此，一方面要做好特殊技术设施的维护管理，防止重要设备、资料、账簿等物品的丢弃、毁坏、自燃，防止群体拥挤踩踏等问题；另一方面要有效避免失窃、防火、中毒等引发的不安全外来因素。

重点人员：在现实生活中，重点人员大致分为三类。第一类是由于历史原因、客观情况、政策局限、人为导致等因素，造成个别人员的正当利益受到损失，因“时过境迁”之后，政策规定无法支持，难以兑现。这类人员的问题，有的可以采取原则性和灵活性相结合的方式实事求是地迂回解决，只要不带来负面的“连锁反应”（不能因为解决一个相对合理的问题而导致一批不合理问题的诉求），这一类的重点人员容易引起大家的同情和理解，处置不好，伤害性更大。第二类是有不良政治倾向的、争个人非分待遇的、借遗留问题闹访的、性格偏激无理取闹的人员等。这是高校安全稳定工作中真正意义上的重点人员，我们要采取积极措施和手段，有效地加以解决。第三类属于个别师生心理存在问题，容易出现自虐、自残、自杀等自戕行为和自暴自弃等，也是要特别需要关注、疏导和监护的重点人员。

针对上述情况，学校除了制订常规性、紧急性的应急预案外，还要经常与公安等部门了解掌握各类非法、敏感活动等情报信息，学校合理调动和部署各类防控力量，落实校园每一个区域、每一座建筑、每一个房间的防控任务，根据不同时期和不同时段，调整布控重点区域，加强巡逻值守，努力做到监控无盲点、防控无漏洞、管控无死角。同时强化学校各职能部门之间的沟通协作，形成合力，最大限度地将各类问题于萌芽状态解决。对重点人员、重点矛盾，采取“盯人战术”，对一时难以化解的矛盾纠纷，会同有关部门全力做好当事人的教育稳控工作，严格落实稳控责任和措施，确保所有重点人员不脱离视线，不发生聚集上访和极端事件。

高校可将安全稳定工作的方方面面内容囊括其中、分解到位，分类指导、研究规律，区域划分、责任到人。做好了，做到了，就不会遗漏隐患、弱化重点。同时，学校安稳部门还要结合工作实际和规律特点，设计一套安全稳定工作手册，将学校安全稳定的具体内容全部合理地设计在手册中，各单位和各学院按时按要求逐项进行落实，也就不会在安全稳定方面出现避重就轻、挂一漏万的现象。高校针对看不见的、想不到的、防不住的、躲不掉的、管不了的五个渠道，切实做好深入细致的防范工作，安全稳定就可以做到万无一失、确保安全。高校实现了安全稳定，就会对首都的安全稳定大局做出应有的贡献。

（2015 年 2 月 28 日）

全面深入创建“三个校园”的基本工作思路

根据高校的发展趋势和学校师生的迫切需求，我们经过调查研究和综合分析，在场地环境、投入经费、技术手段等可以满足条件支持的前提下，按照整体规划、全面推进、集中力量、分步实施的原则，采取成熟技术、先进手段、正确理念、科学管理的思路，积极推进“平安校园、绿色校园、智慧校园”的创建工作，可以达到缩短时间、节省资金、优化效果、迅速使用的目的要求。全面深入创建“三个校园”工作，需要上级领导和机关的认可，获得一定经费支持，通过与有关专业机构和工程单位合作，在技术和管理水平上真正成为北京高校乃至全国高校领先示范的先进单位。

一、“三个校园”建设的整体思路

“平安校园”和“绿色校园”在技术上要依托“智慧校园”创建工作。但是，每一个单项都可以自成体系、独立建设，最终从技术上融为整体。“三个校园”建设不仅仅要采用先进的技术手段，更关键的是要在技术手段保障的基础上，建立和完善校园整体服务保障的先进管理机制。创建“三个校园”旨在实现“无处不在的网络学习、开放创新的在线科研、公开灵活的教学方式、透明高效的校务管理、节约优质的服务保障、准确可控的校园安全、丰富多彩的校园文化、方便快捷的校园生活”，使教师和学生在安全、稳定、和谐、优美、智能的校园环境中工作、学习和生活，并在技术和管理水平上达到首都高校领先示范的先进目标。

二、“三个校园”建设的具体设想

（一）“平安校园”创建的主要内容

“平安校园”创建工作是关系到校园管理和师生安全的重要抓手，要认真研究硬件与软件、推荐与需求、技术与管理的内涵，要让技术为需求服务，不让技术牵着步入“云里雾里”的不实用“展示”中。当然，技术会不断发展，技术也会逐步老化，更新换代是必然的，要把握好每个时期的重点需求，量力而行。

1. 在技术上，新建和改造技术安全监控体系

（1）重新建立和完善“平安校园”技术管理平台（中控室）。重新选址，采用先进技术手段，全面整合和重新建设中枢指挥和管理中心，要坚持以基本内容构建为框架，以迅速发现问题为关键，以及时解决问题为目的，以采取先进技术为支撑，以简单操作方式为要求，实现可定点视频、可跟踪追像，可单屏放大、可分屏巡视，可前期预防、可后期查阅，可全面监控、可重点侦查，可白天扫描、可夜间聚焦，可平时管理、可战时指挥的目标。

（2）重新设立和调整布局校园监控探头。重新设立新建探头和调整整合现有探头的位置和布局，取消陈旧、落后、损坏的模拟探头，科学合理地处理重点部位和一般场所、室内监控和校园监视、人员聚集和少人空旷的关系，注重观察和扫描校园内打架斗殴、偷盗抢劫、火灾隐情、聚集闹事、丢失物品、非法活动、突发事件、交通事故、跑冒滴漏等显现的隐情和迹象。

（3）重新建立完善消防自动报警系统。采用先进技术和手段，对重点部位尤其是学生公寓的消防监控达到准确、可靠的自动预防报警系统，通过建立和完善自动报警系统的联网监控平台，实现技术上的消防安全保障。

（4）完善学校大门和校内交通安全管理技术体系。建立和完善车辆进出校门的准入技术管理机制、学生和教职员工利用“一卡通”进出校门的技术手段以及校外人员和车辆进出校园的技术管理制度。采用技术手段，严格限制车辆在校园内的行驶速度和超速制约机制。同时，对停放在校园内的车辆定期或不定期地进

行检查核实。

2. 在管理上，建立“网格化”无缝对接的管理责任机制

（1）积极与资产管理处协调配合，将学校行政办公室、会议室、档案室、研究室、实验室、设备间、图书室、阅览室、校史馆、礼堂、教室、食堂、浴室、库房、操场和相对固定的办公设备设施、各种仪器设备设施以及楼宇外墙、地下管线、树木草坪等，全面登记造册，区域划分管理，具体责任到人，资产管理与安全管理相统一，单位责任与个人责任相统一，安全绩效与奖励惩罚相统一，把安全责任落实到每一个人员、每一个角落。

（2）继续与学生部门通力合作，将学生公寓的用电安全和消防安全落到实处。安稳部门负责公寓之外的管理、后勤管理部门负责公寓内公共部分的管理、学生管理部门负责公寓学生宿舍内安全和卫生的督促、检查、指导、约束等管理工作。建议学生管理部门牵头，建立由公寓管理员、学生辅导员和学生自查自管轮流值班员三方组成的安全检查管理小组，完善有关检查管理有效机制，政策规范、思想引导、精神鼓励、利益驱动，确保学生公寓的消防安全达到胸中有数、万无一失。

（3）提交学校工会、教代会和校长办公会研究决定，建立学校机动车辆管理和校园停放机动车辆的收费管理办法。

（4）努力与各学院和机关各单位协调管理，在提倡“人性化管理、亲情化服务、柔情化处置”和“出力要讨好、管理要舒服、服务要体贴”的理念的基础上，实现自我约束、诉求畅通、真情服务、和谐有序的管理目标。

3. 2014 年学校正式申报验收“平安校园”创建工作

具体工作安排详见《北京物资学院深入推进“平安校园”创建工作实施方案》和相关具体分解方案。

4. “平安校园”建设经费

按照上级和学校有关规定，请相关机构针对学校情况和要求深入调查分析，提

出“平安校园”创建工作的经费需求和工程、设备具体明细，报学校研究决定。

（二）“绿色校园”建设的主要内容

“绿色校园”是创建“三个校园”中最廉价的、最能看得见的，也是最难以引起重视的工作。“绿色校园”建设包括环保、减排、节能、节约、节省、绿化、美化。往往是观念决定节能，节能改变观念；经费支持节能，节能降低经费。提倡节能，不单是需要经费和技术问题，首先需要大局观念问题；提倡节约，不单是强化资源和能源问题，关键是强化责任意识问题；提倡节省，不单是解决成本和消耗问题，核心是解决管理理念问题。

1. 在技术上，建立环保节约减排的先进技术控制系统

（1）采用科学先进的节能设备的选购、安装和改造项目，实现全校水电气暖等能源监管的智能化、自动化、规范化、精细化和计量化的管理模式，可以及时测量能源使用情况、对比情况，一目了然地展现在视频或通用设备上。

（2）对全校开水房和教学楼、学生公寓、办公场所的热水供应进行技术改造和升级，彻底取消蒸汽锅炉的使用。有条件时，建立大型或较大型过滤处置水质的冷水热水器，采用“一卡通”购买用水，提高水质的同时，避免和改变校外人员和家属人员到校区无偿取水的现象。

（3）逐步引进太阳能技术和厨房废气、烟气余热回收技术，跟随技术进步，实现全面节能减排，低碳环保。

（4）继续完善污水处理系统，扩大废水处理量，结合雨水收集系统，加大再生水回收利用的力度，全面解决校园的花草树木绿化灌溉、公共区域厕所冲洗、道路冲洗、车辆美容等方面的用水。

（5）引进食堂、厨房垃圾处置设备，及时对每日产出的大量泔水和垃圾进行无害化处理，随即变为有机肥料，用于树木花草；采取有效技术和方法，积极对全校产生的工作、生活垃圾进行有效分类、利用和处理。

（6）采用最新管理理念和科学管理方法，不断加强食堂操作间的安全卫生监控，规范厨师和餐饮制作人员的食品操作过程和细节。在条件允许的情况下，建立

食材操作监控系统，通过视频让师生直接观察到厨房内操作现场，同时感受到食堂工作人员的辛苦劳作。

（7）采用最新技术设备和远程控制系统，在水电气暖的节能、节约等方面，实现远程控制、指挥和管理的目标。

2. 在管理上，建立健全优化校园管理机制

（1）后勤管理部门下设节能科室，明确工作职责和工作任务，提出全校环保节能、绿化美化等方面的长远实施规划。

（2）建立健全学校的统一采购、食品检测、动力运行、故障排除、公寓安全、车辆服务、卫生保洁、医疗保障等管理服务保障机制。在条件允许的前提下，将有偿服务、基础保障、业务管理等进行分离，成立后勤集团或是服务保障有限责任公司，逐步建立和完善有偿服务，包括餐饮、物业、保洁、车辆、住宿等服务项目的管理模式，进一步完善校园服务管理体系，逐步承接校园内和校园外的服务保障项目。

（3）合理制订校园绿化美化整体规划，充分利用现有资源，不断优化校园环境，缩小高昂、精贵的草坪面积，增加可供踩踏的草地；调整和种植树木，逐步调整种植不同树木和花草，分区种植，实现春夏秋季有鲜花；改变平面绿化设计，增加高低不平、有坡有水、有树有花的立体绿化结构；减少硬化地面，增加雨水可渗透地面；增加校园人文内涵标志，营造风格各异、特色鲜明的校园绿色氛围。

3. “绿色校园”建设经费

根据校园绿化美化设计理念和思路，请相关机构和公司进行全面规划，完善设计方案和经费投入预算。将方案和预算提交学校校长办公会研究审批，实现整体规划、逐步实施的校园绿化美化目标。

（三）“智慧校园”建设的主要内容

学校在“智慧校园”建设中欠账较多，在管理体制、人员配置、管理范围、经

费投入等方面研究较少，管理运行机制严重滞后。社会发展到现阶段，应该说“智慧校园”还是学校工作中的一个盲区或是发展建设的滞后区。虽然每年投入，每年改进，但是没有从根本上研究“智慧校园”的建设内涵和发展趋势，要赶上或接近时代的发展要求，还需要全新的理念和更大的投入。

1. 在技术上，建立和完善“智慧校园”的技术体系

（1）积极推进和实现“校园网络连通体系，方便快捷获取信息；融合资源流通体系，学习科研无缝连接；统一数据标准体系，管理生活顺畅丰富；集成物联感知体系，行为智能透明高效”的总体构架。

（2）数字信息化技术合理地应用于学校运行的各个环节，力求形成快速反应、融会贯通、安全稳定、环保节能的校园运转核心体系。

（3）随着时代的发展，在资产管理和安全管理的网格化建设基础上，采用物联网技术实现物件到物件、人到物件、人到人之间的互联，在全校进行泛在的网络服务。努力实现“需要即有”和“用户体验”的信息服务宗旨，充分利用先进技术手段达到数字化、智能化和智慧化校园的目的。

2. 在管理上，强化技术保障和服务管理体系

（1）积极推进全校信息化管理的体制机制改革。要全面调查研究，结合工作实际，提出全新的学校信息化管理体制和管理运行机制，改变各自为政、各成体系、经费分流，尤其要改变终端强、基础弱和终端投入超过学校信息化基础建设投入的现象。由部门和单位提出需求，学校信息中心统一规划和建设，规范布局和管理，减少浪费和重复。

（2）加强专业技术人员队伍建设。在条件成熟时期，对全校有关信息专业技术人员进行重组，调整可用人才，引进必需人才，培养后备人才，集中力量和智慧，努力建设成为技术精湛、服务优良、管理高效的专业人员队伍。

（3）建立行之有效的服务管理运行机制。全面整合学校的信息资源，统一规划、统一布局、统一设置、统一投入、统一建设、统一管理，变“孤岛”为共享、变单设为统管，建设形成全校信息化办公体系，减少浪费，提高效率。

3. “智慧校园”建设经费

由于欠账较多，建设“智慧校园”相对投入较大，先要在基础建设上加大资金投入，建设和扩大基础技术平台，根据时代的发展和学校业务的需求，设定“智慧校园”的规划和方案，根据需求招标投入。

（2013 年 10 月 30 日）

学校图书馆内涵建设的基本思路

学校新建图书馆迎来了春的气息，每天出入的学生量之大，师生的叫好声之多，传播的区域性之广，都是没有预料到的。图书馆是学校文化建设的重要组成部分，是学校知识传播的重要阵地，也成为学校的一个亮丽的门面。

图书馆开馆之后，师生踊跃进入图书馆阅览自习、参加活动的同时，文化传承和知识传播正在通过积极主张而蔚然成风，师生学术研讨工作也逐步开始运作发展。图书馆的工作，从表面上看是通过人与场、人与书、人与人之间的关系，潜移默化、自然生成了一种场势、书迷、人气，并逐渐使得其场势越来越强、书迷越来越多、人气越来越高，形成一种文化、知识、修养、能力的交流、沟通、转换的良好环境。在这样的环境氛围中，有意或无意、自觉或不自觉地传递了书中固化的经典知识，汲取了信息发散的思想精华，培养了读书阅览的兴趣爱好，激发了师生潜在的思想火花。

首先，图书馆的工作要聚人气、有生气、凝才气、立正气。师生愿意到图书馆里来，看书、自习、上网、写作、研讨、交流，逐渐把人气聚起来。师生在人气高涨的氛围里感受快乐、愉悦，就会逐步养成走入图书馆读书阅览的爱好和交流沟通的习惯，图书馆里就有了生气。图书馆中具有的生气可以散发出一种翻书的韵味、一种读书的静谧、一种品书的姿态、一种爱书的情怀。如果进入了这样的一种境界里，在自己控制的时间里，静下心来，排除杂念，逐渐就会使人和书融为一体，准确地说是人的思想和书的知识融为一体，旁若无人地进入书香的字里行间，遨游浩瀚的书海，领略未知的世界。如果能够养成读书习惯，成为一生爱好，不断领悟人生，修行自己，就会积少成多，厚积薄发。这就是凝才气。宋真宗赵恒有首知名的

《劝学诗》："富家不用买良田，书中自有千钟粟；安居不用架高堂，书中自有黄金屋；出门莫恨无人随，书中车马多如簇；娶妻莫恨无良媒，书中自有颜如玉；男儿若遂平生志，六经勤向窗前读。"可见才气有大有小，要不断修炼和提高。当然，最后要立正气，我们要散发的一定是正能量、正效能。这就是聚人气、有生气、凝才气、立正气的一个过程。

其次，在图书馆的建设中，应该形成一整套的建馆思路。一要明确科学的建馆理念。大学里的图书馆不是一个没有生命的固体和场景，必须随着时代的进步和发展，与时俱进地建立和完善自己独特的建馆理念。这种理念是一种引领、一种目标、一种特色、一种责任，使之在一定时期或时代里不迷失方向，不妄自菲薄，不喧宾夺主，不失去特色，不选择平庸。二要建立先进的运行机制。图书馆的各个环节是一个整体，也是一个组织知识传播和营造文化传承的系统工程。所以，要建立先进合理的管理运行机制，形成合作协调、有主有次的有机整体。三要修订有效的规章制度。不断修订完善可行的规章制度和有效的管理约束，是图书馆建设的重要内容之一。四要获取特色的文献资源。这是图书馆的命脉和根本，没有了特色的文献资源，图书馆就失去了灵魂，走向了毁灭。源源不断、丰富多彩的专业文献资源是图书馆的核心要素。但是，一定要区别于其他非专业图书馆，形成自己的特色和特点。五要具有实用的设施设备。随着时代的科技进步，有关图书馆方面的各种设施设备将会应运而生、层出不穷，要跟踪仪器设备的发展趋势。但是，一定要物有所值、为我所用。六要营造舒适的阅读环境。这是当前图书馆最应该更新的观念之一。图书馆建馆理念中一定要站在读者的角度思考问题，"书山有路勤为径，学海无涯苦作舟"中的"勤"也好，"苦"也罢，都是一种劳作和劳神。所以，营造舒适的环境就是为了更好地传承文化和传播知识。七要提供优质的服务保障。服务保障有客观因素和主观因素，最关键的是主观因素，要给读者温馨的"家"的感觉。如果没有一种待客如宾、宾至如归的服务保障意识，图书馆终究会繁华落幕、曲终人散。八要形成合理的馆员结构。这也是图书馆建设不可或缺的重要内容之一。图书馆的业务工作不仅是选购图书、分类编号、整理上架的简单劳动，图书馆学是一个学科分支，是一个专业门类，一定要重视发挥其作用，形成相互匹配的管理、业务、服务的人员结构、知识结构、年龄结构，要有一定的数量作保证。

最后，要针对学校的实际，努力做好四个结合。一是把阅读书刊与研究探讨结合起来。阅读书刊、上网查新等都是图书馆的正常业务，要积极把学校的科研、研讨带到和迁入图书馆内，不仅为了提供安静、阅读、交流、查阅的场所，而且应该更好地发挥图书馆的作用，为研究人员提供方便服务和业务指导。这种服务和指导，主要是为科研提供方便，包括查新导航、上网咨询、图书查阅、文章检索等。二是把读书演讲与学术交流结合起来。学校每年都会组织学生开展读书演讲比赛，这是促进学生深读精读好书的一种十分有效的方式。然而，仅仅做到这些是不够的。应该把教师的学术报告、专业交流和文化传承在图书馆内经常化、普及化，形成一种良好的学术氛围，把图书馆营造成丰富知识、先进思想、优良文化、科学成果的传播阵地。三是把基本保障与智能服务结合起来。随着时代的变化和发展，纸质图书和电子图书虽竞争分成，却同向而行。电子图书的快捷、方便毋庸置疑，备受年轻学生喜欢。但是，纸质图书的优雅、韵味不可取代，深受老一代人的青睐，所以两者不可偏废。四是把图书管理与科学研究结合起来。图书馆管理人员不能停留在一般意义的图书馆管理上，要不断提高自己的业务水平和图书专业门类的科研能力。只有这样才能适应新形势和新要求，不断开拓创新，探索前行。

（2015 年 12 月 17 日）

高校“高水平”运动队建设的利与弊

北京高校建立“高水平”运动队时，往往要考虑相对独一无二的地位。就是说，高校之间都会避开其他高校的“高水平”运动队的项目和专长，最终的结果就是每所高校几乎都是唯一的一个或一项所谓“高水平”运动队。参加全国高校体育运动项目比赛时，你去我不可能去，几乎都是“单打独斗”，高校之间尤其是一个城市和地区的高校运动队之间不会出现“火拼”的结果，而是你好我好大家“关照”都好，你高我高大家“水平”都高。学校获奖后，不仅有面子、有荣誉，还有奖励，包括物质方面和精神方面的奖励。

国家不同层次的运动员大多是从各省市体校中选拔，进入省市专业队，然后参加国内不同类型的比赛，优秀者选拔为国家队运动员。这种机制就是专门培养所谓优秀运动员的“机器”，出类拔萃的也是凤毛麟角。

高校如此建立“高水平”运动队有什么益处呢？一是带动。高校建立以一支较强专业的运动队为主的多个小型运动队，其获得好成绩后，可以强化发挥带动高校体育运动目的的作用。高校的体育部门作为教学单位，现阶段难以成为高校教育教学的主流而引起高度重视。对此，不时地发出一些比赛和获奖的声音，可以在高校内部引起关注，强化影响力和吸引力，带动更多的学生和教职工投入到高校体育运动中来。二是推动。高校“高水平”运动队的建立，是以独一无二的理念和行为运作的，主观上是为了取得好成绩，虽然这个成绩是在比赛范围和评定标准不一定有很强说服力的前提下获得的，但是会在本校体育运动和体育部门内部产生一定的激励和影响。这种激励和影响在继承、延续和推动本校“高水平”运动队的同时，可以进一步推动高校体育运动的建设和发展。三是调动。高校在体育教育教学方面与其他专业相比，科研范围较小，科研项目较少。但是，作为高校的体育教师是与其他专业教师在同一个平台上竞争专业技术职务的，虽然有所区别，但是指标有限。然而副教授和教授的职称对于高校的体育教师而言同样重要，也是增加工资收入的唯一渠道。因此，“高水平”运动队的获奖名次和优异成绩，可以激发体育教师努力开展体育教育教学的积极性。在不同程度上彰显本校体育文化的同时，更好地调动体育教师愿意组建其他专业的体育运动队，活跃高校体育运动，促进体育文化。四是活动。高校每年都会举办至少一届学生运动会和教职员工趣味运动会。有时要在运动会上让本校“高水平”运动队亮相和表演，有效激发运动队队员的训练积极性。体育运动队运用课上和课下的许多时间进行训练，他们的潇洒动作和魅力英姿也会吸引一些想参与体育运动的学生，包括积极报名参加体育运动和体育运动队。五是行动。高校体育运动队也好，体育教育教学也罢，都是为了发展体育运动，增强学生体质，学会运动项目，锻炼身体素质。如果高校所有学生在大学四年里都能掌握至少一项体育项目，社会的体育细胞就会不断增多，影响力就会越来越大；如果每一名学生都能够在学校学会和喜爱至少一项体育运动项目，这项运动就有可能成为大学生终身陪伴的体育技能；如果一项体育项目成为学生的强项，还有可能在社会上、在就业单位里带动身边更多的人行动起来，参与体育运动，形成良好的健身氛围。

当然，高校如此建立“高水平”运动队也是有很多弊端的。一是难以培养集体荣誉感。高校的“高水平”运动队的建立是相对独一无二的，在校内的比赛是队友相互之间的训练，真正参加比赛大都在校外，没有班级与班级、学校与学校、城市高校代表队与城市高校代表队之间的比赛，所以就不会营造班级、学校和城市高校代表队的学生参加比赛的看点和氛围，就会失去利用这样的良好机缘，培养学生的集体主义精神和集体荣誉感。换一种说法，假如班级与班级、高校与高校之间不断组织比赛，各班级或各高校就会积极组织参与比赛活动，组成拉拉队也好，自由前往也罢，为自己的班级或学校同学加油呐喊，就会不断强化集体主义精神和集体荣誉感。运动队员的自豪感也会油然而生，不断强化和激进，又正面地作用于班级或学校的其他学生集体，是一种正能量的不断传承和传递。据说，现在学生之间的体育比赛被学生不上保险困扰着，一旦比赛受伤，将给学校带来没完没了的纠缠和困境。“一朝被蛇咬十年怕井绳。”但愿不是如此简单的问题挡住了学生的体育比赛活动。二是难以提高竞技高水平。国外有些国家的运动员往往在参加国际体育赛事之前，才离开自己的岗位参加遴选进入国家队，这样的运动员有着长期受训的专业体育项目技能和训练基础。能够代表我们国家出征的运动员，大都是从各省市体校选进国家队培养的缺少系统的知识学习和文化修炼的专职运动员。目前，高校体育运动队的竞技赛事，队伍是大学期间临时性组建的，赛事也是在一定范围内组织的，一个周期就基本“散伙”，这些学生运动员还不能成为真正意义上的运动员。即使这些学生走上社会岗位，也难以成为绝对体育骨干组织周围人们进行体育培训，更不可能成为真正参加高层次比赛的优秀运动员。所以高校的运动队的竞技水平和运动员的技能层次可想而知，难以在较高层次的赛事平台上进行高水平的对抗性竞技比赛。三是难以建立高级运动队。我们普通高校招收学生，尤其不是体育院校的招生，很难招收到具有体育专长的符合本校录取分数线的学生。我想，在现在的普通高校招生制度下，即使体育院校也很难招收到可以培养成优秀运动员的好苗子，因为年龄偏大和优秀运动员苗子在此之前已被各地体育专业队挑走，所以体育院校招收的也大都是将来从事体育教学、体育研究或是从属体育运动工作的学生。但是，这样建立起来的高校运动队与高校投入经费的性价比不高，高校体育运动队的作用也许就会像本文前面所说的那些基本益处。所以，我们教育体制中没有形成小学、中学、高中和高校一体化的培养优秀运动员的体制机制，高校的体育教育与国家和各省市体育专业机构培训专业运动队成为两条路上跑的车，直到代表国家取得优异成绩之后，运动员才会走进大学，弥补应该在年少时或是与体育技能训练同步的文化知识学习和各种素养教育。四是难以做到训教统一性。正因为前面所说的情况，我们国家的体育运动员都是从少年时期被各地体育运动队挑选后训练的，恰恰缺少系统的知识学习和文化教育。这种训练与学习教育相脱节的机制，既不利于运动员在技能上深刻理解，也不利于运动员在文化上获得修炼。也许我们是狭隘地分析高校体育运动队乃至国家专业体育运动队的运动员培养程序和规律，也许我们不熟悉各地专业运动队内在的挑选、训练、淘汰和培训的规定和机制。但是，从我们可以看到的运动员竞技情况分析，体育运动员的培养机制是有很大弊端的。训练与教育难以统一性的缺陷，将一个优秀运动员的苗子，从开始就将体育竞技训练与知识文化培养两方面人为地断裂开来，这种体育技能训练和文化知识教育脱节的体制机制，在社会每个家庭中最初是选择入学校学习文化知识，还是选择入地方专业体校训练体育专业技能，一定都是非常纠结的两难选择。无论选择是对是错，从成功的概率分析，总会有相当一部分优秀苗子因选择错误而无法弥补。这种结果无论是有运动天赋而选择正常义务教育直至考入大学的学生，还是有学习天赋而选择进入地方体校成为专职运动员的学生，对于一个家庭而言，可能会导致失败或错误，最终留下终身遗憾。前者会带来终身遗憾，后者会成为一场赌注。在专业运动队里，不要说中途被淘汰或自己放弃体育训练的运动员对未来道路的选择迷茫和困惑，就是自始至终在专业运动队中没有获得优异成绩的运动员，也很少具有再到大学获得系统文化知识教育的机会，有的因为失去了年龄优势不得不尴尬面对，或是失去对学习文化知识的兴趣而不得不放弃走进学校。即使从国家培养优秀的专业运动员的战略思考，都不是最佳和最有效的体制机制。所以，应该从国家需要、体育运动员培养规律和人的成长成才规律等因素一并加以考虑，建立高校培养高水平运动员的有效机制，全面正确地培养一批又一批的专一性、综合性的运动员，才是最佳体制机制的选择。五是难以形成竞技大局观。随着社会的发展进步和人们生活水平的提高，人们越来越关心身体健康和体育锻炼，对国际和国内的体育赛事关注度越来越高。但是，对许多竞技项目尤其是对非普及类的体育项目知之甚少。总的来说，人们对体育比赛与一些演唱会甚至是个人演唱会的关注度、参与度相比，差距还是很大的。高校体育场馆每天都会看到许多男女学生的身影，尤其是业余时间更是大学生挥洒青春的最好时光。但是，从高校竞技比赛而言，体育场、体育馆里都很少组织比赛，显出“冷清”和“无组织状态”。另外，全国高校的体育部门，仅仅是对大学生的体育运动的简单培训，说到底就是每学期规定的体育课而已，不可能培养出优秀运动员，也难以形成体育竞技的国家利益上的大局观。

今天的分析，仅仅是来到高校工作后一度联系体育部工作时，与体育老师沟通交流体育信息产生了一些非常不成熟的想法和感想，只是希望大家在联系、分管和从事体育工作时，投入一定的时间、精力，去分析研究和思考，探索其中应该关注的事情和问题。

（2010年6月15日）

出国
访学篇

深入剖析　汲取精华　为我所用

——赴英国进行有关高等教育考察培训之点滴感悟

踏入英伦，我便自觉不自觉地开始发现与感受异国他乡的迥然不同，而最深刻的却是那些个人和群体在彬彬有礼的言谈举止中时常流露的一种发自心底的骄傲和自豪。我想，这也许来自身材的修长匀称、展示的绅士风度，也许来自英文的发源之地、全球的通用语言，也许来自岛屿的殖民意志、大国的历史背景，也许来自满街的古老建筑、呵护的几近无损，也许来自物质的极大丰富品牌的低廉价格，也许来自狭窄的大街小巷、有序的人行车流……但是，当我走进他们的高等学府的大门，才真正感受到了一种强烈的冲击，那就是久远的大学精神和文化积淀、无数的优秀人才和领袖培养。20 多天的学习考察一晃而过，留下的却是疑问和思考。今天，仅从大学的自主性、教师的开拓性和学生的思辨性三个层面和角度切入分析探讨，试谈点滴感悟。

第一，强化大学自主性，完善管理机制，提高责任和竞争理念。

我先后在伦敦大学、剑桥大学、英国北方联合大学、曼彻斯特城市大学、伦敦都市大学、牛津大学、英国高等教育统计署、英国北方高校联盟、英国高等教育质量保证署、英国高校管理人员协会等大学和所属学院以及高等教育权威机构进行了学习考察。自始至终关注了解的其中一个问题，就是英国高等教育成功的主要原因，包括：高校管理体制、内部运行机制、国家财政投入等政策、规则和文化。英国政府基本不干预高等教育的具体事务，主要靠经费拨款调控大学的人事和发展问题。大学在学术上和组织上具有高度的自治权和自主权，其内部组织管理模式与运行机制追求的是创新与高效。大学独享的也是长期予以巩固和发展的重要管理制度之一，就是大学的自主权。我认为，正是大学的自主权启迪和优化了一系列的大学精神和文化的积累与发展。

一是活跃了大学智慧。自主权的首要益处就是要求大学的管理者必须充分发挥个人和群体的聪明才智，全身心地管理好自己所在的大学。等待、依靠、索取都无济于事，只有抓住机遇，奋发向前。每个人都像主人翁一样投入其中，各自肩负着不同的责任和任务。英国高等学校由董事会或称为理事会进行管理，根据法律要求，董事会大都由非教育专业人士组成（牛津和剑桥大学除外），他们一心关注大学发展，自愿投身大学管理，宏观上把控大学的发展战略。学校董事会负责聘任校长；校长作为法人代表，是学校的最高行政长官，即 CEO；校长选定副校长以及下属学院等有关机构负责人。大学校长们大都从所在大学的专家教授中产生，他们谙熟内情和大学发展、专业延伸的趋势，一旦成为管理者，愿意脱离和放弃教学岗位，一心一意投身于大学的管理工作之中。也正是大学的自主性带来的自由空间和权力空间，启动和活跃了大学的智慧空间。每个管理机构、每个管理人员，各司其职，各负其责，认真细致，诚信协作，充分发挥了大学机构和全员的聪明才智。管理是一门科学，并非在学术和专业上有造诣的人，不通过学习、锻炼和投入就可以管理好一所大学。英国大学的校长们，经过培训和培养，凭借着自己的专业知识和学术水准，可以对大学精神和文化有一个比较准确的理解和尊重，在这样的知识背景和责任感的驱使下，他们全身心地投入大学管理，并在长期管理和实践中积累运营大学的经验。这样做的结果，对于大学精神和文化积淀，无疑将会丰富真正的精华和产生深远的影响。

当然，英国大学管理人员数量的急剧增长已成为大学管理的现实问题，将会对大学的正常运转、提高效率等方面产生不利的影响。譬如牛津大学的教职工队伍结构：教师 1588 人，都签署了终身制合同，其中 15% 为终身教授；研究人员 2874 人，除少部分终身制外，大部分为临时合同制关系，研究项目一旦结束，合同自然终止；教学科研辅助人员 430 人，管理人员 1953 人，财务人员 226 人，信息技术人员 517 人，图书馆 413 人，博物馆 110 人，技术人员 683 人，其他辅助人员 415 人。研究人员和管理人员增长很快，在过去的 12 年里增加了 400% 。目前，大学发展得很大很复杂，功能也多样化，已不是一个单纯的学术机构。大学校长不仅是管理的领头人，更是某个学术领域的带头人，所以考虑类似于资金、借贷等事务性工作，就需要专门人员运作和管理。因此，随之而来的大学管理就产生了一个演变，由原先的教授决策转变成为行政管理人员决策的模式。当然，这其中也可能会强化大学的官僚主义，产生对大学管理不同程度的束缚和压制。

二是形成了民主制约。大学的民主首先来自国家的政体。但是，大学的自主性产生的自由和权力，需要通过一定的组织形式加以管理和制约。这样就在国家政体的所谓民主议会的大背景下，不断形成和强化了大学的民主机制。英国大学的民主是讲究规则的、真实运行的、自下而上的一种全过程的管理机制。这种民主管理制，对于教师的职业认同感和荣誉感都是强化的，教师们充满着对大学的责任，事事关心，民主议事能力很强。从大学长远发展和规划的角度分析，效果也是有益的。譬如，某学院需要设置新的专业，程序非常严格、复杂。首先由院系制订专业方案，报学院学术委员会，然后报学部学术委员会，经校教学委员会，最后提交董事会通过才能批准设置。每一个环节都需要认真细致地加以反复研究斟酌，其决策结果也非常符合现实需要。大学里还设有学院联席会议，每学期定期召开 2 ~3 次会议，每个学院都有一名代表，且有否决权，各学院为了保护自己的利益而积极参与其中。主要议题：讨论学生的招生数量、财务以及各个学院的事务等问题。

但是，这种民主在对大学无限的自由、放纵的权力进行严格制约的同时，也大大制约了工作决策的效率。扯皮推诿、利益纷争、议而不决、久拖无果的现象普遍存在，对所谓的民主大打折扣。拜访牛津大学潘布鲁克学院时，为培训班介绍情况的终身教授肯·马格修（Ken Maghew）对此也毫无回避地加以批驳和声讨。

三是营造了竞争氛围。大学的自主性，也强烈提醒和要求大学必须在现实中得以生存和发展，这种生存和发展的空间（除了像牛津大学和剑桥大学实现了基业长青之外）是靠大学本身的竞争获取的。竞争的目标就是学生或准确地说是优秀学生，英国高中毕业的学生中约有 75% 能够进入大学。来自普通阶层家庭的学生一般都进入了前高职学院，目前高等学校对阶级的歧视依然存在，就学于低层次的学校，也局限了今后的发展。当然，竞争目标也包括不断增多的国际优秀学生。核心竞争力就是良好的专业和教学质量，主要专业侧重与职业发展相关，进行学术研究的专业较少，比较热门的专业为商科、医科、教育和生物科学等，历史、文学等专业的人数较少。学生毕业时，一些大公司、好企业大都到具有良好教学质量的高校招聘人才。因此，大学自上而下的管理者和教育者具有强烈的责任感和主人翁精神，视大学的一切事务为己任，出谋划策，尽心尽职。在参加培训的20多天里，凡遇到的教授老师，都可以从他们身上感受到一种发自内心的工作激情和热情，令人肃然起敬。

英国政府对待高等教育的背后动机：一是扩大教育的规模；二是促进经济的发展。1989—1992年，英国高等教育发生了两个重大的改变：一是教育规模迅速扩大。当初政府制定的目标是在2000年入学率达到30%，在1989年为19%的基础上，实际上只用了两年，即在1991年就达到了30%。当时的经济衰退，年轻人找不到工作，同时入学人数也没有限制。现在已达到40%以上。二是高职学院发生重大转型。1992年之前英国高校有两种教学类型，即大学和高职学院。之后政府做出决策，高职学院可升格为大学，也可保持原状，结果全部选择升为大学。升为大学后，不得不进行科学研究，由于水平较低，其成果的社会价值和经济价值不高。而大学获得公共基金拨款的重要指标是科研，所以教授很少把精力投入在教学上，大部分时间去做研究，许多课程由讲师和博士研究生代授，因此退学率较高。这些学校的学生基础较差，教师兼职也较多，教学条件与财政状况非常一般。

在考察的现实中，意识到大学的自主性也带来了不同程度的大学发展的无政府主义状态。英国许多大学在寻求生存和发展中也抵挡不住经济的诱惑，盲目扩大招生和招聘教师，尤其在招收国际学生方面力度很大。国际化必然伴随着教师的流动，国家界限变得越来越模糊。2009年非英国人的教师队伍已达到23%，高校管理队伍也有9%的外国人。师生的扩大招生和招聘，降低了教学质量。

四是维护了政府形象。英国政府负责高校的部门称为商务、创新和技能部，下设有非部委执行公共机构的英格兰高等教育基金会，两者之间为财务和义务责任的关系，由该部拨款到基金会。高校为非政府性的自治教育机构，其主要资金来源于高等教育基金会的拨款。这三者之间没有明显的隶属关系，而是各自有很强的独立性。由于历史形成的格局，学校需要进一步提高独立性和政府希望控制大学的想法，都难以有所推进。目前大学的自主性，不仅给予了大学自由和权力的空间，而且客观上也维护了政府的形象。因为大学的管理有其自身成长和发展的规律性，也有其管理的科学性。要掌握这些规律的轨迹和科学的管理，必须长期深入方可领略其中。政府无奈的超脱，可以从更高的层面把握高等教育发展的大势，在战略上予以指导或发号施令。目前，英国政府是通过经费拨款控制大学，其中还有许多非政府设置的高等教育管理机构为政府服务，同时也得到了大学的认可，每年都要缴纳一定的费用。如高等教育质量保证署（Quality Assurance Agency for Higher Education，QAA），1997 年成立的目的是保证英国高等教育机构的质量标准，专门负责高等教育质量的评估，维护公共利益，鼓励改革进程，完善质量管理。学校把他们视为外部专家进行监测和评价本校具体教学质量的专门机构。但 QAA 不是一个鉴定认证机构，在给政府建议的同时，也保证教育机构的办学自主权不受威胁。再如高等教育统计署（Higher Education Statistics Agency，HESA），1994 年成立，其主要工作任务是通过收集、分析和提供准确的、综合的统计信息数据，支持英国高等教育的发展，以满足希望了解高等教育信息的各类人群的需要。

五是磨合了学校定位。目前英国高等教育机构有 166 所，其中，英格兰 130 所，北爱尔兰 4 所，苏格兰 20 所，威尔士 12 所。英国的各所大学通过历史性的自主发展、竞争锤炼和长期积淀，形成了各自的特点和特色，磨合了各自的方向和定位。譬如，伦敦都市大学成立于 1848 年，具有 160 余年的历史。建立伊始作为第一所青年人的夜校开办，现如今已发展成为有 3 万多名学生（其中，7000 余名国际学生和 8000 余名研究生）的大学，教职工总数 2000 余人，其中有 1200 余名教师。这是一所以商务类学科为主的大学，侧重职业性和应用性，以教学为主。其办学理念是：注重学生的知识转移予以满足社会的需求，与公司企业保持良好的合作伙伴关系，做到了真正为社会和经济一线服务的大学。

英国的许多大学的历史都比较悠久，经过上百年甚至几百年的洗礼和锤炼，在教育领域享有很高的国际声誉。19 世纪以前的英国，仅有牛津和剑桥两所大学，也一直被人们联系在一起。在英文里则有专用词：Oxbridge（牛桥）。其实两校差别并不大，学校组织、建筑格式等非常类似。当然，也有不同之处。牛津大学会问：What do you think（你是怎么想的）？剑桥大学会问：What do you know（你知道些什么）？可见，牛津大学更注重思想，而剑桥大学更注重求知。牛津出了 30 名首相，剑桥出了 88 名诺贝尔奖获得者，这也许就说明了这一点。一般的看法是，牛津大学的人文科学更强一些，剑桥大学的工程技术更有优势。在英国每年都有大学排名，两校通常交替为第一、第二名。牛津大学可以追溯至1096年时的教学活动，英王二世于1167年禁止英国学生到巴黎大学学习后，牛津大学迅速发展，才以此作为创办时间，是英国第一所大学，距今已有840多年的历史，下设有38个学院和7个永久私人学堂。牛津共有104个图书馆，其中博德利图书馆仅次于大不列颠图书馆名列英国第二大图书馆，藏书800多万册。剑桥大学成立于1209年，有31个学院，3个女子学院，2个专门的研究生院。图书馆内有600万册以上的藏书。1824年伦敦大学学院成立，大学没有总部，只有一个行政中心坐落在伦敦罗素广场（Russell Square）的议事大楼（Senate House）内。现下设有19个独立学院。图书馆藏书200万册以上，6000种期刊。英国大学下属的学院具有很好的知名度和影响力，享有很高的国际声誉和威望。

目前，英国的高等教育机构由双元制变成了统一，传统的学术型高校开始侧重职业性，以前由地方政府管理的职业技术学院开始侧重学术性，但都保持着各自的特色和自主性。

第二，强化教师开拓性，完善质量机制，提高科研和知识水平。

此次去英国考察、学习和培训，先后接触了30多名教授、讲师、学者和官员，其中一些教授和讲师一直在教学的第一线从事本科生、硕士生和博士生的教育教学工作，可以真实地针对高等教育领域的现实与发展等情况进行比较全面细致的沟通交流。在很短的时间里，很难评价他们理论研究水平的高低。但是，从他们身上可以比较深刻地感受到，每一位讲授者对所传达的理论研究、知识拓展、调查写实的全局驾驭，无不表现出了各自不同的自信；他们对本国教育、教学质量、提高学费、教育发展等方面的历史自豪、现实忧虑和未来前景的一种责任意识，时时处处表露无遗；在课程讲述中，注重真实可信，知之为知之，不知为不知，不敷衍了事，不牵强附会；从学者教授和年轻讲师的理论知识传授中，可以领悟到他们对职业尊敬、对教育爱戴和对知识渴求的一种敬业和钻研精神。我们不妨凭借直觉分析一下这种气质和精神传递出来的主观和客观现实。

一是减少了无谓的浪费，把精力投在学术上。英国大学教师的专业技术职务聘任和管理是“共同任命制”，也就是大学和学院的双重管理。对学院而言，教师的职责是教学、招生和管理；对大学而言，其职责是讲座和考试。牛津大学从前教授很少，有各种要求和限制。由于对外交流的身份需要，目前分为两种：一种是真正的教授，享受教授的各种待遇；另一种是身份教授，仅是专业技术职务的教授称谓，其他如工资待遇等与真正的教授并不相同，主要考虑对外交流和科研合作的身份。另外，对于临时合同制教师，工资较低且没有保障。教学人员没有加班费，却有最低的工作时间规定，一般在合同内没有科研的要求，当然学校非常欢迎和鼓励教师进行研究。教学安排为一学年 3 个学期，每学期 8 周，共计 24 周，讲师每周工作量要求是：讲课和研讨 12 学时，导师指导 5 ~6 学时。

这里我想强调的是大学的真正教授，他们只要不离开所在大学，可以称其为终身教授。牛津大学有 1588 名终身教师，其中 15% （大约 240 名）为终身教授。他们不用为了任期而低层次重复科研工作或发表充数文章，不用一次一次地为了教授的称谓而浪费教授的智慧和价值，他们可以在感兴趣的学科领域和科研项目中进行潜心研究，把科学研究作为工作生命中的第一需求，全身心地把精力和智慧投入到真正的学术研究领域。

二是增强了自由的空间，把兴趣落在专业上。英国大学的科学研究空间很大。在这次考察过程中，我们听取了一些专家学者对高等教育的一些专题和很窄很专的领域进行的长期不懈的研究报告。有的课题我们听说过，但没有如此深入研究，如博洛尼亚进程——欧洲高等教育的一体化（The Bologna Agreement——Integration in European Higher Education）。这一课题以构建统一的欧洲高等教育地区为目标，以提高竞争力、扩大就业率和促进流动性为目的，以完善本科、硕士教育体系的标准结构为任务，以统一时间、学分互换、资质认证、学位互认和构建质量检测评价系统为途径，经过长期研究，有些方面已在欧盟达成共识。有的课题我们研究过，但没有这样的奇思异想，如知识经济条件下面临的学习挑战：对专业和职业学习的影响（The Learning Challenge of the Knowledge Economy：Its Implications for Professional and Vocational Learning）。此研究强调知识分为两个世界，一个是社会结构，另一个是思想上和理念上的结构，即抽象的知识概念。教师和学生要反思教与学的方法论，如何把知识相对独立的第一世界和第二世界结合起来，学科的理论知识和社会的实践知识结合起来。提出知识重建和知识重置的理论，要求把实践知识的环节前移或渗透在理论知识的教学之中，非常有意义。有的课题很新奇，我们以往没有从这个角度作为课题研究，如学生声音背后的价值观或称为学生声音所隐藏的价值观（Values Hinterland of Student Voice）。研究者提出要注意聆听学生的心声。强调每个人对于理想都有各自的体会和解读，人不是一个简单固定的机器，而是一个灵活的个体，除了自己的兴趣和爱好外，同时也受到家庭、环境和社会的影响。在实现学生个人志向的过程中，包括学生能力的要求、周围的激励以及学生本人的有用资源等各种因素在起作用。在实现的过程中可能有很大的困难，面临很多的挑战。因此，教师要注意聆听，深刻了解学生声音背后的价值观，帮助学生坚定自信心，提高做困难决定的能力。尤其统观全球教育改革的经验，提出高水平的教学质量是在要求每一个学生都取得成功的背景下，这种观点和实践无疑是非常有意义的。还有许多研究方向和研究课题令人深思，这里不再列举。总之，大学中的这种科学研究的自由空间，激励了更多的专家学者把精力投入到有兴趣的科研内容上，这是取得优异成果的大前提。

三是创新了教学的方式，把能力用在教育上。在此次考察培训中，每一位讲授者都会在讲课之前或是授课之中组织比较广泛的讨论。有位学者研究教学方法，授课前必让我们分组进行专题讨论，收集意见之后，再进行有针对性的论述。不仅活跃了课堂氛围，而且让我们更加集中听取了其理论观点，因为讲述的内容已与我们思考的问题紧密相连了。这不是一个简单的授课过程，这是一种教学方式，体现了对课堂的驾驭能力。

在考察培训中，有许多学者都提出或正在研究教与学的方法论，英国也有专门的机构对教师进行专门培训。在为我们进行授课的学者中，伦敦大学教育学院的莱斯利·古尔利博士（Dr Lesley Gourlay）以“高等教育教学方法的新进展（New Approaches to Teaching and Learning in Higher Education）”为题进行了论述，令人十分感兴趣。她首先提出了教学要考虑学生的需求与激励，认为学生不是一个单纯的消费者，学校也不是一个单纯的教育机构。目前，英国高等教育学会在加强学生体验（Student Experience）方面提出了三点计划：课程改革和评价方式的改革；培养适应性更强的劳动者；重新审视教学质量和与学生的合作关系。在现实中，学生在学习体验方面会有更高的要求，学生不是被动学习而是主动学习。因此要不断提高教师的教学能力和水平。大学也要求教师参加职业培训，学习教学的新技术、新方法，如网络教学平台等。讲授者还列举了英国教学方法的新探索：①新条件下的老方法和新技术的混合学习方式，有时要面对面教学，有时通过虚拟学习环境，两者充分结合；②教师应富有创意地使用新的技术；③社区教学条件环境 Web2.0（网络 2.0 时代）的应用，在此网络平台上，与学生进行充分交流；④交互和移动技术的应用，建立和利用虚拟世界，开发类似于游戏性质的网络教育软件等；⑤把教学建设视同一个项目，研究设计创作。Dr Lesley Gourlay 通过研究，提出了改进教学的 10 点建议：增强学生的自信心；使学生能够自主学习和研究；充分认识到教学要极大增加对学生的吸引力；创造性学习需要主动和协作；创造性体验富有挑战和成效；确保学校文化能够欢迎不同的人群；加强学校支持保障设施的投入与建设；满足不断变化的学生需求；使学生成为良好的公民；培养学生的社会和文化意识。可见，他们在教学方法上下了很大功夫，有些内容对于我们也有借鉴作用。

四是注重了自身的修养，把时间放在学习上。在拜访牛津大学时，深感讲授者对自己所在大学的自豪。他介绍说，牛津大学的教师队伍中，有 83 位皇家学会会员，125 位英国科学院院士。在数学、计算机科学、物理、生物学、医学等领域，都名列英国乃至世界前茅。近些年来，牛津不仅在文科而且在理科，不仅在基础科学而且在应用科学研究中都取得了举世瞩目的成就。许多讲师和学者要想成为牛津大学的终身教授，都会主动通过不同的渠道和方式进行学习和训练，不断提高自身的素质和修养。

英国有许多协会、学会，其中有一个“英国高校管理人员协会”（Association of University Administrator，AUA），位于曼彻斯特城市大学，成立于 1961 年，至今已有 50 多年的历史，其主要任务是发展和提升高等教育专业管理与服务领域人士的职业认识以及管理水平。2009 年 AUA 出台了“持续职业发展框架”（CPD Framework），该框架描述了最佳发展的循环周期表，如何循序渐进发展的 8 个阶段，并提出了 9 个职业行为准则。职业行为准则提供了一个基本标准，对于个人和机构，如果没有达到标准，可能会产生什么影响等。职业行为准则最早于 2000 年形成，并与“持续职业发展框架”进行综合研究，相互融合，其具体内容为：提高自己的业务水平；保证服务质量，与所服务人员建立长期联系；要能够创造性地解决问题，注意事物的相互联系；能够适应变化，把变化看作机遇；资源要有效使用，如信息、资金等；能够向同事提供指导，激励他们更好地工作；开发自己的潜能，提升自我；与他人能够合作，有良好的人际关系；工作量适度，有持续性且完成效果好，能达到目标。从以上职业行为准则的内容看，更加强化了对于教育者和管理者通过学习培训，不断提高业务水平和自身修养的要求。

第三，强化学生思辨性，完善测试机制，提高思维和综合能力。

此次到英国考察培训，比较关注的是国外学生思维的开放性和发散性是怎样训练的。直到拜访牛津大学之后，方有所感悟。牛津大学的本科教学的核心，也称为牛津大学的一大特色就是“导师制”。一般由讲师担任导师，教授侧重研究。一个学生3年时间大约有6~7个导师，每周规定学生与导师讨论时间为3~4小时。导师制的本科教学组织的具体授课内容有以下特点：教师每周要给学生列出阅读书目清单；学生每周在阅读规定书目之后完成论文、报告或大作业；学生每周至少有90分钟时间与导师讨论交流（导师组2~3人）；学生每周与导师见面2次，每个导师联系2~3名学生；要求学生参加讲座，一门课程一般每周3次讲座。不难想象，每周都要重复进行阅读书目、撰写论文、参加讲座和讨论答辩等环节，是一项非常艰难、辛苦的学习训练。牛津大学实行学分制，本科标准是360学分，但并不是每学期进行课程结业来获取学分，而是在第三学年统一考试取得学分。导师制非常强调学生在整个学习过程中提高思辨能力的要求。下面笔者仅就牛津大学“导师制”的教学方式浅谈几点认识。

一是淡化了被动考试，强化了自觉意识。牛津大学每周由导师给学生列出阅读书目，学生要在一定时间内阅读所有书目，这是导师制的第一个环节。也许针对每个学生的专业、知识面、水平能力等情况，列出的书目和数量不一样；也许导师所面对的学生都是一起入学、一个层次的，列出的书目和数量都一样。无论书目和数量一样与否，学生在阅读中感兴趣的焦点一定会不一样。为了兴趣点，学生就可能通过阅读书目、网上浏览和参加讲座，把经典知识和最新信息结合起来，收集和强化兴趣点上的问题，形成自己的观点和思想，提高思考认知的能力和搜寻信息的能力。甚至学生所产生的阅读兴趣点，就可能成为今后所学专业的兴趣方向。这种由导师列出每周阅读书目的学习方式，的确有它的可取性，淡化了学生的被动考试心理，强化了学生的好奇心、争上游、表现欲等内在激情，强化了学生在知识的海洋里浏览学习的自觉意识。

二是淡化了死记硬背，强化了开拓思维。导师制教学方法的第二个环节就是撰写学习论文或体会文章。可以想见，学生在阅读书目甚至阅读同样书目的过程中，所产生问题思考的观点、角度、深度一定会不一样。学生在撰写论文或体会时，一定不会用大量时间死记硬背一些书本固化的知识，要使自己的观点有理有据、新颖可信，一定会下功夫从书本知识中发散出来，进行深入的思考、研究、归纳和总结。每周一次的论文撰写过程，不仅磨砺了坚强的意志和韧性，而且锻炼了研究问题和文字表达的能力，更重要的是这种反复训练的方式，强化了学生大脑中的一种开放性、发散性的思维定式，将会站得更高、更远，不断锤炼和掌握战略思维方法。

三是淡化了书本知识，强化了综合素质。目前，英国高等教育机构正在研究国际化的两个“模型”：一个是本国的国际化模型（Internationalisation at Home），另一个是毕业生标志模型（Graduate Attributes）。后者就是大学生在毕业时应具备的能力，不仅是专业知识，而且是综合素质和能力。如苏格兰具有500年历史之久的阿伯丁（Aberdeen）大学，它对毕业生制定了如下目标：学术卓越；具有很强的思辨能力和交流能力；学习与自我发展能力；积极的公民精神，具有国际视野，与其他国家的人员进行交流。上述的能力不是单指一门课程，而是对所有学生在所有课程中都要充分研究考虑。牛津大学导师制的第三个环节就是学生与导师进行讨论交流，强化了学生的综合素质和能力。试想讨论交流必定有问有答，学生就会进行逻辑思考、论据准备、角度应变、据理力争。每一个方面都要培养锻炼快速思维、应急表达。在讨论交流中，学生除了叙述的观点和论据不一样之外，各自的思维方式、表达方式也会不一样。这种不一样，恰恰淡化了书本上规定的死记硬背的知识内容，产生了学习的个性化，区分了各自的兴奋点，强化了学生的思辨性、知识面和综合能力。

四是淡化了课堂压力，强化了自学能力。牛津大学的导师制的教学方法中还有一个环节，就是要求学生每周参加三次针对各自专业的讲座，通过讲座汲取最新的信息，完善图书知识的不足。除了讲座之外，其余的时间可以由学生进行所谓的自由支配。可想而知，阅读、写作和讨论的时间必在其中，没有更多的自由空间。但是这样做大大淡化了课堂学习的压力，让学生在规定的时间内把控自己，克服弱点，强化优势，加强学习的条理性和学习的自觉性，培养良好的学习习惯。学生到图书馆阅读图书、上网查询或撰写论文，可以在规定时间内随意出入。我们参观了几所大学的图书馆，藏书量之大不说，环境都是最幽静、最雅致、最舒适、最美丽的，学生身在其中也是一种享受。

总之，牛津大学的导师制教学方法，在规定时间内阅读列出书目，参加专业讲座，撰写论文体会，参加讨论交流，每一个环节都体现了不同的作用和效果，每周通过不同的形式，对知识的理解、问题的思考、能力的锻炼，都会越来越深化、越来越强化，在一系列的阅读、思考、研究、写作、互动、讨论、朗诵、体验之后，一定会强化学生的学习能力乃至终身学习能力。

当然，第一次参加这样的高等教育考察培训班没有经验，对于许多问题的学习考察还不能宏观掌控，还不够深入细致，但是收获还是很大的，感悟也是很深的。

（2011 年 9 月 25 日）

取长补短　扬长避短　说长道短

——带队到德国两所大学考察之点滴感受

2012 年 12 月 10—15 日，我带队一行 4 人前往德国进行考察访问。到达德国感觉非常好。在我们乘车前往宾馆的路上，道路虽不宽，却井然有序，左边的一条路总是给超车快车留着空着，许多车超过后，立即并到右道前行。如果听到警笛声，前面的所有车辆立即靠边停下让出主要道路给救护、消防、警车等应急车辆通过。行人遇到红灯，无论有车没车，一律站在路边等待绿灯；走在无灯斑马线上，车辆几米之外就会停下，礼让行人先通过。宾馆、路边遇见行人，早上好、对不起、谢谢等礼貌用语挂在嘴边；偶见小朋友，都会鞠躬施礼，用中文表达“您好”！许多广场和湖边，大量海鸥、候鸟、天鹅、鸭子等动物成群集聚，犹如天堂，无人惊扰，这些可爱的动物也不怕人，穿行于人流之间，这是适合人类居住的地方。极目之处，雪很白，水很清，天很蓝，店很美，屋很静，感觉舒适、温馨、有序、礼让。这一切使得我们出访考察的压力大大缓解，大家都产生了深入其中的急迫心情。

我们先后对德国路德维希港应用技术大学东亚学院和巴登符腾堡州勒拉赫双元制大学进行了友好访问和考察，顺便浏览了德国最早的大学——1386 年建校的海德堡大学食堂一角。由于时间紧、路很远、内容多、交流难等，获得的信息量还是有限的。回到北京后，我们于 12 月 19 日上午集体在一起进行了信息交流和补充，从三个方面表述两所大学的有关情况和点滴感受。

一、取长补短

此次考察时间虽短，但是看到、听到和感受到的两所德国高校的许多信息还是值得我们学习和借鉴的。首先，我们到达了德国路德维希港应用技术大学东亚学院，中国上海同济大学博士、该学院副院长戴毅接待了我们。在整个交流过程中，由于语言相通，知根知底，交流十分融洽和放松。之后，重点到了与我校有合作关系的巴登符腾堡州勒拉赫双元制大学进行了内容比较丰富的交流活动。总体归纳，主要收获有以下几点。

一是管理治学严谨，要求苛刻。东亚学院每年录取新生时，英语和数学必须通过，然后还要参加由教师和学生组成的两个委员会进行面试，合格后方可入学。2012 年在世界范围内（主要在德国国内）只招收了 39 名学生。该学院在编教师十余人，外聘教师 15 人左右，教师不开展科研工作，一门心思抓教学。目前设有市场营销、财政金融、物流和公共医疗管理 4 个专业。课程安排大致是每周一三五进行专业知识教学和每周一二三进行英语教学。教师的课时量是有法律规定的，教师都愿意兼职管理岗位，只要参加学院的相关工作和劳动就可以抵课时量。过去曾采取“宽进严出”的招生方式，结果 70% ~80% 的学生毕业考试不合格被淘汰。为此，目前采取严格录取制度，但是仍有 10% 的学生被淘汰，而且不能延期毕业。该学院男生略比女生多些，每个学期大致 60 个学分。巴登符腾堡州勒拉赫双元制大学每年也有 10% 的学生不能通过考试而被淘汰。

二是强化工作实践，行知结合。巴登符腾堡州勒拉赫双元制大学的实践教学更加突出而有特色，其在斯图加特的学校总部与 9000 多个企业具有合作关系，该校有 835 名教师，在校生 3 万余名。我们所到的勒拉赫双元制大学也有 600 多个企业、30 多所世界范围的大学与之合作。在校学生的 57% 都由企业选派资助到大学读书，每人共收学费 16500 欧元。学生大都在企业工作 2 ~3 年，有一定的工作经验和业务积累，来到大学可以带着问题学习，求知欲望更加强烈。在校 2 年（或 3 年）的时间里，3 个月在校学习理论知识，3 个月到企业工作实习，反复交替，强化带着问题进行理论学习，加深对知识的理解；强化知识向能力转变过程，学以致用。可想而知，这种理论与实践的交替教学方式，让学生充分得知实践离不开知识，并且更大量地把知识融入和转化到实践之中。该大学 20% 的优秀学生还将由企业资助派往国外学习深造，每年也派往我校 6 ~10 名学生。东亚学院比德国其他高校学习多 1 年时间，学制 4 年，其中 1 年派往日本或者中国，学生不仅会德语、英语，还要强化学习日语或中文。与中国合作的大学有广西大学、桂林电子技术大学、贵州大学和河北北方学院，该校合作的目的之一就是找一个语言环境较差的地区性大学，防止学生大量用母语交流，影响中文或日语的学习和强化。

三是注重教学质量，学生至上。巴登符腾堡州勒拉赫双元制大学的教师有相当部分直接来自企业的经理人，他们在实际工作中积累了许多经验教训，而且也有较高知识背景，学校一切为了提高教学质量而选拔教师，工作分工也非常明确，各司其职，各负其责。企业选派并资助学生到大学学习，学业结束后，有10%以上的学生会跳槽到非选派的其他企业工作，原选派企业没有怨言。为了专业对口，学生的选择是第一位的。东亚学院曾有一名学生为了撰写毕业论文，查到了美国的一本非常专业的著作，向校方提出申请。学校图书馆立即从美国购回专著，打开一看价值4000多美元，仅为了一个学生的毕业论文，他们认为值得。这名学生也因此论文优秀被德国的一个（类似于垄断性的）大型企业录用，学院倍感自豪。

这两所大学都没有科研工作，教师工作相对单纯，自由度也比较大。学生不好好学习的话，校方和教师不承担责任，与学生至上似有相悖之处，但本质上还是为了学生个体自由发展。

二、扬长避短

2012年12月12日，巴登符腾堡州勒拉赫双元制大学校方为我们安排了会见我校物流学院派往的12名交换生，共2男10女，其中6名北京籍学生。在一个多小时的交流和半个多小时的就餐过程中，大致了解了学生的一些情况。

一是基础知识扎实，刻苦好学。巴登符腾堡州勒拉赫双元制大学的校长和教授对我们选拔的学生总体上是满意的。中国的学生基础知识很扎实，刻苦好学，尤其对需要强记的内容更是驾轻就熟，而这些固定不变的定理定义，在脑海中记忆深刻，可以在遇到情况时立即调动大脑中的知识库存予以解答和解决问题。而这种学习方式，外国学生包括德国的许多学生不太具备，他们往往要借助公式工具书查阅方可处理问题。中国学生的这种学习方式也锻炼和形成了良好的逻辑思维，注重遵循规律思考和行事，在思想方法上不会越雷池一步。

二是自觉遵守法律，要求严格。我校物流学院12名交换生都是大三的学生，相对比较成熟。来到德国大学学习感觉比较新鲜，压力也比较大。德国人的时间观念很强，很守时，这对我们的学生也有较强的约束作用。他们在学校的活动空间不是很大。我们在一起交流时，感到12名学生关系融洽，相互关心关照，帮助提醒，自觉遵守校方的规章制度。外出打工必须得到政府许可，他们能够自觉遵守法律，不违规违法行事。大都选择两人一间的宿舍，干净舒适，这对于我们的学生如何保持卫生环境和学会独立生活也是一种挑战。中国学生虽然都是独生子女，但是一直在德国算是相对比较艰苦的环境中生活，吃苦耐劳、能屈能伸的特点还是明显的。

三是积极融入社会，发挥优长。我们的学生都有外出打工的想法，在解决一点学费的基础上，更多地是想融入德国的社会，深刻了解德国社会的风土人情，强化语言的灵活运用。目前，他们正在申请德国政府批准打工许可，有选择性地实地打工实践。其中有两名女学生还主动到德国附近的中学进行文化交流，为德国中学生介绍中国文化，教他们学习中国文字，得到校方的鼓励和好评。随着时间的推移，我们的学生融入德国社会的活动一定会更加活跃和生动。

在中午就餐的环节中，我们的学生与德国教授们用英语交流比较活跃，有说有笑，没有距离感，让德国教授们有些吃惊："你们的语言表达很好，为什么不在课堂上主动发言?"这就说明我们的学生在语言上还不够自信，或者性格上比较拘谨羞涩，语言表达过于含蓄，甚至顾左右而言他。

三、说长道短

此次到德国两所高校考察，对两国的教育体制、学校管理和两校的学生特点有了一些对比，做了一些简单分析，有些方面值得我们学习借鉴和思考。

德国教育体制比较有特点。小学四年制，之后分高级、中级和初级三个等级招收中学学生。入高级中学的学生，经过八年（原为九年、半日制）全日制学习后可直接升入大学；中级中学七年制，毕业后可到专业技术学校读书，专业技术学校毕业后可直入大学；初级（低级）中学五年制，毕业后基本流入社会，做劳工或无事可做，被社会救济。中学经过三个等级分流后，学生的优劣品质便也分辨出来，直入大学的学生生源原则上都是优秀的学生。

德国的两所高校没有校园安全的顾虑，整个学校没有围墙，直接融入社会，或者应该说属于整个社会的一角。东亚学院是一座单独的四层楼坐落在莱茵河畔，没有院落，没有室外体育设施，与大街接壤，甚至不负责学生的住宿和就餐。学生按课程表的时间到学校上课，下课离开学校，非教学时间与学校毫无关系。巴登符腾堡州勒拉赫双元制大学坐落在一个小山坡上，几座楼宇错落有致，楼宇之间有几个非常有特点的雕塑，映射学校的专业和文化。学校里有食堂，也为学生提供住宿，但都是社会行为，不是学校自身的一部分。德国两所学校都有小型图书馆，每年购置图书的经费相对很高，东亚学院每年约为 15 万欧元，管理人员只有一个，还有退休的义工为之服务，不领取任何报酬。巴登符腾堡州勒拉赫双元制大学图书馆也只有几个人，但是馆内非常整洁有序，各种图书资料的宣传单各式各样。馆内中国图书也占有其中重要位置的一角，引人注目。巴登符腾堡州勒拉赫双元制大学信息部门却非常庞大，人员达到 110 余人，不仅负责学校的网络和信息化建设，而且从事专业研究工作。

两校的学生特点也有明显不同。德国学生外向、大方，注意礼节和外表修饰，也有越南、印度籍学生，透出了本国与德国文化的交融。相对于他们，我们的学生更加显得含蓄内敛。有三个方面需要我们认真研究和对待。

一是在强化思维能力上，需要借鉴。前面分析了我们的学生由于定理定义的基础知识牢记在心，也锻炼和形成了良好的逻辑思维方式，注重遵循规律思考问题和解决问题。但过于死记硬背和长期不注重素质教育，我们的学生在动手能力和思维能力上需要大大提高。国外的学生每个学期的论文比较多，要求学生查阅图书和信息，不断思考问题，形成个人的有独立见解的思路和观点，并用文字表达出来，在一定的场合进行交流。这是一系列的思维、学习和表达的训练，经常进行这种训练，就会不断强化，最终形成良好的思维能力，甚至是批判思维能力。

二是在注重实践教学上，需要改进。我们国家的高校，包括我们学校也主张实践和实习，但通常没有从本质上提出实践要求和实习训练目的，或者更准确地说，对学生实践和实习的结果要求并不严格，往往应对就业而为之，所以有体验就可以了。德国的这两所高校，在教与学上严之有理、宽之有度，而且把实践作为真正意义上的大学课程，理论与实践充分结合、融为一体，学生得到的是真本领、真能力。

三是在培养做事严谨上，需要强化。东亚学院副院长戴毅博士形容两国学生的优劣时，非常形象可信。中国的学生基础知识扎实，公式、口诀滚瓜烂熟，德国学生自愧不如；中国学生数学好得出奇，令德国高校教师们刮目相看。但是，中国学生的聪明到了工作中却变成了小聪明，工作马虎、对付，做事差不多就行了；而德国的学生不动这个脑子，按要求办事，按图索骥，一是一、二是二，最终成就了诚信和敬业的品德。所以德国才有今天的奔驰、奥迪、宝马等高质量、高品质的汽车行业，以及世界不能比拟的各种刀具市场。

（2012 年 12 月 30 日）

优劣，决胜于细节上的选择

——访美国、加拿大三所大学之点滴感想

此次到美国和加拿大访问访学，可以用几句话概括：时间紧——满打满算不足8天。占用最多的两大块时间：乘机和睡觉。先后等候、乘坐飞机5次的时间至少达到48小时，其中从洛杉矶到费城，因有4个多小时的时差，上午乘机出发，晚上到达，一天的时间就过去了。从机场到访问的学校，路上又要占用许多时间。要不断倒时差，只好在飞机和车上睡觉、补觉。浪费大——每到一所大学匆匆而过，经费都花在了乘坐飞机和路程上，许多很有价值的学习机会因时间问题不得不撤离，造成时间、空间和经费上的较大浪费。任务重——此次访问的两个学校和一个培训中心，三次都超过访问的安排时间，其中在两所大学的时间都超过下午两点半，与学生见面都恋恋不舍，有许多问题需要相互交流。包括规定动作和访问团自身提出的要求，难以比较全面地了解和掌握情况。感受深——虽然时间紧、任务重，但参访者都振作精神、积极投入座谈和交流活动，听情况、记笔记、提问题，还是取得了比较好的成果。

美国与我们国内相比较，城市的包容度大，商品的价格较低，人们的幸福感强。我们在参加访问、培训和交流过程中，获取了一些印象和感受，这些不全面、不系统的点滴体会和感受，也许会给我们一些启发和教益。下面仅从几个“细节区别”的角度，进行简要分析总结。

主动与被动。在美国加州州立大学圣贝纳迪诺分校考察时，陪同我们参观校园设施的该校女研究生雪琴，一边介绍校园的基本情况，一边回答我们提出的许多问题。雪琴在北京大学完成本科学习后考入该校，现已读了4年的研究生课程。当问

及北京大学和美国大学对学生的教育比较时，她由衷表达了自己的感受：在美国的各所大学都非常注重过程教学，如每个专业的小考、讨论、演讲、论文和期末考试都会计算为考试成绩。这样一来，每一堂课或是每一个形式的学习活动，学生们都会积极参与其中，有时各自分工，有时集体合作，每个人都会发挥自己的优势，同时有意识地修正和磨炼自己的弱项。在多伦多国际学院听取邦德培训中心教授的专题报告时，为我们担任课程教学翻译工作的朱烨（Juliet），是从国内直接到美国读的大学本科，毕业后到多伦多大学就读研究生课程，她利用一年半的时间，强化学习获得了足够的学分毕业，来到邦德培训中心就职。她也强调在美国或加拿大的大学学习是很紧张的，但这是主动学习的结果，要想获得更多的学分，获得老师的好评，就必须在平时的学习过程中积极参与学习活动，同时也感觉的确锻炼了学生的各种能力，包括学习能力、表达能力、写作能力、组织能力、协作能力等。这些能力都是通过平时学习将知识转化和强化成了个人的能力。

在阿卡迪亚大学访问座谈期间，提及教学方式方法问题时，该校参加座谈会的教授介绍说，大学里主要采取案例式和模拟式教学法。案例式教学法是采用社会、企业等有关机构已发生的案例进行破解教学，分析起始结果、优势劣势、原因影响、背景环境、客观主观以及人力组织等方面，使学生把学习的知识与不同的案例紧密结合，避免知识与现实脱节。模拟式教学法是假设一种组织或场景，让学生身临其境。譬如成立一个公司，让学生担任经理，再由经理组织指挥、设定发展蓝图、安排业务工作、进行实地操作。这样的教学方法不仅让学生产生兴趣，而且记忆深刻，掌握知识更加扎实。

我们国内高校在教育教学中也采用案例式和模拟式教学法，效果也很好。参加全国的专业比赛，如物流模型、计算机模型比赛都会采用类似模拟式教学。但是，我们在理论和专业课的教学中没有很好地凝练和拓展更为灵活的案例和模拟教学方式，让学生主动参与其中，调动学生的学习积极性。通常情况下，大都是教师在课堂上灌输知识，学生被动地接纳知识，学习结果大都是通过期末考试定乾坤，挂科的再补考，或是最后清考。

从主动的角度上看，我们也有做得好的一面，比如此次聘请阿卡迪亚大学主管教学副校长史蒂夫·迈克尔（Steve Michael）教授为我校兼职教授，就是我们主动

“请进来”的结果。同时，我们主动“走出去”，接受国际高等教育的新理念、新发展、新方式，寻求新的合作，扩大国际影响，就是为了更好地改进和改变我们高校不适应、不合理的内容，以便更好地开展教育教学工作，培养更多更好的优秀人才。

认真与草率。美国阿卡迪亚大学始建于1853年，是一所高等私立大学。该校坐落在宾夕法尼亚中心城市费城的格伦赛德（Glenside），该校提供超过65个本科和研究生学位项目，连续6年被列为美国北部一流大学和学院之一，著名的《普林斯顿评论》将阿卡迪亚大学列为中部亚特兰大区域前10%的高等教育机构。我们前期派出的学生得到了该校各级校级领导和分管教师的一致好评。目前，我校“3 +1”项目的在阿卡迪亚大学学习的两名北京籍女学生在英语上出现了一些问题。为此，该校的一名副校长、国际交流部主任、教务处副处长、“3 +1”项目负责人、英语培训教师和分管教师都参加了座谈会，在研究探讨今后合作的具体项目的同时，也对学生的问题进行了分析。大家在研究讨论中可以直接地感受到两种认真：一是对学生的教育教学关心备至，学生无论出现什么情况和问题，都会千方百计予以帮助分析解决；二是对英语考试的结果和学分的取得一丝不苟，不能有半点马虎和草率。在与学生见面的活动中，教务处副处长和英语培训教师一直陪同，及时与我们沟通解决现实问题。对此，可以看出该校对我们派出的学生的教育是非常认真的、负责任的。相比之下，我们对待学生有些放任和草率。对派出的学生过问较少，在选拔派出学生的英语能力和水平方面，不够细致和严格，导致两名学生在美国这所大学的一个学期内英语没能过关，压力很大。

我们到美国加州州立大学圣贝纳迪诺分校进行访问，这是一所1893年建校的历史悠久的古老而充满活力的公立学校。该校专业设置全面，开设了多个本科和研究生专业，具有颁发学士学位和硕士学位的资质。在座谈交流会议上，该校国际中心教授主任、荣誉学会执行董事庄瑞玲博士主持，我校聘请的国际学院院长吴浩然教授、教务处副教务长珍妮·佐恩博士、教务处中国项目协调人张西文教授和一名分管学分管理的教授参加了项目的座谈讨论。在座谈中，针对“3 +1”“2 +2”“3 +1 +1. 5”“1 +1”和短期培训等方式进行了广泛的研究探讨。我们不难发现对方已经全部将我们交给他们的材料翻译成英文，对我们每个缺项的专业解释提出了要求，尤其对180个学分进行分解，同时把我校学生的学分转换进行了有益的探讨和分析，为学生交流和教师互访奠定了坚实的基础。

在加拿大多伦多国际学院的邦德培训中心接受培训时，汤普教授早已将我们告知的题目做了非常充分的准备。胸有成竹、滔滔不绝、真诚认真、富有逻辑和知识的讲解，令人佩服，在他的思维带领下进入了他所表达的知识领域，留下了十分深刻的印象。

快捷与缓慢。快与慢是辩证的、相对的，有些事情是欲速则不达，有些事情却是过了这个村就没了这个店。到美国加州州立大学圣贝纳迪诺分校访问座谈中，对方与我们的合作有着迫切的要求，许多工作做得很细致、很全面，需要尽快落实的许多工作恰恰是我们要努力的。

这次见到的我校派出的两名学生，英语学习压力很大，好一点的学生连续考了两次刚过60多分，要求必须达到81分以上；另一名学生的英语水平问题更大一些。国际接轨、国际合作，选派优秀学生到国外学习深造，是一件非常有意义的工作，无论“3+1”“2+2”“3+1+1.5”或是“1+1”等项目，都是一些促进国际交流、促进学生发展的有益尝试，加快与国际交流，提高我们学校的教育教学质量和国际社会知名度，也是我们的题中之义。但是有几个方面我们需要认真对待：一是学生派出的选拔问题，除了思想表现、业务知识、文化修养之外，要特别强调英语水平的标准要求，否则将学生送到国外会带来许多烦恼和压力，给我们再次输送或者对校内有意愿出国深造的学生都会带来不利的影响。包括美国在内的正规国外大学的英语要求都有严格规定，不可能有照顾的倾向。二是我们学校外派学生和教师的工作应该编制流程和程序，并归口管理。目前，我校不仅国际学院和国际交流处分别对外，各学院也直接对外，材料的统一规范、专业的内容分解、学分的相互转换等要求，都应该严格要求，统筹归口，一致对外。三是学分的转换问题，要在坚持原则的基础上，灵活掌握，在不影响学校严肃性、严谨性问题的同时，关键的起点和落点都应该放在培养学生的素质和能力上。

（2014年2月28日）

学什么　教什么　想什么　做什么

——访丹麦两所大学探讨教师教学积极性的几点认识

2015 年 10 月 20—24 日，我带领商学院老师共 3 人组团出访，前往世界上号称生活最幸福的国度——丹麦王国。飞机首先降落在法国巴黎戴高乐机场，在机场内等候近 8 小时之后再次乘机飞往丹麦。飞机降落在丹麦比隆机场的时候，几乎两天的时间过去了。我们迫不及待地了解丹麦的一些情况，大脑高速运转，尽可能记录一点一滴可用信息，不枉此行。

据介绍，丹麦由 3 个岛屿组成，占地面积约为 43000 平方千米，人口为 560 多万，华人仅占 3 万余人。丹麦王国是一个高收入、高税收、高福利的北欧国家，丹麦人的月收入最低在二三万丹麦克朗以上，税后月收入大都在 15000 丹麦克朗以上，大学教师平均在 60000 丹麦克朗以上，税后收入也可达 30000 丹麦克朗以上。国家根据不同收入的人群收缴税务，最少的也要占工资的 1/3 以上，最高的可达 95% 的税收，大大缩小了贫富差距。整个国家医疗保障和公立教育全部免费，寿命年长男性平均为 82 岁，女性平均为 87 岁。由于税收很高，除了极个别的特殊行业之外，基本上没有加班的状况，他们所追求的是从事自己所喜爱的工作和家庭安逸生活之间的平衡。

我们进行了 VIA 大学①地处霍森思校区的经济技术学院的访问活动。VIA 大学学院是丹麦最大的大学学院，拥有学生 17000 名左右，分布在 7 个校区。其中，经济技术学院在霍森思校区约有 2500 名学生，国际学生约有 900 名，拥有在职教师

① 丹麦 VIA 大学学院，为丹麦公立大学。

200多名。北京物资学院与VIA大学学院霍森思校区合作于2009年，两校互派交换生，同时进行教师派遣培训。此次我们前往该大学学院的经济技术学院进行访问活动，旨在拓展我校商学院的市场营销专业学生到该校学习培训。公务活动中，我们听取了VIA大学学院商学院院长蒂娜·汉森女士全面详细的情况介绍，相互之间交换了下一步拓展合作国际市场营销人才培养的项目，包括“3+1”项目的学分互换、单独组班等具体事务和意见；参观了该学院创新园并听取了与公司企业的合作前景，到该学院现场观摩了学生分组为企业的需求设计创意的竞赛场面；还有幸遇到并感受到了一年仅两次的企业在学校的招聘会，并与我校物流学院前去培训的学生进行了交谈；走进课堂聆听并感受到了教师在课堂上授课的效果和与学生交流互动的场面气氛。这一系列的访问内容和活动，感受颇深，启示颇多。

在访问过程中，我们还对两所大学的教学和教师的有关问题进行了交流和探讨。结合2014年秋季学期，我集中与商学院40多位老师进行个别交流谈话，与此次丹麦VIA大学学院访问的有关探讨话题进行比较，重点在学什么、教什么、想什么、做什么的四点上进行了简要的分析和思考。虽然所在的国家不同，教育的历史、大学的环境、教学的理念都有所不同，但是比较之后对有些问题产生了许多启示和教义。

第一个问题：学什么？这个问题主要是从高校大学生的角度而言的。我们学校的教育教学原则上是遵循教学大纲按部就班地有计划有安排地进行布局和展开，四年的大学课程主要分配在大学前三年之内。最后一年，大四学生以巩固知识和实习锻炼为主。不可否认，我国大学的教育教学在基础知识和专业原理上有着突出的教育特点和优长，教师在课堂上尽职尽责地教学，以及每门课程的复习考试，使得课程开始的教学和结束的考试这两头的专业知识强化，让学生“一学一考”成为一种固定模式。但是不难看出，我们几乎放弃了知识强化和能力提高的过程教学。

2015年10月17日，在学校组织的建校35周年校友返校日座谈会上，许多校友为学校教育教学等方面出谋划策，在强化学生的教育内容上提出了许多合理化建议。有的提出，在教育学生掌握知识的同时，要特别强化学生的责任感、事业心和诚信度，这是在社会实践中的体会实感。有的建言，在专业教学上不仅要宏观把控，还要微观具体，譬如在期货专业的某一个棉花、橡胶期货等具体专业上学习有用知识、探索现实规律，走向社会可以直接应聘到企业需求的岗位，更快更好地适应企业和市场。有的强调，要进一步强化基础知识和专业原理，特别要坚持特色课程的延续性、稳定性和现实性，使其课程的特色经过长期锤炼，成为基业长青的社会需求的专业课程。不难看出，走出高校大门，又经过市场经济大潮的洗礼之后，校友的感受是务实的、可信的，也是急切的、期盼的。虽然这些要变成大学教程和教学内容还有待时日，但是这些建议的确需要认真探究。

在丹麦 VIA 大学学院访问期间，我们有意识地去交流和关注此类问题。首先让我们感受到的是学生与老师之间的关系十分和谐融洽，师生在校园内相遇，都会热情地打招呼，相互之间很自然、很熟悉，如同朋友一般。我想，仅靠课堂授课不可能产生如此和谐融洽的关系。我们还参加了市场营销的一堂课的教学过程，整个课堂的桌椅摆放随意，每人一台电脑，画面却各不相同，还有的在看图画故事。整个课堂的教学气氛非常浓郁和活跃。一些学生争先恐后地举手提问或抢答问题，有的补充老师教案中的实例，课堂效果令人震撼。在此期间，还参观了学生为企业研究解决现实问题的竞赛现场，令人深感教学过程的重要意义。丹麦的一些企业在创新或生产过程中，出现和发现一些问题，他们就会第一时间把问题带到学校，由学校组织本专业的所有学生，分成若干小组进行对抗研究比赛，学生们非常投入，对企业提出的问题进行思考、设计、研讨、规划、解决和验收等一系列流程，他们在教师的带领下先后用一周时间专门进行此项活动。再过两天，企业专门人员就会到学校验收学生利用所学知识和基本理论解决现实问题的成绩，选取其中最优秀的、最能够解决问题的方案。可惜我们必须返程，不能看到这一令人十分期待的环节和结果。当时我还专门询问专业负责人，企业提出的问题是一些常见的经典问题锻炼学生，还是企业在现实中真正发现需要解决的问题？他们的回答是后者。我想，类似于丹麦 VIA 大学学院学生专业知识的转化和思维能力的提高等方面，应该及早地成为我们学校教育教学的方向和重点。

我们更重视基础知识的教学，大学生在大学四年中的思维能力和创新能力的锻炼还是缺失的，这一点不可否认。前不久，刘延东同志在深入推进高校创新创业教育改革座谈会上提出：“112 所中央部委所属高校制订了深化创新创业教育改革方案，还有许多高校将创新创业教育改革纳入学校综合改革方案，积极有序推进。全国有137所高校、50家企事业单位和社会团体联合成立了‘中国高校创新创业教育联盟’。”“今年以来，全国高校共设立创新创业基金达10.2亿元，吸引校外资金12.8亿元，为支持大学生创新创业提供了有力的资金支持。”我们学校也建立了中关村智慧物流产业技术研究院、北京物资学院大学科技园、中关村开放实验室、北京物资学院大学生专业基地和中关村通州园现代物流创新园，希望发挥更好的作用，促进学生知识向能力的转化，各项工作与学生的创新创业更贴近一些。

第二个问题：教什么？在与一线教师了解沟通和选择性听课之后，在课堂上的教学情况大致会出现以下四种形态。一是熟悉市场情况，掌握课堂规律，了解学生心态，尤其是经常到企业和市场调研的一些教师，不断修正自己的教学内容。二是按照教学大纲，按部就班、认真完成教学任务和教学工作量，但是缺乏创新意识。三是看似精心准备的课件和教学内容，充满教学活力，但却远离市场现实情况，学生对此也不置可否。四是按照教学大纲要求，借同类专业教师的课件复制，单纯地完成教学任务而已。

从上述情况看，我们最希望的应该是第一种教学形态，但是往往第一种形态最无奈、最纠结的是一线教师，这类教师年龄相对较大。他们中间有些教师已经放弃了自己一生为之追求的教授或副教授的职称，虽然痛苦过、挣扎过，但是看到现实的无奈、无助和浮躁，最终选择远离这种职场竞争，做自己相对喜欢的教学工作。这个时候的他们会出现三种心态：第一种是已经如此这般，对学校的事务采取漠不关心的态度，但依然会在喜欢的讲台上完成自己的使命；第二种是无可奈何地放弃，为了家庭的生活优化和个人的身心健康，不再为热衷的教育事业奉献而敷衍工作；第三种是在学校不能体现自己的价值，无论是主观的还是客观的因素，他们选择走出校门做自己喜欢的工作，包括办企业、办公司、办学校，或是兼职工作多挣一份薪水，有滋有味，喜不外露。这部分人对教育体制和学校管理的现状总体上是不满意的，但是采取超脱默然的方式，以追求所谓的世外桃源式的生活和工作状态。

其他三类教育形态的教师，有的相对年轻，缺乏经验，积极中包含“知其然不知其所以然”的理想主义色彩；有的忙于科研，把时间和精力的重头放在积累自己的“修成正果的砝码”上，为了实现个人追求的高级专业技术职务而奋斗；还有的两不耽误，在教书讲课的基础上，一方面积累个人成绩，另一方面建设家庭和照顾家人。

通过选择性听课和与教师普遍交流谈话，有些感受十分强烈。可以看出，各类教师几乎都是自始至终对从事教育工作十分喜欢的，在教学这个舞台上传授知识、展示自己，对这份事业也是非常热爱的。在每次到课堂聆听一些老师授课时，感觉除第一类老教师之外，许多年轻教师备课更认真、讲课更有激情，在课堂上也时常与学生互动，不时提醒和引导学生的思维跟着授课老师的思路深入，教学方法十分了得。总的来说，第一类老教师和一些相对年轻的教师积累了许多经验，形成了授课模式，讲课内容更好一些，激情更多一些。

从教学内容和教材上看，滞后性和知识与市场的脱节现象也是显而易见的。在前不久的校友返校日的校友座谈会上，有的校友含蓄地建议加强教师队伍建设，应从南方城市选拔部分人才。校友的主旨是南方人才更加接近和热衷经济市场，原因是教师授课的知识比较远离社会和市场现实。其实不是选择哪个地域的人才，就可以改变教师队伍的问题，而主要是教学体制机制问题。目前学校提出并实践“一来二去”，即邀请企业家到学校进行实例授课指导，学生和教师到企业或公司进行实习或挂职，这种全面、主动地与社会和市场接轨的方式，让一些教师感受到了课堂上的教材早已落后于社会和市场，其中一位到企业挂职的老师回校介绍情况和报告感想时说：“没有想到自己所教的知识点和经典教案已经落后于市场十多年了。”

习近平总书记多次做出重要指示，要求加快教育体制改革，注重培养学生创新精神，造就规模宏大、富有创新精神、敢于承担风险的创新创业人才队伍。李克强总理也强调，大众创业、万众创新的核心在于激发人的创造力，尤其在于激发青年的创造力。这些重要指示中包含着许多建设思想和发展趋势，应该认真研究落实。目前我们已经形成和固化了教育教学模式，从形式上更加重视考试的唯一结果，不强调或少强调教学过程的启发锻炼效果，对过程教学的充分利用还是远远不够的，甚至是有缺陷的。我们在专业课程教学过程中，往往忽视专业过程教学的强化，少有通过不同形式让大学生真正参与其中、主动思考和研判专业课程的授课内容。当然，学校有的专业课程也是注意推演和研讨的，尤其是一些参加比赛的课程做得更好一些。但是，我们总体上强化过程教学还是不够的，自始至终没有把教师的“教”和学生的“学”变被动为主动。

这次去丹麦 VIA 大学学院访问，该大学的课程内容时常进行调整，尤其是企业进驻学校的创新园区，与学校有着近距离接触，企业存在的问题直接交给学校师生研讨解决，这种理论知识和现实市场零距离、无滞后对接，不仅使学生的思维能力和创新能力得到真正的训练和提高，更好地激发了学生学习的极大兴趣和热情，而且这种训练和培养直面企业和市场，解决了教学教材滞后和容易脱离社会实际的问题，良好的成效毋庸置疑。

第三个问题：想什么？这个问题从学生和教师两个角度分析。

从学生的角度分析，大学生走进高校的最初目的，应该是掌握知识，提高能力。然而，随着学生在校园的时间推移，学生的想法会在大学固化的教学模式中适应性地逐步调整，在“师哥师姐”的“前有车后有辙”影响效仿下，调整的方向更加“务实”，或者在掌握知识、提高能力的同时，极少数的想出国、读研、创业，更多的是争取寻找一个好的地方和好的工作，尤其是落户北京，寻找一个相对工作稳定和工资收入较高的岗位。有些学生在大学期间进行创业，从一个极端走向另一个极端。一些在学校从事创业且前景良好的学生，往往全身心投入到新创办的公司之中，几乎不再到教室上课，这绝对不是高校支持创新创业的初衷。但是，这些同学们大都想在学校期间用创业替代寂寞的教室听课，同时也是为了掌握经营市场经验，为毕业后自己或搭伙创业做准备，想法非常实际。当然，在校的大学生基本上还是更加重视按期毕业，最终拿到毕业证和学位证两个证书。

从教师的角度分析，在与商学院教师交流谈话中，明显可以读出老中青教师三个阶段的心路历程。首先，年轻教师最辛苦。他们要打基础、闯天下，既要教课、科研，又要买房、生孩子。他们都在努力奋斗，希望将来成为层次较高且优秀的教师。其次，中年教师最急迫。在这部分教师中基本上可以分成两类。一类是因年龄、学历不能晋升高职，心有不甘，却很无奈。家庭生活艰难，还要在职读博士学位，努力做科研，按规定努力发表论文，为晋升高级职称不遗余力。他们在完成自己设定的目标任务的基础上，难以在教学上激发热情。另一类教师进退两难，不知所措，“前途”进步渺茫，落后心中发慌。最后，资深教师最放松。他们中间也大约分为两类。一类是“多年的媳妇熬成婆”，成为教授后，轻松地完成职称规定的任务，甚至有的在课堂上授课也没有太多的激情。另一类是因年龄和职称不能晋升正高职称的资深老师，基本放弃职称，他们对体制、机制和规定有些反感，甚至到了无以复加的地步，导致对学校许多工作有排斥。许多有经验、有能力、有本事的老教师只好把时间和精力转移到社会上，他们走出校门，成立了自己的公司、企业和学校，到社会上一些相关事务所任职，大部分时间几乎不在学校，也不再关心学校的发展。可想而知，体制和机制的导向作用，让教师们终生为教育事业无忧无虑地奉献成为问题。

丹麦 VIA 大学学生的教师却沉浸在教学的喜爱之中。访问的该学院不进行科研工作，教师一心投入教学，教授职称也可以随着时间的推移而获得，他们在学校工作期间努力与学生打成一片，教学生之所学，帮学生之所需，解学生之所惑，不仅建立了师生之间的融洽关系，而且打破了师生之间的隔膜壁垒。

我们缺乏一套不能成为正高职教授而又可以满足教师愉快工作和生活的方式与思路。教授的职称，一定不是或不应该是每一个教师都必须、都能够获得的；教授的职称，一定不是或不应该成为每一个教师一生追求的唯一目标；教授的职称，也一定不是或不应该成为教师获得出路和荣耀的唯一方式。

第四个问题：做什么？我与商学院的教师进行广泛谈话交流的过程中，有一种明显的感觉和印记，就是所有教师几乎都处于忙碌与无助、喜爱与无奈、努力与纠结的矛盾之中。一位女老师当时担任系主任，她在科研、教学和管理方面都表现得十分优秀和突出，我们交谈时她详细地介绍了一些情况，她目前要在四个方面忙碌而纠结着。一是自己的教学课程。每周计划和惦记着每堂课程，时常要修改教案和补充实例，希望上好课，对得起学生，并较好地完成规定的不低于 96 课时的任务。同时还要考虑教学改革，如果缺少这一项晋升职称也成问题。二是个人的科研工作。起草研究科研方案，争取研究课题，努力撰写高质量论文，还要与相关杂志社沟通洽谈。时间和精力与教学和管理“打架”。三是系里的行政管理。学院下设各系，系里的工作主要由系主任连轴转地忙碌和安排，要不断完成学校和学院安排的教学、教改和日常工作任务。最让人头疼的是缺课找替补，几乎全部要靠个人感情，因为大家在完成课时之后都在忙自己认为最重要的事情，不愿多上一节课。四是自己的家庭生计。夫妻两个各奔东西，孩子小，要送幼儿园。为了孩子将来上学，在市区租的房子，每天很辛苦。不能因为个人的进步和工作而影响到家人尤其是子女。我听后为之动容和感慨。后来知道她在新学期里还是辞去了系主任的职务。

目前，高校的科研成为教师搭建走向个人名利双收的唯一台阶和桥梁。从另一个角度分析，如果一所高校只搞科研，不认真落实教学，高校就失去了培养建设者和接班人的真正目的。我们这样的一所高校所从事的科研，说到底是为了教育教学而开展的，不能或者至少目前不能成为高校建设和发展的最重要、最关键的目的。

教师的教学积极性伤不起，一旦被伤害，很难再能调动和激发。那些已经走出去的资深教师，他们是相当有实力、有经验的教师，调动他们的积极性是非常重要的。不能让他们灰心，失去信心。反过来说，一所高校没有一支业务精湛、教学优秀、学生喜爱的教师队伍，高校的建设和发展也无疑是纸上谈兵、画饼充饥。分析结果表明，一些教师在面对现实政策和规定而十分无奈的前提下，放弃了教授的职称，在机械地完成自己教学工作量的同时，把更多的时间、精力、热心、激情和创造力放在了学校教学和工作之外，用另一种方式证明自己的能力和水平。

一线教师的这种现实情况，不是一所大学应该倡导和长期延续的局面，政策的错误导向使得教师无所适从。改革是当前高校的必经之路，也是当务之急。社会发展到现今，我们要按照邓小平同志曾指出的："不讲多劳多得，不重视物质利益，对少数先进分子可以，对广大群众不行，一段时间可以，长期不行。革命精神是非常宝贵的，没有革命精神就没有革命行动。但是，革命是在物质利益的基础上产生的，如果只讲牺牲精神，不讲物质利益，那就是唯心论。"所以，当利益与教学质量相结合，就会强化质量意识；当利益与教学改革相结合，就会强化改革意识；当利益与教学效益相结合，就会强化效益意识；当利益与教学协作相结合，就会强化协作意识……当这些结合以公平为基础，掌握适度，改革就会朝着良性竞争和相互促进的方向发展。如果我们仅仅把利益与科研工作、与高级职称相结合，其结果已经显现出来。政策导向、利益驱动、思想引导、精神鼓励，都应该全面设计和规划，每个岗位的每个人的积极性和创造性得到全面发挥，将会巩固和扩大学校的集体利益。何去何从，我们应该深思。

从以上分析归纳，至少有以下观点和理念需要认真研究和探讨。

一是过程教学的充分利用问题。每个专业课程，不能仅用最后的考试"一锤定音"，应该采用读书研讨、答辩演讲、动手制作、课外作业、学生讲解、阶段论文等形式，把学分分解到过程之中，把学生的被动学习变为主动学习。

二是解决政策导向的倾向性问题。目前，教师的唯一目标就是高级职称，职称与名分、利益紧密结合，与家庭幸福和社会地位紧密结合。高级职称不会是每个教师都可以获得的，也不应该成为教师唯一的追求目标。虽然不能左右大环境，至少可以给学校无望达到教授顶点的一部分教师开辟一条新路子、建立一个新平台。

三是激发教师对教育事业的热忱。要让大多数的教师能够和愿意把时间和精力投入在学生身上，强化课堂之外的辅导、交流、互动，甚至师生之间的交心等形式，不仅避免和减少师生之间产生的距离和隔膜，而且使学生产生因喜欢授课教师而喜欢其所传授的专业之魅力。

四是集中精力加大教育改革的力度。围绕教学工作这个中心任务，坚持以教学、科研、管理、服务等目标管理责任制为主线，调动积极性和创造性为核心，加强成本核算和提高岗位待遇为手段，逐级负责管理和岗位目标竞争为特征，年度考核或届期考评为周期，提高培养接班人和建设者质量为目的，进行全方位、全过程和全体人员参与的改革。

（2016 年 11 月 15 日）

看，不如听；听，不如看

——出访马来西亚、日本四所大学有感

没有去过马来西亚和日本之前，看了两个国家的一些资料和图书，隐隐约约的想象画面，臆造的成分很多。曾经翻阅过《菊与刀》，是一本阐释日本传统精神理念中矛盾统一特质的图书，对书中内容深感惊奇的同时，更有难以理解的成分。听到生活在和去过这两个国家的亲友介绍，印象远比看资料和图书要真实得多，更有生活里的真实画面感。但是，在电视新闻中看到日本政客的表现，却令人不敢恭维，摧毁了在我们心目中的国家形象。总的感觉，看资料和图书，不如聆听熟悉这两个国家的朋友介绍国情来得真切和实际。然而，真正到了这两个国家却有一种亲身经历的感受，百闻不如一见。马来西亚是一个多民族、有歧视、重福利、少追求的国家，大街小巷都可以看到听到马来人、印度人、中国人和他们的言语表达，而且各自形成生活区域和地域文化，无论普通市民还是大学老师，作为华裔都有被歧视的明显感觉。但是，马来西亚的子女上学、市民就医等都是国家福利，个人和家庭基本不用负担，许多人只要挣到少许费用就可以安稳生活。一些几辈子都生活在马来西亚的华裔说话都是汉语，马来语和英语只会简单的对话，令人不可思议。到日本的几天里，主要在东京和熊本短暂掠影和接触，大致感觉是整洁干净、行为有序、注重礼仪、做事认真。街面上几乎没有尘土，砖头缝里好像都被吸尘了一样。乘车或走在道路上，车辆、人流十分有序，车辆与行人不会产生矛盾，永远都是车让人，行人会理直气壮地往前走，不会顾及有车辆闯到面前。礼仪更是随处可见，我们经常接受对方双手贴在大腿前面深鞠躬的礼遇。做事认真也是很明显的特点，比如停车场外有一人举着牌子表明停车场是否有剩余车位，无论晴天或下雨，举牌子的人

始终站立着，不会改变姿态，简单的工作，却十分敬业。为我们做翻译的是一位日本籍的大学教师，在吃饭期间做翻译，非常专注，几乎不吃饭，态度十分认真，毫无怨言。但是，从现实生活中也不难发现一些不可捉摸的现象，比如男士夜晚外出喝酒，宣泄压力。尤其是电视里可以发现成人电影的痕迹，对这个民族更产生了许多不理解和困惑。言归正传，我们此次出访马来西亚和日本的四所高校，主要是进一步加强与传统友好学校的交流合作，了解、开拓新的合作渠道，切实推进学校国际化建设与发展。以下从三个方面做一简要介绍。

一、访问中的调研

我们第一天到马来西亚之后，首先访问了公立大学排名第一的马来亚大学（University of Malaya）。该校是马来西亚公认的首屈一指的名校。2016 年 11 月 14 日上午 9：30 在马来亚大学行政主楼与国际关系处（ICR）负责人、国际学生中心主任、经管学院副院长进行了会谈。首先，Yong Zulina Zubairi 表示欢迎我校代表团的到访，重点介绍了马来亚大学的办学特色和国际化办学理念与做法。随后双方就学生交换、教师合作以及经管类专业学生实验实践能力培养等具体问题展开了深入讨论交流。双方一致同意，在学生交流基础上，加强教师在英语教学或双语教学研究方面的交流与学习，推进教师互访讲学。马来亚大学从通过合作的有关国家大学中选拔部分学生免费到该校学习，旨在提高国际化水平和营造开放性的校园文化。我校先后选派的 27 名学生（其中，7 名研究生、20 名本科生）到马来亚大学学习，他们领略了东亚文化，开阔了国际视野。此次访问期间，我们学校有 3 名研究生在该校学习，还有 3 名珠海物流学院的学生也在该校学习。我们了解了他们的学习、生活情况。校方对我校的学生总体评价良好，认为数学很好、学习认真、讲究礼貌、遵守规章，只是性格有些腼腆，不爱多说话。目前马来亚大学还没有交换到北京物资学院的学生。在访问交流期间，又进一步研究了推进学生交换和深入学习的方式，分析了两校合作的难点。同时，与英国桑德兰大学东南亚办公室主要负责人进行了短暂沟通，详细了解了东南亚地区学生赴海外留学的现状，双方就代理招收来华留学生的可行性进行坦率的交流。之后与 3 名研究生进行了学习和生活情况的交流。她们总体感觉良好，生活上也比较适应，3 名女生租住一间公寓，互相照应。她们

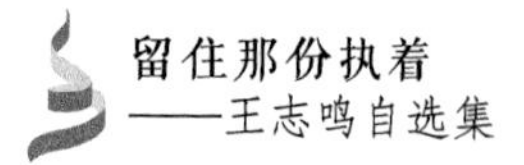

认为出国学习是一次难得的机会，锻炼很大。

2016 年 11 月 15 日中午，我们乘机从吉隆坡飞往日本，晚上到达。在认真做了交流前的准备工作之后，于 16 日下午 2：30 到了日本流通经济大学（Ryutsu Keizai University）。该校创建于 1965 年，属于综合类私立大学，设有经济学系、社会学系、流通情报学系、法学系、运动健康科学系和国际观光系，研究生院有经济学研究科、社会学研究科、物流情报学研究科和法学研究科。在该校茨城校区与流通经济大学的理事、事务局长赤石守、国际交流事务部部长宫本敏郎、流通情报学部教授矢野裕児博士以及翻译王靖涵博士进行了交流，针对两校合作协议于 2017 年 3 月到期之前，就续签的相关事宜进行认真沟通，对双方教师互访、学生交流、学术合作等方面进行具体详尽的探讨。尤其对一些最新提出的不能当即明确的内容，譬如体育运动队互访合作、强化学生交流等具体项目需要双方深入研究再予以回复。之后在宫本敏郎先生和王靖涵女士的带领下，参观了该校区的功能区分和建设风格，介绍了大学建设理念。11 月 16 日上午 9：30 又到了流通经济大学的千叶校区进行访问，与该校国际交流学习中心主任中村美枝子、国际交流事务部部长宫本敏郎、流通情报学部长增田悦夫教授以及主管广濑文章先生等继续就合作协议签署的相关问题进行了深入沟通，形成了 2017 年第一季度续签合同的大致意向。广濑文章带领我们参观了该校区的行政办公部门、图书馆、体育馆、实验室、教室，并观摩剑道课程。

双方在访问中进行了积极有效的调查研究，对前期合作进行了分析，流通经济大学为我校培养了许多优秀的博士生，包括现任的副校长、校领导和中层领导干部若干，在该校毕业的博士生在我校发挥了突出作用，做出了积极贡献。但是，随后少有到日本大学深造归来的教师和学生，派出学生到日本大学学习的也几乎没有。我们没有认真对此进行深入研究探讨，积极采取有效措施，改变现有状况。马来亚大学免费吸引外境学生到该校学习，在扩大学校国际影响的同时，又提高了本校师生的国际性。然而，马来西亚大学没有交换到我校的学生，也没有教师的互访，虽然英语沟通不成问题，但是却不见身影，我们认为与马来西亚国家的大环境和个人追求有关。在访问中，我们还专门对实践教学和动手能力训练进行了调研和考察，马来西亚的两所大学更加重视这两方面，尤其是泰莱大学的建筑设计专业有专门的工坊车间，文科专业采取录制学生演讲的表现这种形式让学生自己发现问题，有较好的针对性和有效性。

二、开拓中的进展

此次到马来西亚和日本两个国家访问，先后又选择了从未合作联系的两所大学，一所是在马来西亚私立高校中排名第一的泰莱大学，另一所是与我学校专业相近的熊本学园大学。泰莱大学自1969年创办以来，逾50000学生学有所成，许多学生在各自领域发挥专长，成为社会精英。泰莱大学已发展成为马来西亚最悠久、最成功和最负盛名的私立学府。熊本学园大学（Kumamoto Gakuen University）于1954年成立，是由学校法人熊本学园运营的私立大学。

2016年11月14日下午我们到了泰莱大学，大学的业务及销售总监邓惠君（Tan Huey Kuan）女士向我们详细介绍了该校情况。该大学拥有30多年的卓越教学经验，一向以优良的学术传统著称，每年录取学生超过5000名，包括建筑设计的本科课程、生物工程的大学预科、酒店管理（包括酒店管理、旅游管理、烹饪艺术的大专课程），以及商学院、传媒学院、设计学院、计算机学院、教育学院、工程学院、医学院、药剂学院、法学院等学系，其著名的商科以及酒店管理专业在亚洲和国际上享有盛誉。泰莱引以为豪的英国剑桥A水准教育文凭课程中心是全球最大的，每年的通过率都超过99%。泰莱大学的所有课程都与“泰莱毕业生能力计划”（Taylor’s Graduate Capabilities，TGC）进行整合，根据课程进展、标示并跟踪学生的人生发展方向。由于非常清楚学业进展和未来发展之间的关系，学生自然而然地成为主动学习者。邓女士和一名在校韩国学生陪同我们详细参观并讲解了该校的教学课堂、实训场地、学生公寓、食堂环境等，包括不同式样的报告厅的用途和作用。总体感觉该校的管理是一种非常人性化的管理，各种设计、建设都十分温馨体贴，一切以学生为中心，以学生成才为目标。

11月17日下午，从日本东京飞往熊本，约定第二天下午前往熊本学园大学。我们到达后，首先在该校国际交流处处长喜佐田智子、该校教师切通和高井智代三位女士陪同下，冒雨对学校进行了全面考察，尤其是很有特色的图书馆、报告厅、实验中心、教学服务部门等。图书馆里藏有许多中国历史和相关专业方面的图书；

报告厅一分为二，还可以合二为一；教学服务部门，其实就是师生事务部门的大办公室，从外向里一目了然，靠近窗口的是直接为学生服务的工作人员，办公人员排序共有三层，最后一层属于每项业务的主管，部门总管在另一个办公室，与大办公室相通，窗户透明，可以观察到一切。按照规定时间，我们下午 4：30 与熊本学园大学校长幸田亮一先生、副校长林裕先生、国际交流委员会主席柯克・马斯顿（Kirk Masden）先生以及国际交流处处长喜佐田智子女士、翻译高井智代女士等进行了非常和谐真诚的沟通。首先，幸田亮一校长欢迎我校代表团的到访，并期待与我校建立交流合作渠道。随后双方对未来合作前景进行了实事求是的探讨，在学科专业和师生交流合作上没有异议，在专业和语言上的融合互换提出了具体问题。在商谈的最后，笔者代表学校提出了按照四步走的方式组织实施并予以推进的建议。第一步，两所学校建立互访交流了解的关系，尤其是校级领导进行互访考察，对合作交流的意向进行决策。第二步，在深入了解和校级领导决定合作的前提下，由各校的国际交流部门商谈推进框架协议方案，并组织签署。第三步，先由教师进行互访，利用双方教师语言方面的便利，加强教师在科研、讲学方面的交流，针对学生交流存在的问题积极研究探索，提出可行性意见和建议。第四步，在条件允许的情况下，采取不同形式和方式，推进研究生和本科生的交换与派遣。此建议得到了熊本学园大学幸田亮一校长的赞同，并期待能够尽快推进落实。之后又与林裕副校长、柯克・马斯顿主席、喜佐田智子处长进行了详细交流与沟通。

此次访问旨在开拓新的亚洲地区的外国大学，通过第一次对马来西亚的泰莱大学和日本熊本学园大学的访问，进一步开拓发展了新的师生合作交流。两所大学的态度都是非常积极的，日本熊本学园大学的校长和副校长出席了洽谈，马来西亚的泰莱大学本来也安排了校领导参加交流，因事临时缺席。两所学校都安排了简单的晚宴，在晚宴上又进行了深入研究探讨，对下一步开拓发展明确了步骤和安排，此项工作有了新的进展。

三、发展中的障碍

在此次访问中，我们也觉察到了一些师生互访、学生交流等方面的问题。泰莱大学的环境是很棒的，与该校的中国学生交流，他们是专门学习酒店管理专业的，信心满满，期待回到中国发达城市发挥专业知识的管理效应。但是，在马来西亚的大学学习，英语必须达到6级，尤其是听力和口语要在平时学习时经常使用，成为许多学生出国学习的障碍。另外，中国学生尤其是女生性格过于腼腆，不爱说话，也成为一个比较普遍的现象。

到日本两所大学也发现明显的合作交流方面的障碍。日本大学的教师英语水平总体不高，或者说使用英语交流的教师不够普遍。因此，到中国进行专业合作交流成了问题。熊本学园大学有汉语专业，许多教师会汉语，水平还是很高的，可以直接做翻译工作。但是他们几乎没有如经济、物流、工程等专业，他们曾到中国的北京、上海专门学习进修过语言，因没有专业背景而不能到我校进行合作研究。该大学中许多专业的教师不懂英语，也不懂汉语，失去了合作交流的可能。

历史上，我们学校的教师到日本攻读博士的比较多，形成了学习日语的良好氛围。但是，近些年到日本学习和攻读学位的少了许多，还没有形成一种可操作的机制。在我们学校中，虽有许多选择日语作为第二外语的学生，但是同样少有学习专业的学生可以选派到日本深入学习的。很多专业的学生大都学习英语，但很少有学习日语的。这样一来，双方合作交流在语言上就成了很大的障碍。

总而言之，本次访问的四所大学，除马来亚大学更关注学术研究、承接政府的基础研究课题之外，泰莱大学、流通经济大学、熊本学园大学都非常重视学生的能力培养。特别是泰莱大学和熊本学园大学，更加强调在实践中培养学生能力，如团队协作、组织沟通、知识运用等，为学生准备的都是真正的生产设备和工作环境。值得一提的是，各所高校的教育教学理念不仅仅停留在纸面上，而是真正付诸教学和课余的各项活动中，把教育教学理念落到了实处，使之成为学校各项教学活动的真正核心。泰莱大学对自己培养的商业精英，熊本学园大学对自己培养的熊本县1/3甚至2/3的商界领袖，都感到非常自豪。同时形成了良好的互动机制，增加了在校学生对本校的认同感。

所访问的大学不论发展历史早晚，首先可持久的校园文化、教学氛围是学校发展的整体软环境，学校的发展与理念、教师的心态与思想，无不深刻地体现在各个方面，深刻影响着教学活动，影响着学生的发展。其次是教学环境的人性化设计能够为教师和学生提供更好的支持，提升教学动力，改善教学效果。同时，知识运用能力的提高、实践能力的培养应贯穿于教学活动的各个方面，在各个教学环节都能够有所体现，而这种体现不仅仅是形式上，更重要的是在理念上和教学活动的设计上。

（2016 年 11 月 25 日）

培训
体会篇

保证党和国家教育事业的全面协调健康发展

——国家教育行政学院学习心得体会

通过本期进修班学习，进一步理解了党和国家对教育事业的战略目标和历史使命，熟悉了高等院校在各个方面建设发展的科学理念和办学要求，学习了全国不同院校在工作实践中的丰富经验和发展模式。收获之大，体会之深，难以言表。以下简要谈谈点滴感受。

第一，充分认识党和国家对教育事业的战略目标和历史使命，是高等院校建设发展的思想保证。在周济部长关于《优先发展　科学发展》的报告中指出："教育事关民族兴旺、人民福祉和国家未来。党中央历来高度重视教育事业，把教育事业放在优先发展的战略地位。""一百多年的时间，我们的教育干成了一件事情，就是实现了从人口大国向人力资源大国的历史性转变。"我们要实现从人力资源大国向人力资源强国转变，每个高校都肩负着历史的重任。但是，如何落实党和国家关于教育方面的战略目标和历史使命，必须形成新的思想观念、新的战略思考、新的思路举措。满足现状，故步自封，不能适应发展趋势，也不能满足发展需求。我们要密切联系工作实际，认真分析阻碍建设发展的关键问题，主动做好长远的战略谋划，努力在规模与质量、体制与机制、综合与特色、教学与科研、知识与文化、管理与自由、人才与条件等方面科学运作，合理调整，协调发展。教育的根本目标是培养什么人、怎样培养人的重大问题，这也是教育工作的主题。我们要努力把握"基础教育是人成为人的过程、高等教育是人成为才的过程、研究生教育是人成为器的过程"的教育理念和规律，积极为国家和社会培养更多更好的有用之才。"适者生存"的道理，对于高校也是一样的。每个高校只有符合国家、社会和人民的需求，才能得到应有的发展。

第二，进一步加强高等院校党的建设和思想政治教育，是把握好党的教育事业方向性和战略性的根本保证。高等院校普遍实行党委领导下的校长负责制这样一个根本制度。高校为什么要强调党的领导，因为高校是培养中国特色社会主义事业合格建设者和可靠接班人的重要基地。在这次学习中，大家对院校党委书记、院校长的权力、地位、作用和关系等问题十分关注。中山大学原党委书记李延保同志认为院校实行党委领导下的校长负责制，是原则、选择、规则、素质问题，全方位解答了大家困惑和难以解决的一系列问题和矛盾。本人在学习中体会到，党委工作应该体现“无我、藏神、求实”的工作原则。“无我”就是党委充分发挥政治核心作用，把住发展、改革、稳定的方向性大局，围绕高校的各项事业做好引领、促进和保障工作；“藏神”就是政治工作是生命线的原则，把党的理念贯穿于整个工作的全过程；“求实”就是党的工作不是口号，也不是大话、套话、虚话，党的建设和党的工作必须在实际工作中落到实处，保证对党的指示精神不讲价钱、不打折扣地贯彻落实。我们党始终把高校思想政治教育与党和人民的事业紧密结合起来，与中华民族伟大复兴紧密结合起来，从确保中国特色社会主义事业兴旺发达、事关党和国家前途命运和社会主义中国长治久安的战略高度，反复强调高校的根本目标在于培养中国特色社会主义事业的建设者和接班人。在学习班上，利用学习间隙撰写《对改革开放以来高校思想政治教育的基本做法和经验的理解与思考》的文章。总之，我们一定要从高校方向性和战略性的高度上，对党建和思政工作进一步加以认识和理解，切记不可因为个人得失和盲目追求业务政绩而影响高校发展的大局。我具体分管后勤和基建工作，一定严格要求自己。就像中纪委刘春锦主任说的那样：“世界上最难的也是最管用的就是自己管好自己。”

第三，不断提高高等院校领导者的管理水平和执政能力，是建设现代大学、特色大学的重要保证。这次进修班对提升高校领导的素质能力非常重视，安排了一个单元的国际研讨会，重点学习和研究全面提高思维水平、领导素质和执行能力的问题。中国政法大学校长徐显明教授提出理想的大学校长应是教育家、学问家、管理家、政治家或社会活动家。青岛大学人事处李军处长认为，新时代对高校管理者的素质能力提出了更高要求，应具备领袖气质、战略思维、世界眼光、民主胸怀、法制观念、经营意识、管理能力、渊博学识。李延保书记在讲课中强调，高校领导应该“都是有素质、有能力、有责任的人”。临沂师范学院党委书记徐国文教授以学生为中心配置办学资源的经营大学理念，深受启发。作为高等院校管理者必须把大学置于一个合理的位置思考问题，要考虑政府、区域、社会的需求，把握好学校的社会定位和服务方向。在完成向资源强国迈进的过程中，建立符合实际的现代大学制度，加强质量，突出特色，办成品牌，完成使命。

在培训中，认真学习党和国家关于优先发展教育事业的一系列指示精神，积极参加进修班组织的全部课程和所有活动，阅读了许多教育方面的图书，努力实现岗位角色的转变，重点对高校领导的管理能力、高校定位、特色办学、素质教育等问题进行思考，撰写了一篇有关思想政治教育方面的文章，完成了教育培训任务。

（2008 年 11 月 30 日）

开展工作、做好工作的基本方法

今天，再次参加学生工作研讨会，冒昧地就开展工作、做好工作的基本方法问题谈谈个人的想法。纯属一家之言，希望共同探讨。开展工作，尤其是做好工作，总要有个头绪，有个步骤，说得更严密些，就是要讲究工作规律，讲究工作逻辑，讲究工作方法。这个逻辑和方法，简单地说，大致可以从四个方面去分析。

第一个问题：调查研究，掌握实情。

初到一个单位、接任一个岗位，有时会感到无从下手，很长时间才会有一点眉目和进展；长久在一个单位、长期从事一份工作，有时也会感到轻车熟路，导致失去新意。这两种情况都要先用常规的思维方式去建立一个工作逻辑：即“是什么、做什么、怎么做”。

一是要知道是什么。学校的中心工作是什么？我们所做的工作与学校中心工作之间是一种什么关系？分管工作或业务的主要任务是什么？目标或最佳目标是什么？优势特点是什么？问题不足是什么？重点难点是什么？这些问题搞清楚了，就找到了自己的工作定位，就会做到胸中有数，不会盲目随从。

二是要知道做什么。学校领导、部门领导和所属人员的要求，期望我们做什么，做好什么？自己的优势特点可以在哪些方面做什么，做好什么？制度规定、权限范围和工作条件允许自己做什么，做到什么？这些问题搞清楚了，就找到了自己工作的突破口和切入点，就可以设计工作目标和任务。

三是要知道怎么做。用政策、规定、制度、思路和手段，按程序、步骤、时间、要求去做事情。靠集体、靠个人，靠设备、靠技术，靠智慧、靠体力，靠管理、靠服务等，先做什么、后做什么、不做什么？你做什么、我做什么、他做什么？这些问题搞清楚了，工作步骤就有了，分工就有了，工作就开展起来了。

以上这些问题，我们大家在工作中都会想到、遇到，但有时候很难系统地去思考、自觉地去设计，往往是想到哪儿做到哪儿。这样一来，有时就会窝工，有时就会返工，有时就会丢三落四而误工。其实，做以上工作并不难，可以用很短的时间进行调查研究，综合分析，在工作思路上就搞清楚了“是什么、做什么、怎么做”的问题，就会胸中有数了，可以有的放矢了。养成习惯，就变成了自觉的思考能力。

第二个问题：宏观规划，分步实施。

上述问题是在调查研究基础上的分析结果，要把工作做得有序、出色、精彩，还要提高和掌握一些基本要素和能力，譬如战略思维、设计规划、工作方法、协调能力、驾驭能力等。但是，工作要宏观设计，五年规划、三年任期也好，年度工作、一项任务也罢，都要认真梳理规划，分析轻重缓急，确定阶段性目标，合理安排，扎实推进，一步一个脚印，都会达到事半功倍的效果。我们要把工作大致分为常规性、关键性、指令性、指导性、临时性、突击性的工作，或是政策性、政治性、全局性、技术性、专业性、服务性的工作，在搞清楚工作性质后，如何推进工作，就要讲究方法。我认为，主要抓住三个方面。

一是掌控全局，突出重点。工作是做不完的，但是每天要完成必须做的事情，又要做完做好。这里就有一个全局与个别、普遍与特殊、面上与重点的问题。要把工作做得有秩序、有成效，就应该突出重点，有时甚至要抓大放小，这个小，就是一些无关紧要的烦琐的事务性工作，做与不做关系不大，不影响全局。毛主席曾说：解决问题，要抓住事物的主要矛盾，抓住矛盾的主要方面，其他问题就可以迎刃而解了。重点不突出，胡子眉毛一把抓，就可能抓一漏万，因小失大，事倍功半。结果是：眼睛一睁忙到熄灯，年底一算劳而无功。

二是抓住时机，攻克难点。每个部门、每个岗位都有自己工作的苦衷，甚至会有制约本单位和本专业发展的掣肘，不解决这样的难点问题，部门就得不到发展，个人进步也会受到影响。所以，我们必须寻找时机，抓住机遇，集中各种力量，发挥聪明才智，攻克工作难题和难关，解决建设和发展中的突出问题。任何事物中的困难、矛盾和问题，都有其自身的弱点和缺口，都不可能攻而不破、摧而不毁。这就要认真研究事物本身的规律和特点以及在某一时期或阶段的变化，找准突破口，彻底予以攻克。解决工作中的难点，是发挥综合能力的最好时刻，也是展示个人魅力的最佳时机。

三是精心策划，呈现亮点。在工作中突出重点也好，攻克难点也罢，都应该有计划地分步实施，一口吃个胖子的做法不可取也不可行。所以，一定要精心策划，周密组织，每年不要多，做几件漂亮的、精彩的、重要的、有意义、有影响、有引领作用的工作，呈现出了工作特点和亮点，能力和水平也就体现出来了。更重要的是单位、部门的工作，就会向更高、更深、更广的方向推进和发展。学校每年组织的现代化论坛，举全校之力组织的校庆活动，大量的学生心理筛查和疏导，学校就业指导工作等，都是很有特色和亮点的工作。

这里还要强调的是选人用人问题。诸葛亮知人用人，主要采取知其意志、应变、知识、勇敢、性格、廉德、信用的方法，不凭感情和印象用人。问之以是非，而观其志。穷之以辞辩，而观其变。咨之以计谋，而观其识。告之以祸难，而观其勇。醉之以酒，而观其性。临之以利，而观其廉。期之以事，而观其信。我们不妨在工作实践中借鉴这些经过历史沉淀和社会认可的知识和方法，锻炼和修炼自己的识人和用人的能力，共同完成上级和领导所赋予的任务。

第三个问题：脚踏实地，开拓创新。

工作不是耍花招，不是作秀；不是请客吃饭，也不是做表面文章。在学校工作就是要围绕教学任务，即传授知识、解释知识、创造知识、运用知识，一切工作都必须踏踏实实、勤勤恳恳、兢兢业业。平庸做事、应付做事、盲目做事、草率做事，都是不行的，不仅损害学校、损害单位、损害他人，更损害自己。因此，我认为要努力做到以下五点。

一要有思想。在熟悉本职工作的基础上，提出有见地的思想。往往思想引领思路，思路指导规划，规划约定发展，发展始于工作。什么叫所谓的思想？学校曾提出“开放入主流，整合出特色，激励上水平”的工作思路；后来又提出“苦练内功，提高质量，强化特色，建设高水平特色型大学”的发展思路，安稳处提出的“确立一个目标、打造两支队伍、坚持三个原则、抓住四个机遇”的工作规划等，都展示了很多有见地的思想内涵。要注意总结、归纳和提炼，要养成出思想、出观点的思维习惯。

二要有远见。工作不能就事论事，下棋看三步，工作也应该有远见，就是要有发展方向和发展目标。目标短浅不行，不努力或正常工作就可以达到的目标，不是真正的发展目标。当然，好高骛远也不行，目标远大超乎规律和实际，就成了墙上挂的标语，嘴上喊的口号。过去说有志者立长志，无志者常立志；夜里千条路，白天买豆腐。目标必须切合实际，这一点需要研究和学会战略思维。

三要有计划。有思想、有远见，也不能一口吃个胖子，必须有计划、分步骤，一步一个脚印地前行，一步一个台阶地攀登。除了有大的规划、计划之外，在工作中最实用的就是对每一项整块的工作业务进行周密的计划安排，尤其在出光彩、出特色、出亮点的地方进行计划筹划，真正突出成果、效果。

四要有余地。任何设想和计划都不可能十全十美，即使考虑周全，有时也难以估计甚至出现不可抗力的因素，一定要防止内伤和外力的干扰影响。我们在工作中经常会遇到计划不如变化快的现象，这种变化有时来源于上级领导的信息更新、思路变化或是临时动议。有的时候我们不能把控现实局面，为了做好工作，不严重影响工作，就要设计不同的方案，尤其是应急方案，甚至留有调整变化的余地，防止造成尴尬，伤害自尊心和积极性。

五要有胸怀。要阳光做事，积极做事，低调做事，扎实做事。任何事情都会产生不同的想法、不同的运作、不同的结果，个人不应过于张扬和追求收获，让别人去表扬和赞美更好些。何况工作做得很好，有时也不一定完美到位，冷嘲热讽、说三道四也会出现的。因此，不要影响情绪和勇气，要有宽广的胸怀。糊涂面对身边事，笑谈艰难何为险！

第四个问题：辅导学生，强化能力。

温家宝同志在 2009 年 9 月 4 日撰文《教育大计　教师为本》中强调："要培养全面发展的优秀人才，必须树立先进的教育理念，敢于冲破传统观念的束缚，在办学体制、教学内容、教育方法、评价方式等方面进行大胆地探索和改革。"文章中采用"必须树立""敢于冲破""大胆探索"的词句，深切表达了对我国教育教学各个环节的亟不可待、迎难而上、全面改革、决不后退的决心和意愿。

一要掌握教育信息。最近有学者在解读《教育规划纲要》的教育论坛中形成了一些共识。其中许多思想和观点可以成为我们改革的着力点和切入点。

社会对人才的需求是提高人才培养质量的出发点。各国普遍出现了“社会拒绝使用学校的毕业生”现象，就是说当大学所授予的资格和技术不能满足社会需要时，社会就开始拒绝使用这些学生。

改革人才培养模式是提高人才培养质量的重点。就课程体系、教师队伍、评价体系提出了改革建议，其中培养模式存在的问题导致多数大学生没有养成良好的学习习惯和工作习惯，学习的自觉性和计划性不强，缺乏独立思考能力和创造力，学术兴趣缺乏，自信心不足，出现学业倦怠、浮躁和功利趋向。

不同阶段的学校教育的有效衔接是提高人才培养质量的难点。从管理体制上看，缺乏顶层统一设计，管理体制不顺、错位，统筹力度不大，如中、高职分属两个司局管理；从各阶段培养目标上看，为了升学只注重分数；从课程体系上看，小、初、高课程衔接不紧密，缺乏职业生涯教育，高考不知选择什么专业，家长包办。到大学后世界观、人生观基本形成、定性，思想政治教育带来极大难度，功利性趋强。并提出：德育，解决做人、成为社会主义接班人的问题；智育，注重专业知识学习和能力的拓展；体育，注重身体素质的提高和体育锻炼习惯的养成；美育，培养学生的兴趣爱好，陶冶性情。

改革高考招生制度是提高人才培养质量的关键点。

二要调整辅导思路。大学四年时间，学生从走进大学校门到走出校门，在思想、知识、能力等方面是否发生深刻变化，不仅仅是课堂上教书育人，而且很关键的是课外辅导工作。有一个很有意思的现象，校友返校后与班主任、辅导员的关系和友情更加密切。为什么？因为班主任和辅导员平时经常与学生们在一起，打成一片。所以，要利用学生和学生工作者的感情，更加关注学生的素质和能力的提高，要主动把教与学结合起来。调整辅导思路，采取有效办法，加强通识教育方面知识的传授，帮助学生陶冶情操，培养专业爱好。

三要强化素质能力。学校要通过培养培训等教育方式，不断提高学生的素质能力。目前，政府、企业等单位在能力上的需要越来越高，越来越专。除了专业知识，其中有一些技能是个人发展的必要素质，包括独立能力、学习能力、写作能力、表达能力、思辨能力、动手能力、筹划能力、社交能力、组织能力等。这些都是非常重要的。有条件的情况下，是否可以建立工坊车间，学会使用机床、车床、铣床、镗床、磨床等设备，木工、钳工等工种的各种工具，还有生活用品用具，提高学生的生活常识和动手能力。甚至可以开设书法、绘画、篆刻、摄影等学堂，让学生利用课外时间学习这些带有文化色彩的内容，提高文化知识和修养。总之，要从培养学生的动手能力和文化修养着手，调整辅导学生的思路和方式。

（2011 年 7 月 17 日）

浅谈中国文化的核心思想：以和为贵

——学习儒家及其思想精华之点滴体会

当我走进领导干部学国学专题培训班第一课的课堂，见到如此之多的领导干部，尤其是如此之多的政府职能部门的领导干部时，有些感动。真可谓领导干部学习国学蔚然成风，丰富智慧提高素质势在必行。我参加这期学国学专题培训班也受益匪浅，特别是听了北京大学王博教授的《周易——天人之际》和北京市委党校张耀南教授的《禅与中国文化》这两门以往涉及较少的传统文化知识，更有耳目一新、启蒙心智之感。今天，试对“和”这一儒家核心思想谈一点学习体会。

孔子在《论语·学而》中说：“礼之用，和为贵。”孟子在《公孙丑下》中说：“天时不如地利，地利不如人和。”荀子在《王霸》中说：“农夫扑力而寡能，则上不失天时，下不失地利，中得人和而百事不废。”这说明我们的先人很早就认识到“人和”在社会活动中的重要地位和作用。基于此，从古至今，我国人民一直强调“和为贵”。“人和”就是人心和顺，而人心和顺就能使人与人之间的关系和谐融洽。

人和万事兴。人们在谈论三国时常说：曹操挟天子以令诸侯，占了天时；孙权雄踞江东，占了地利；刘备既无天时也无地利，占的是“人和”。《三国演义》用了不少文字描写刘备的“人和”，如他的礼贤下士，宽以待人，爱护将领，安抚百姓等，因此深得人心。这使得他能够屡次从受挫的困境中崛起，势力不断发展壮大，最后形成与曹操、孙权三方鼎立的局面。

人和国势强。《史记·廉颇蔺相如列传》记载，战国时期，赵国宦者令的门客蔺相如，因为立了大功而被赵王封为上卿，地位在老将廉颇之上。廉颇很不服气，扬言要当面羞辱蔺相如。蔺相如闻知，尽量回避、容让。蔺的门客以为他胆小怕事，畏惧廉颇。蔺相如说：“你们看廉将军能否比得上亲王厉害？”门客说：“当然比不上。”蔺相如又说：“以秦王那样的威势，我还敢在朝堂上叱责他，羞辱他的群臣，难道会独独惧怕廉将军吗？只是我想，强秦之所以不敢侵犯赵国，就是因为我和廉将军在，现在如果两虎相斗，必有一伤。我之所以对廉将军容忍退让，是因为把国家的急难放在前头，把个人的私怨放在后头。”这番话传到廉颇耳中，他感到十分惭愧，赤膊背着荆杖向蔺相如请罪，二人由此结为生死之交，这就是后世所称道的“将相和”。文臣武将的团结，使赵国国势强盛，以致秦国在很长时间内不敢进犯赵国。

人和天下宁。西汉初期，匈奴不断侵扰西汉北部边境地区，杀掠人民，抢夺牲畜。后来西汉多次出兵反击，削弱了匈奴的势力。不久匈奴内部发生分裂，南匈奴君主单于重新统一了匈奴。他向西汉表示，愿做汉家女婿。汉元帝欣然应允。宫女王昭君为了汉匈两大民族的和好，主动“求行”。呼韩邪单于封他为“宁胡”阏氏（阏氏，单于的正妻），意思是与汉家建立永远和好安宁的关系；汉元帝也下诏改元为“竟宁元年”，表示取得了永远和平相处的局面。昭君出塞结束了汉匈之间百余年的战乱纷争。此后数十年间，长城内外出现了“边城晏闭，牛马布野，三世无犬吠之警，黎庶百姓无干戈之役”的和平兴旺景象。

今天，我们讲“人和”，反映了人们要求得到一个良好的学习、工作与生活环境的愿望，体现了炎黄子孙为振兴中华、强盛祖国而加强团结的企盼。讲“人和”并不是无原则的退让和妥协，对于有缺点错误或意见不一致的人，要“和而不同”，既要坚持正确的意见，又要善于与意见不同、爱好不同的人和睦相处。当然，我们不能对所有的人都讲“人和”。对品质恶劣、屡教不改的人，应当予以揭露、抨击；对违法乱纪的人，则要与之作坚决的斗争，触犯刑律的还要将其绳之以法。只有这样才能真正维护和发展“人和”的大势，才是国家强调的建设社会主义的和谐社会。

“人和”是团结之基，家顺之珍，国兴之宝。以和为贵，这个中华民族优秀的道德伦理文化传统，一定会得到继承和发扬。

（2011 年 7 月 15 日）

学习，应作为一种追求和爱好

朱熹说过："无一事而不学，无一时而不学，无一处而不学，成功之路也。"当前国家和政府提倡建立学习型组织、学习型社会，这是提高不同层次人们的文化和修养的必经之路和必要选择。我想，作为一名领导者，学习应是一生的追求和爱好。

学习大致有两类：一类是随着时代一起变化的东西；另一类是超越时代而不变的东西。我们学习传统文化，看似是不变的知识和文化，其实是在学习中求得知识和文化影响人们的思想而产生新的变化和变革。

此次学习传统文化，有许多"点"十分深刻，值得回味和体会。"尊五美，屏四恶，斯可以从政矣。""君子惠而不费，老而不怨，欲而不贪，泰而不骄，威而不猛。""不教而杀谓之虐。不戒视成谓之暴。慢令致期谓之贼。犹之与人也，出纳之吝，谓之有司。"即是五美四恶。强调"为政以德，譬如北辰，居其所而众星共之。""政者，正也。子帅以正，孰敢不正?"以上在《论语》中的这些古语名言，可谓言之有理，但对当下也是发人深省，令人深思。如果我们领导干部在工作中做到了"尊五美，屏四恶"，从政何其难，干群之间就可成为鱼水之情的关系。

再如要"居敬而行简"，不可"居简而行简"。这是两种思想方法和工作态度。深思熟虑之后的政策、规定、思想的化简，是谦逊谨慎之德；凭想当然、拍脑瓜，脑子一热出思路，这是鲁莽行事之恶。而这些行事方式尤其是后者的行事方式处处可见，甚至就在领导者的身上屡屡发生。如果一个人如此，会给一个部门带来不良影响；如果一个部门如此，会给一个单位带来不良影响；如果一个单位的主官如此，其不良影响就更加难以评估了。

还如"选贤与能"是一个单位、一个民族、一个国家的基本方略。毛泽东同志也说过："领导者的责任，归结起来，主要是出主意、用干部两件事。"刘邦与手下人谈起他的成功之道时说："运筹于帷幄之中，决胜于千里之外，吾不如张子房；镇国家，抚百姓，给饷馈，不绝粮道，吾不如萧何；连百万之众，战必克，攻必胜，吾不如韩信。三者皆人杰，吾能用之，此吾所以取天下也。"刘邦将张良的盖世谋才、萧何的盖世治才、韩信的盖世将才为其所用，这就是取天下的关键所在。当前用人问题已是普通干部和群众的最大怨气和不满之一，称其为最大的社会腐败，症结也在于此。

读书时，不可有己见；读书后，不可失己见。这是我在读书中的最大体会和收获。我喜欢读书，办公室、宿舍、家中桌旁床边，处处都堆放着各类图书。每天不看书，就像没有做完事情一样没着没落。每次看书之后，都会或多或少产生一些思想火花，并随时把这些思想和观点记录下来，以防遗忘。我的手机和电脑中都有很多随时记录的只言片语。另外，我到每个地方有时还会采用写诗填词的方式记录所见所闻，提高雅兴的同时强化知识和见闻的记忆。养成了这种学习方式和习惯，还要善于总结和归纳，提炼自己的思想观点和管理理念。

培根说："读书足以怡情，足以博彩，足以长才。其怡情也，最见于独处幽居之时；其博彩也，最见于高谈阔论之中；其长才也，最见于处世判事之际。"他还说："读书使人明智，读诗使人灵秀，数学使人周密，科学使人深刻，伦理学使人庄重，逻辑修辞之学使人善辩；凡有所学，皆成性格。"这些名人语录已经成为人们的座右铭。因此，学习要在领导干部中蔚然成为一种追求和爱好之风，就要向毛泽东同志学习，不仅要读有字之书，更要读无字之书。诸葛亮在《诫子书》中说："夫君子之行，静以修身，俭以养德，非淡泊无以明志，非宁静无以致远。夫学须静也，才须学也，非学无以广才，非志无以成学。淫慢则不能励精，险躁则不能冶性。年与时驰，意与日去，遂成枯落，多不接世，悲守穷庐，将复何及。"

（2012 年 6 月 8 日）

智慧运用媒体手段　正确引导舆情走向

随着社会的迅猛发展，新兴媒体的运用越来越广泛。最应引起关注和重视的是社会化媒体（自媒体）的发展，使得我们每一个机构、每一个人在处置所从事的和议论所遇到的每一件事情、每一个事件乃至每一个极其微不足道的事务，都会在不经意间自觉或不自觉地被迅速扩散、放大，引起相关人员甚至全社会的关心、关注。从目前情况看，有些政府机构和部分官员、干部对新兴媒体的认识不足，甚至有的不知所云、一窍不通，有的在一知半解的情况下，盲目自信、随意处置而导致出现问题，有的一发不可收拾演变成影响社会的重大公共危机。由此可见，加强各种机构以及所属人员对新兴媒体运用和舆情引导的普及性学习培训，是不可懈怠和逾越的当务之急。

一要学习运用新兴媒体的先进技术。随着时代的发展，尤其是“后 PC（个人电脑）时代”的到来，不仅推进了新技术的迅速发展和广泛运用，而且改变了运用新兴媒体技术人们的思想观念和超前意识。以 iPad 为代表的平板电脑被全面深入使用，采用博客、微博、微信等形式和手段传递文字、图片和声音等信息，使得全方位、全天候、全内容的信息无所不在、无时不在、无处不在，只取决于人们的关切程度。在人人都有“麦克风”、人人都有“扩大器”、人人都有“引爆器”的时代，什么都可以成为社会关注的焦点和主题。虽然作为领导干部要慎重采用自媒体发话。但可怕的是当网民在有意识地运用自媒体发话、传递和引爆问题时，我们有些不熟悉社会化媒体功能运用的官员却在无意识（或是有意识掩盖）地进行事务表达，往往产生核裂变式信息扩散，有时可能会导致重大危机。学习和掌握新兴媒体技术、智慧运用新兴媒体手段，是加强和改革社会管理体制机制的重要的前提条件。

二要不断改变高傲虚伪的领导作风。老百姓所说的“门难进、脸难看、事难办”的现象在很大程度上有所改进，现实中又出现“门好进、脸好看、事不办”的现象，先后两种状态都依然可见从骨子里散发出的高傲神态。层出不穷的网络上引发社会关注的事件，可能会颠覆人们长期形成的基本价值观和行为准则。如2008年6月贵州瓮安群体性事件、2008年9月山西襄汾尾矿溃坝事故、2008年9月三鹿奶粉含三聚氰胺重大危机事件、2009年2月云南晋宁“躲猫猫”事件、2009年5月湖北巴东邓玉娇事件、2009年7月湖北石首群体性事件、2009年7月5日新疆“7.5”打砸抢暴力事件、2009年10月上海“钓鱼执法”事件、2009年11月成都唐福珍阻止强拆自焚身亡事件、2010年3月“疫苗致死”事件、2010年4月、5月校园系列凶杀事件（6起）、2010年9月江西宜黄拆迁自焚事件、2011年3月长春棚户区强拆压死居民事件、2011年7月甬温线动车追尾事故、2011年9月上海地铁10号线追尾事故等，难以一一列举。这种负面危机的常态化和正面宣传飞沫化，严重损害政府的威信和形象。一些政府官员自说自话，大话、套话、空话甚至假话连篇，见事不见人、见人不见效的长期养成的处事方式等，在当前的自媒体时代真是格格不入、丢人现眼。沈阳市沈河区工商局原局长杨晓松醉酒到报社扬言找记者单挑，原因却是其老婆和儿子所开的面包店销售变质食品问题被曝光。南京市江宁区房产局原局长周久耕被网络曝光“雷人语”“天价烟”“天价表”，被判刑11年。陕西省安监局原局长杨达才被网上戏称为“微笑”局长和“杨表哥”。“微盲局长”微博开房门荒谬至极的事件让人啼笑皆非：2011年6月20日，江苏省溧阳市卫生局原局长谢志强由于误将微博当成私密聊天的即时通信工具，并在微博上大肆调情被网民曝光，并最终下马。2009年7月5日，江西省宜黄县原县委书记邱建国和原县长苏建国对“微博”不知为何物，更难预料微博所产生的引爆性作用，在处置拆迁自焚事件中围追堵截，傲慢自信，戕害民意，最终自食其果。层出不穷的事实说明，领导干部的工作作风甚至是领导干部的选拔机制都应尽快加以改善和改革。

三要掌握解决公共危机的实用方法。从以上事实和现象不难看出，除了体制机制问题和领导干部素质问题之外，有很大一个方面就是不懂、不会、不学、不用新兴媒体的技术和化解矛盾的方法。我国正处于经济转型和社会转型时期，改革开放一步一步触及深层次体制问题，政府机构和公职人员的公关意识、执政能力、工作方式、效率效能等亟待提高，尤其面临新兴媒体技术和手段的迅速发展，公众权利意识的觉醒和法制观念的提高，使越来越多的人勇于表达自己的合法权益和正当诉求。作为政府机构和公职人员，要掌握公共危机潜在期、突发期、持续期、解决期的发展过程和规律，不断提高危机前的预控、爆发时的应对和结束后的恢复等一系列的管理能力，做到深入现场、了解事实，分析情况、确立对策，安抚公众、缓和对抗，联络媒体、主导舆论，多方沟通、加速化解，有效行动、转危为安，特别是要智慧地运用新闻的及时性和随动性、意见的自发性和互动性、观点的多元性和情绪性、舆论的集散性和整合性等新兴媒体环境下信息传播的特点，消除危机的负面影响，重建利益相关者良性互动关系，正确引导舆论走向，化解矛盾，化解危机。

（2012 年 9 月 21 日）

执行力小议

今天，我们81期进修班抽调10人分两组参加了50期处级正职公务员任职培训班“关于中层领导干部执行力提升”的研讨。我们小组共有5人参与了此项活动，每个参与者结合自身的工作特点和实践经验，讲解和诠释了执行力的现实含义、在执行过程中常见的问题以及从哪些方面提升执行力等问题。

我们81期区县局级领导干部和50期处级正职公务员都具有不同层次的双重身份，既是决策者，也是执行者。

作为决策者，在决策之前要深思熟虑，权衡利弊，要努力做到符合上级意图、符合政策规定、符合权限范围、符合实际情况。做决策，权衡利弊很是重要，不了解上级要求，不了解实际情况，就会影响权衡利弊的结果。但是知道了上下的情况，没有正确的思想方法和工作方法，权衡利弊也难以准确和正确。有时还要与时俱进，适当调整。在条件允许的前提下，有时可采取政策导向、思想引领、利益驱动、精神鼓励等方式方法；还要同心同德、同舟共济、集中力量、攻坚克难、发扬优势、鼓励先进，促进决策事务的推进和落实。正确的结果应该符合正确的决策，或者说正确的决策应该导致正确的结果。然而失误的结果也许是因为错误的决策，但是不能盲目结论，防止误判正确的决策。

作为执行者，首先要领会意图、设计思路、征求意见、完善方案。其次要组织力量、分配任务、推动实施、督促检查；还要协同作战、集思广益、修正思路、完成任务。应该明确的是不能用自己所掌握的信息去狭隘地理解上级意图，要从决策者的角度去理解完成任务。要一次一次地圆满完成工作任务，如果每次都能够出色地完成工作任务，就会不断强化上级、领导和同事对执行者工作的认可度和信任度。

在这次活动中，我想讲一个感慨、两点建议、三句希望。一个感慨：对于像毛泽东同志、邓小平同志这样的伟人所带来的英明决策和能力展示的感慨。比如邓小平同志为了准确地评价“文化大革命”，在党的十一届三中全会之前，召开了各种形式和不同层次的“智库”“智囊”会议，邓小平同志一次一次地阐述自己的思想和观点，政治家、思想家、理论家们和写作班子成员一遍一遍地理解整理邓小平同志的思想和观点，经过积极主动地理解分析和研究整理邓小平同志提出的思想核心和精神实质，形成大会报告之后，邓小平同志说十一届三中全会可以召开了。感慨的是，我们在一个单位工作，领导提出了一个很好的思想、理念、观点和思路，大家虽然觉得非常精辟、经典、到位，但是都不会主动地去化经典为神奇，如果不组织进一步深化研究，就难有回声和着落。更令人感慨的是，在一位领袖的引领下，一个拥有13亿人口的十分落后的发展中国家经过几年、十几年、几十年就会发生翻天覆地的令世人叹为观止的巨变，而我们一个单位经过多年努力却没有大的变化和发展，可见差别之大。两点建议：强项的做亮，弱项的做好。就是说，属于个人和团队的优势专业，一定要把工作任务做成亮点；属于个人和团队的弱势方面，也要积极认真地把工作做细做好。所有工作、任何事情只要接手，就不能对付。三句希望：把岗位当舞台，把任务当剧本，把结果当作品。

（2014年6月6日上午）

学习和掌握哲学方法中的战略思维

——读《马克思主义哲学十讲》有感

在北京市委党校学习期间，翻阅《马克思主义哲学十讲》时，发现比早年哲学读本丰富了许多内容，譬如系统思维、创新思维和战略思维等。之所以对哲学感兴趣，是因为可以解决自己在现实生活中的思想方法和工作方法问题。

马克思主义哲学既是科学的世界观又是科学的方法论。毛泽东同志对两者的关系有过精辟的论述："世界本来是发展的物质世界，这是世界观；拿了这样的世界观转过来去看世界，去研究世界上的问题，去指导革命，去做工作，去从事生产，去指挥作战，去议论人家长短，这就是方法论，此外并没有别的什么单独的方法论。"可见世界观和方法论是统一的，有什么样的世界观，就有什么样的方法论。世界观主要解决认识世界"是什么"的问题，方法论主要解决改造世界"怎么办"的问题。

方法论，是人们认识世界、改造世界的一般方法，是用什么样的方式方法去观察事物和处理问题。通俗地说，人们在认识客观世界中所采用的方法，称为思想方法；人们在改造客观世界中所采用的方法，称为工作方法。工作方法是思想方法在实践中的具体运用，工作方法可以反映和检验思想方法的正确与否。用有点疤痕的一个苹果作为小例。正确的思想方法这样表述：这个苹果个头大，色泽艳，形状正，可惜有一点小疤痕。错误的思想方法这样表述：哎呀，你看这个苹果有疤痕，坏掉了，完蛋了。前者全面准确，后者以偏概全。两种思想方法产生的工作方法也往往截然不同：收之或弃之。可谓"不谋万世者，不足谋一时；不谋全局者，不足谋一域"。

解决思想方法问题还必须提高战略思维能力。习近平总书记指出：战略思维能力就是高瞻远瞩、统揽全局，善于把握事物发展总体趋势和方向的能力。党员干部要提高战略思维能力，特别是在根本问题上，要有很强的“战略定力”。在世情、国情、党情都在发生深刻变化的形势下，如果没有足够的战略定力，很容易出现战略上的摇摆不定、思想上的随波逐流、心理上的患得患失、行动上的犹豫不决，最终举步维艰、进退失据，乃至丧失战略行动能力，错失当前发展的重要战略机遇期。

此次党校进修，聆听了有关京津冀“一体化”协同发展的报告。我认为，中央提出京津冀“一体化”战略，不是“一主化”战略，不能单纯地为了解决北京“城市病”问题，而把所谓的“不适合首都发展”的项目简单盲目地转移到“一体化”内的其他城市。河北省紧邻北京市，长期以来为首都牺牲了本地区的经济，保护了首都地区的生态。当前环绕京津区域的贫困县还有 24 个，贫困人口达 200 多万。“大树底下好乘凉”变成了“大树底下不长草”的“孤岛效应”。如果京津冀“一体化”的思路依然让河北做出“牺牲”，就不会真正实现“一体化”协同发展，如果京津冀各自打着自己的“小算盘”“小九九”，只考虑自己的“一亩三分地”，不用系统思维、创新思维和战略思维对京津冀进行整体谋划、顶层设计，就可能再次出现“人无远虑，必有近忧”的后果。要摆脱这种区域利益和本位主义的怪圈，中央应该“委派大员”高屋建瓴地指挥布局。

联系的观点和发展的观点是唯物辩证法的总观点。要在普遍联系和运动发展中把握事物的总体及其趋势，就必须把系统思维和创新思维结合起来，不断提高战略思维能力。系统思维侧重事物的普遍联系，创新思维侧重事物的变化发展，战略思维则要求把两个方面综合成为有机的统一。

战略，原是一个军事学用语，是指为实现一定的军事目标而对战争进行的全局性和长远性谋划。毛泽东同志说，战略问题是研究战争全局规律的东西。战略思维的根本特征是从全局而不是从某个局部思考和处理各方面、各阶段之间的关系，使之把握规律，取得最佳效果。

粟裕同志是一位中国现代杰出的革命家、军事家、战略家。在沂蒙现场教学、参观孟良崮战役纪念馆期间，再次观赏和感受了身经百战、常胜将军粟裕的全局谋划的战略思想和请求辞帅的高风亮节。1948 年 4 月的一天，中央军事会议期间突然接到粟裕的斗胆直陈：要求中央军委重新考虑三个月前下达的令他担任司令员兼政委率三个纵队渡江南下的指示，建议暂不过江，在中原打一场大仗。无疑这是从某种意义上否定党中央和毛泽东关于组建第一野战兵团渡江南进的命令。最终，毛主席接受了粟裕的意见，改变了原先的计划，也就有了后来扭转中原战局的豫东战役、孟良崮战役，全歼国民党74师，击毙张灵甫。一个敢于说不的直谏，一个虚心接受的胸怀，都是具有从战略层面谋划考虑战局的眼光和定力的。

综上所述，用哲学的观点改进思想方法和工作方法，必须提高战略思维能力。要善于从战略高度观察和处理问题，在事关战略目标、战略大局、战略重点、战略途径等重大问题上，善于透过纷繁复杂的表象抓住事物的本质和运动规律，始终保持清醒头脑，坚定不移地谋划、坚持和实施战略决策。

（2014年6月20日）

时光不老　读书不辍　同学不散

第一次在市委党校学习达两个月之久，感觉挺过瘾。学习期间对于单位的工作，正课时间原则上不主事、不参会、不签字，除了本单位中层干部竞聘时参加一次常委会和参加市委巡视组的一次谈话之外，一直踏踏实实地在党校进修班学习。经过听课、自学、读书、专题研讨、异地教学、参观考察、学员讲台、班级论坛、党日活动和体育运动等，多方面、多形式、多层次的一系列教学模式，学习了专业知识，拓展了思维空间，加强了党性锻炼，提高了理论修养。

走进党校校区，翠绿满园，荫帘壁挂，树影婆娑，清幽寂静。这里真是一个学习培训的好地方。刚入学一周时，填写了《浣溪沙·深院春晖》。

浣溪沙·深院春晖

院落楼旁春色深，荫帘壁挂影沉沉。出屋入堂未闻琴。

久坐聆听将垂暮，短期修炼度光阴。思凡叙情不幽禁。

在党校的两个月时间里，聆听了中央党校、市委党校、高校学府、政府机关等专家学者和领导同志的发言，结合自身研究领域和工作实践经验，从战略上、全局上、理论上展现了许多重要性、迫切性、现实性很强的专业课程和专题报告，受益匪浅。许多专家教授在授课过程中给学员留下了非常深刻的良好印象。国家行政学院经济学教研部副主任、博士董小君教授，就是其中的代表之一。2014 年 5 月 12 日听了她的“从国际视野看我国金融战略”课程之后，填写了一首词《忆秦娥·聆听董小君教授课程有感》。

忆秦娥·聆听董小君教授课程有感

话乾坤，经纶满腹董小君。董小君，慷慨激昂，大展鹏鲲。全球金融抓银根，国家社稷呈咨询。呈咨询，昼思财政，夜想军魂。

2014 年 5 月 15 日，班级集体组织到北京市大兴区亦庄开发区，先后到北京东方显示技术有限公司、北京奔驰汽车有限公司、南海子郊野公园建设现场等实地参观考察学习，感受到了北京经济技术开发区正在按照国际高端产业新城的要求，不断优化区域投资环境，不断完善基础设施以及配套服务功能，不断提高政府服务和产业发展水平，努力将北京经济技术开发区建设成为中国最具吸引力的产业基地的远大目标和宏伟志向，令人耳目一新，十分振奋。当即写下参观随感《参观亦庄印象》。

参观亦庄印象

两车学员去亦庄　走进展厅挤中央
映入眼帘液晶屏　大大小小挂满墙
正常需求早上市　高端产品将分享
超大尺寸中国芯　填补空白谱新章
颜色清晰还原好　正观侧望一个样
车前视频俩节目　我看新闻你导航
广告装饰可变幻　橱窗玻璃玄机藏
银行挂屏能变脸　镜面不仅看衣裳
四千二百八十二　一年专利震四方
选址规划抓建设　十又八月就开张
投入不足三百亿　两年回本入账房
当前代线八点五　未来属于京东方

奔驰汽车真漂亮　红黑蓝白无绿黄
四驱三百 G L K　豪华越野挑高舱

C 系 E 系挺时尚　小巧高档有加长
价格档次多选择　内饰精致很宽敞
流水线上分工区　自动安装人不忙
专业技术看不见　管理水平该获奖
打开车门试一试　爱不释手开了腔
买车容易摇号难　爱车何时入洞房
今日预祝参观者　明日买车号摇上

乘车驶进湖水旁　牌楼矗立迎四方
郊野公园南海子　历史五朝曾风光
不幸染上城市病　垃圾人多简易房
一声令下抓治理　三个北京响叮当
皇家文化为底蕴　自然休闲是大纲
湿地资源呈优势　五大特色展辉煌
工委管委巧安排　班长领导热心肠
展厅介绍刚完毕　引入圆形主会场
甜瓜香瓜哈密瓜　早已切好桌上放
冰棍热茶任选择　凉热混搭进肚囊
冰棍吃完再吃瓜　依然难掩脆甜香
农副产品搞经营　农民生活喜洋洋

改革春风吹大地　发展迅猛不可挡
北京建设大手笔　首都形象留芬芳
往返总共半天长　走马观花有遗忘
参观印象很深刻　党日活动心欢畅

2014 年 5 月 16 日上午，由班级统一组织参观了反腐教育警示基地和大兴监狱。看到往日的许多高官，由于放松学习和改造，私欲膨胀、崇尚拜金主义，道德败坏，导致作风腐化，给党、国家和人民的事业造成了巨大损失，而他们囚衣在身，风光不再，令人感触颇深。遂用《钗头凤》的词牌填写了《恶之源》。

钗头凤·恶之源

贪婪诟，人间透，欲求无度终将露。钱可恶，酿成祸。囚衣遮体，罪该牢坐。错！错！错！

偷欢觏，人如兽，惹花沾草皆为咒。情可堕，常挥霍。寻租权贵，自由遗落。过！过！过！

2014 年 5 月 22 日上午，我们 81 期进修班一组学员前往大兴区榆垡镇现场教学，参观学习了该镇基层组织建设的做法和经验，对京津冀“一体化”形势下首都基层党建创新进行思考和研讨。在参观学习和交流中，我对三个方面感受深刻：**有能人**——农村启用了一批有本事的能人，开展“一带、二比、三落实”发展农村经济，能人又与党建相结合，突出了党在农村基层不可替代的作用；**有特色**——结合实际，因地制宜，村村有特色，家家有特长，解决了家庭收入的同时，促进了党群关系；**有延续**——为促使农村发展的连续性、长期性，镇领导“一班人”采取了“双培养、双发展”的新模式，选拔能人回村作为带头人，解决了“能人一走，全村落后”的老大难问题。对此，有感而发，写下《榆垡镇见闻》。

榆垡镇见闻

老村庄，换新貌，镇里村村阳光道。
用能人，懂技巧，村里家家收成好。
抓特色，讲成效，家里人人开口笑。

促发展，需动脑，领导班子要求高。
杨书记，是依靠，结合实际发号角。
一带头，十户包，党员引领往前跑。
二比较，设目标，致富和谐不可少。
三落实，有一套，承诺监督评好孬。

为未来，选材料，择优定向无干扰。
双培养，育好苗，扎实推进不粗糙。
新形势，做向导，中央提倡可仿效。

求贤村，想高招，昔日穷村丰年兆。
谋思路，多探讨，因地制宜变娇娆。
路两旁，树林茂，有机果品包外销。
新机制，开了窍，果农收成逐年高。
村支书，是个宝，全村老少离不了。

新机场，规划早，一心三区三带绕。
榆垡镇，挺自豪，京南门户掀新潮。
搞服务，抓配套，未来发展逞英豪。
京津冀，筑新巢，一体建设尽逍遥。

2014 年 5 月 26—28 日，党校组织我们 81 期进修班赴山东沂蒙进行革命传统教育与党性分析：树立马克思主义群众观的异地教学，先后参观了沂蒙革命纪念馆、党的群众路线主题教育基地、孟良崮战役纪念馆、沂蒙红嫂纪念馆，向烈士陵墓敬献花篮，在烈士墓前重温入党誓词。整个活动严肃、敬慕、震撼、触动，起到了净化心灵、强化党性的作用。5 月 27 日在参观孟良崮战役纪念馆时，代表 81 期进修班学员写下了《参观留言》。

参观留言

山东沂蒙　革命圣地
人民英雄　可歌可泣
以弱胜强　创造奇迹
沂蒙精神　坚守不移

军民之情　感动天地
党群关系　胜利根基

光荣传统　现实意义

深刻体会　源远生息

2014年5月28日参观沂蒙红嫂纪念馆后，在讲堂聆听了王换于孙女的报告，有感而发，写下《红嫂精神》。

红嫂精神

红嫂，红嫂，英雄的代表。

褓褓，褓褓，革命的独苗。

乳少，乳少，生命的需要。

架桥，架桥，水中的娇娆。

沂蒙山，出英豪，女性群体威望高。

六姐妹，十红嫂，革命意志不动摇。

准妈妈，老姥姥，奉献一生是骄傲。

2014年6月5日，参加了党校文体科组织的趣味运动会，我们81期进修班与50期处长班比赛，取得了7个项目的全部第一名，我参加了其中4项，3个项目获得冠军，1个项目获得亚军。

2014年6月6日上午，我作为进修班的10人代表之一，参加了50期处级正职公务员任职培训班“关于中层领导干部执行力提升”的研讨。17日下午参加了“模拟网民（记者）见面会”的教学活动，并以新闻发言人的身份上台回答了问题，受到了良好的启发和训练。19日上午，又走上学员讲台，汇报了“清理校园非法经营摊位引发的思考”问题。20日参加了组织生活会，认真剖析自己，同时提出了改进措施。

在2014年6月的学习期间，撰写了《基层党建工作的基本情况与对策》的研修报告，提交了《哲学方法中的战略思维——读〈马克思主义哲学十讲〉有感》，《时光不老　读书不辍　同学不散》的培训总结和组织生活会发言提纲。同时，积极为班级的《行走》简报撰稿。

时光不老，读书不辍，同学不散。时光不老，在强化“活到老、学到老”思想的前提下，把学习作为一种责任、一种追求、一种境界；读书不辍，学而不倦；同学不散，在寻求知识的党校课堂里，我们成为同学，也成为相互学习、相互提醒、相互支持、相互帮助的同学。

（2014 年 6 月 27 日）

在学习“四个全面”中找准自己的位置 从个人角色中理解“四个全面”的内涵

参加第五期北京市区县局级领导干部深入学习贯彻“四个全面”战略布局专题研讨班，认真研读了习近平总书记关于“四个全面”战略布局的重要论述，进一步理解了其精神实质、丰富内涵和核心要义；有幸聆听了围绕“四个全面”战略布局的具有重点突出、知识更新、信息量大、深入浅出特点的五个专题辅导报告；学习研讨了“四个全面”的思想脉络、现实逻辑和中国化的新飞跃，并结合工作实际，交流沟通了各自学习培训的心得体会和初步感想。在学习中，深感“四个全面”的战略布局涉及追寻中国梦、激荡改革潮、塑造法治魂、坚守生命线的前进航标，与我们每个人的工作、生活、思想、修养等方方面面息息相关，寸步不离。如果不在学习“四个全面”中找准自己的行动方位，不从各自的角色中深刻理解“四个全面”战略布局的基本内涵和精神实质，我们的学习培训与工作实践就会成为“两张皮”；如果不积极参与“四个全面”战略布局的贯彻落实，我们所在的单位就会成为社会发展的落伍者，我们个人就会成为实现“四个全面”战略布局的旁观者。因此，在学习理解和贯彻落实“四个全面”战略布局的过程中，要用学习的政治理论和思想精髓武装头脑，要把自己的工作实际和思想情况摆放进去。

第一，小康是发展的目标。习近平总书记庄严承诺：“我们的人民热爱生活，期盼有更好的教育、更稳定的工作、更满意的收入、更可靠的社会保障、更高水平的医疗卫生服务、更舒适的居住条件、更优美的环境，期盼孩子们能成长得更好、工作得更好、生活得更好。人民对美好生活的向往，就是我们的奋斗目标。”要在2020 年实现全面建成小康社会的战略目标，在全国不同地域、涉及不同领域，体现在覆盖的人群是全面的，是不让一个人掉队的全面小康，实属不易。全面建成小康社会，作为国家层面的战略目标，却是由不同地域和不同领域完成各自具体任务而实现的。全面小康，从根本上说是发展问题，核心就在全面。所以，各个地域、各个领域都要正确理解、贯彻执行这一战略目标，决不可袖手旁观，等待观望。

具体到一所高校，同样要统一到中央思想上来，跟上中央的战略部署和战略思维。高校作为国家和社会的组成部分，不应游离于国家全面建成小康社会的战略目标之外。那么，高校在主要功能，即培养人才、科学研究、服务社会、文化传承与创新等方面，以及在大学建设的三大支柱，即教师队伍、实验室建设和图书馆方面的总体规划上实现什么？高校为社会提供怎样的教育和服务，是摆在高校教育者面前的最直接、最现实的重要问题。高校的发展建设构架，如何组织规划，怎样组织启动，何时按照标准检验执行落实情况？高校在当前新形势、新常态下，要有符合国家战略大局的新状态、新姿态，要有所作为。一个单位，包括一所高校的发展和改革的宽度、长度、深度、力度、进度，关键在主官。作为一名高校副职领导，要在自己分管业务范围内扎扎实实、开拓创新、精益求精地努力工作，为学校的发展建设添砖加瓦，为全面建成小康社会贡献一份微薄之力。

第二，改革是进步的动力。不谋全局者，不足谋一域。“改革开放是一个系统工程，必须坚持全面改革，在各项改革协同配合中推进。”就是要“审大小而图之，酌缓急而布之，连上下而通之，衡内外而施之”。以更大的政治勇气和智慧推进改革，用全局观念和系统思维谋划改革，针对当今中国的基本国情和时代特点，直面改革的深水区攻坚期的特殊阶段，习近平总书记指出，有“冲破思想观念障碍，突破利益固化藩篱”的勇气，有“敢于啃硬骨头，敢于涉险滩”的决心，有“改革开放只有进行时没有完成时”的坚韧，有“没有比人更高的山，没有比脚更长的路”的气魄。这是何等的共产党人执着的改革品格、鲜明的改革气质、奋发的改革精神啊！

其实，作为高校的改革并没有像国家全面深化改革那么艰难和深奥。在立足整体利益、根本利益、长远利益的基础上，起码有六点需要搞明白：一是要搞明白国家发展改革的大势和方向；二是要搞明白老百姓对教育的需求和期盼；三是要搞明白有关政策的规定和要求；四是要搞明白学校自身的规律和特点；五是要搞明白大学教育的本质和目的；六是要搞明白学校中长期必须做什么、可做什么、不做什么。“改革开放是有方向、有立场、有原则的，”要坚持“战略思维、辩证思维、法治思维、系统思维、底线思维和创新思维，”要“正确推进改革、准确推进改革、有序推进改革、协调推进改革。”要把问题作为导向，查找问题、解决问题，坚持两点论和重点论，方法总比困难多。

第三，法治是环境的保障。目前有两种生态环境：一种是自然生态环境，另一种是政治生态环境。仔细分析，都需要依法治国。法治是框架和轨道，也是理念和方法。把法治思维、法治方式贯彻到治国理政的全过程、落实到改革发展的大棋局，法治才能成为中国前进的坚强保障。全面依法治国，对于中国这样一个有数千年人治传统的国家来说，无疑是国家治理领域一场广泛而深刻的革命。全面深化改革与全面依法治国，被视为“鸟之两翼”“车之双轮”，成为上下贯通的“姊妹篇”，以推进全面建成小康社会。同理，我们党经过长期执政认识到，要跳出“历史周期律”、实现长期执政，需要使民主制度化、法律化，让法治为民主政治提供根本性、全局性、长期性的保障。

在高校工作，要把依法治国落实到全面推进依法治教、依法治校上来，按照宪法等法律法规要求建立完善《大学章程》。当然，目前《大学章程》能否发挥作用、怎样发挥作用，还需要下文。但是高校必须在全面依法治国的大环境下，不断完善依法治教、依法治校的机制，全面推动依法治教、依法治校的进程。作为一名领导干部，一名普通公民，首先要自觉带头遵法学法守法用法。“求木之长者，必固其根本；欲流之远者，必浚其泉源。”领导干部必须牢记法律红线不可逾越、法律底线不可触碰，自觉地把对法治的尊崇、对法律的敬畏转化成谋划工作时的法治思维、处理问题时的法治方式，做到在法治之下而不是法治之外，更不是法治之上想问题、做决策、办事情。领导干部可以不是法律专家，但是要成为法律的维护者和执行者。

第四，治党是执政的关键。中国共产党与中华民族的前途命运，构成了当代中国最为关键的“命运共同体”。习近平总书记多次重申，“党的作风关系人心向背，关系党的生死存亡”，号召全党及时解决影响党的创造力、凝聚力、战斗力的问题，认真医治损害党的先进性和纯洁性的病症，坚决祛除滋生在党的健康肌体上的毒瘤，在理论和实践上不断开创全面从严治党的新境界。全面从严治党，核心问题是始终保持党同人民群众的血肉联系，始终保持党的先进性和纯洁性，重点是从严治吏、正风反腐、严明党纪，目标是增强自我净化、自我完善、自我革新、自我提高能力，确保党始终成为中国特色社会主义事业的坚强领导核心。“党要管党丝毫不能松懈，从严治党一刻不能放松”。“党要管党，首先是管好干部；从严治党，关键是从严治吏”“关键是要抓住领导干部这个‘关键少数’”。

近几年来，从坚持不懈反“四风”，上紧作风建设发条，到坚持“老虎”“苍蝇”一起打，触目惊心的腐败现实，让人民群众看到了全面从严治党的重要性、必要性、迫切性和严峻性。从严治党，关键在治、要害在严。全面从严治党，意味着党的建设要在“严”字上铆足力气、下足功夫。“打铁还需自身硬”。作为一名共产党员、一名党员干部，要按照“三严三实”的要求，严格规范自己的言行，做一名对党忠诚、个人干净、敢于担当的党员领导干部。人无志向不立，党无信仰不兴。共产党员要坚定理想信念，树立正确的世界观、人生观、价值观，筑牢拒腐防变的思想道德防线。

通过此次专题学习研讨，深感“四个全面”战略布局不仅是政治方向问题，而且是经济目标问题；不仅是理论研究问题，而且是实践探索问题；不仅是国家战略问题，而且是行业规划问题；不仅是社会素质问题，而且是个人修养问题。在贯彻落实“四个全面”战略布局的过程中，谋小康之业，要有担当；扬改革之帆，要有智慧；行法治之道，要有决心；筑执政之基，要有信念。

（2015 年 5 月 22 日）

强化“严以用权”重在“真抓实干”

此次“三严三实”专题教育中，把“严以用权、真抓实干，实实在在谋事创业做人，树立忠诚、干净、担当的新形象”作为研讨主题之一。我认为，应该强化“严以用权”，重在“真抓实干”。只有“严以用权”“真抓实干”，才能真正树立“忠诚、干净、担当”的形象。下面从三个角度谈谈自己的认识。

第一，不超越权力。习近平总书记指出，“严以用权，就是要坚持用权为民、依法用权，按规则、按制度行使权力，把权力关进制度的笼子里，任何时候都不搞特权、不以权谋私。”我认为，这段话里就包括做工作一定要按规矩行事，不越位、不越权，把自己分管的业务工作控制在规定的权限范围内。越位和越权，首先是不纵向越位和越权，这里包括向上越位越权和向下越位越权的问题。我们在工作中，非常忌讳向上越位越权，其实有时会自觉不自觉地超越自己的权限范围，因为有些系统性的工作在自己分管的权限范围内很难实现和完成一项完整的项目和任务。当然，即使这样也是有解决办法的。有的时候由于上一级领导“睁一只眼闭一只眼”地放权纵容，也会导致下级超越上级权限的结果，形成一种越权惯性和行为无序。向下越位越权却是普遍存在的。对于有些分管部门的具体工作，有的领导习惯性“一竿子插到底”，这种亲力亲为、事必躬亲的工作方式，不仅会伤害部门领导干部的积极性，也会打乱下属的工作秩序和节奏。时间长了，必然让分管部门产生依赖和等待思想，慢慢地放弃工作的主动性和开拓性。领导者应该是在熟悉掌握分管部门业务状况和人员情况的同时，在宏观构架上讲大局、作引导，在具体操作上出点子、教方法，而不应该越俎代庖式包办工作。其次是不横向越位和越权。这个方面包括主官领导不通过分管领导直接下达任务和工作，这种越位不越权的做法可能会心安理得，或是感觉理所应当。但是这种带有不信任和越过分管领导行事的潜意识中所暗示的伤害也是不可忽视的。横向越位越权的行为，如果把控不好就会经常发生，甚至会出现较大的越位越权的涉及面，容易导致工作分工混乱、责任不清，尤其是让各自分管的下属部门和单位负责人不知所措，有时做也不好，不做也不是。如果各自分管部门的领导对此很在乎，不仅带来工作上的混乱，而且还会伤害同级间的工作关系，甚至伤害感情。

第二，不乱用权力。我们要坚持依法行使权力，牢记“有权不可任性”，不能视制度为“无物”，不能视程序为“儿戏”。如果用权任性，看上去会很忙，好像很敬业，其实不然。在这个过程中，会自觉不自觉地表达与此类事务不相符的言行。有的领导的用权任性，对人严，对己宽。在工作中可以发现：不要认为你很聪明、很圆滑、很老到，其实周围没有真傻子。不要认为你官位高、权势强、脾气大，其实周围没有真㞞人。自我感觉良好，看似周围和属下的人都顺从你，其实有时连敢怒不敢言都不是。不说，不等于不明真相；不说，不等于不辨是非；不说，不等于不知善恶；不说，不等于不在背后说你说得更多、更欢。有两点更容易出现问题。一是用自己分管的权力，在自己的权限范围内开展工作，却导致了影响和涉及全局各部门和全体人员。在这种情况下，单方面行使权力决策，从行使权力上看似没有问题，但是使得全体人员的行为顺着单个权力方的把控行事，带来全局性的较大工作量，造成工作混乱和无序，就会出现问题。这里有两层含义：一层是必须做的。对于这类情况，应该提交上一级领导或是集体研究审核，确实要做，由相关部门共同研究出台相互不掣肘的落实方案。另一层是盲目做的。只是从分管业务的角度出发，为了单项目的和责任分担，无意涉及全局和全体。但是，无论如何不应该使得全局和全体人员工作忙乱，造成工作混乱。这是应该加以改变的。二是不分主次地使用权力，用强化分管业务的地位和作用等夸大其词的表达和运作，更多地使用或占有资源，影响和关联到其他部门或全局工作。还有的是在政策上严格规定，在执行上放松要求，使得执行层面的有关部门和人员不置可否，带来较大的工作被动性和滞后性。

第三，不懈怠权力。这个问题不是“有权不用，过期作废”的贬义解释，而是说要把自己的权力和权限用足，在科学合理论证的前提下，更好、更多、更快地为大局服务，为群众服务。如果说不超越权力和不乱用权力是“法不授权不可为”的话，那么不懈怠权力就是“法定职责必须为”。领导干部要摆正自己的位置，明白权力和责任的关系，真正做到夙夜在公，行使好手中的权力，为党分忧、为国干事、为民谋利。懈怠和放弃使用自己分管的权力，也称为不作为，是浪费所在分管区域和管辖单位所有人的时间资源和空间资源，浪费许多可遇不可求的建设和发展机会。

在工作中会出现较真的现象，往往和懈怠相反。较真有两个层次：一是讲规则，不含糊，说规矩，很坚持。二是有问题，要反思，有差错，必修正。有些时候明知有些工作存在不合理成分，或是在制订规则的初期研究不深入，发布不严谨，导致从道理上出现不合情理的结果。出现这种情况时，不应全部由无话语决策权的群体承担；或是明知有些决策存在瑕疵，担心失去决策者的权威，让错误延续，让问题发酵，让他人担责。这种权力被权威裹挟的现象，所带来的伤害是潜在的，也是深化的，决不能忽视。出现这种层面的问题，经常会使用一些类似于客观、难度、条件、程序等说辞推脱。无论如何我们应该引起足够的重视。

以上三个方面，即不超越权力、不乱用权力、不懈怠权力，都是从做工作和完成事业的角度分析的。如果从个人的角度用权，当然都是违法违纪违规的。有些时候在做工作的同时会夹杂个人的私念，这种矛盾的心理不可纵容和养成。两个领导者之间也是一样，如果一个人为了集体利益，一个人为了个人私利，思想交流和工作配合永远不会相交在一个点上。前不久，电视播报一条新闻，8 月 16 日《人民日报》也刊载了关于《山西“六权治本”管权力任性》的文章，该省委把依法确定权力、科学配置权力、制度限制权力、阳光使用权力、合理监督权力、严惩滥用权力的“六权治本”作为重大改革，在顶层设计、基层实践等方面，努力在构建反腐倡廉长效机制上进行了探索和尝试，很有现实效果。

习近平总书记多次强调，领导干部要始终做到对党忠诚、个人干净、敢于担当。忠诚，就是心中有党、对党忠诚，保持了忠诚，关键时刻才能靠得住；干净，就是清正廉洁、一尘不染，做到了干净，才能赢得群众认可；担当，就是牢记责任、恪尽职守、敢担当、善担当，才能完成党和人民赋予的使命。忠诚、干净、担当，包含着正确的政治方向、政治立场，包含着高尚的精神境界、道德操守，包含着强烈的责任意识、进取精神，这是领导干部理应具备的人格、品格、风格。我们起码在语言上要注意讲政治、讲大局，在事业上要注意抓根本、打基础。把自己分管的事情做好、做扎实，让老百姓踏实放心，有希望、有依靠。同时在工作中不产生或少产生工作“垃圾”和遗留问题。2015 年 10 月上旬，电视和报刊对海南省边海小城乐东县如何“后进”变成“先进”的报道，看了深受感动和启发。《人民日报》10 月 9 日的头版也刊登此报道：“垂范——千难万难，领导带头就不难；整风——改作风是把‘金钥匙’；强基——有钱有人有规矩，真心真意民心顺；担当——用真心真情真利益赢得民心。”看后令人振奋和欣慰。

我认为，形象是一举一动做起来的，威信是一点一滴建起来的，楷模是一言一行树起来的。公仆，要多俯下身子做事；公信，要少动用嘴巴说事。不要让群众时常泄气、憋气、窝心斗气；要让群众经常服气、顺气、扬眉吐气。发号施令不会提高领导者的素养和气质，和蔼可亲不会降低领导者的能力和水平。

（2015 年 10 月 28 日）

把握理念　坚持创新　推动发展

萧萧春雨密还疏，草色遥看近却无。翌日和风阳光媚，红叶青山人不孤。在山清水秀、风景如画的怀柔区宽沟会议中心参加北京市局级领导干部“学习贯彻五大发展理念”专题研讨班第八期的时节，正是这诗句所表达的雨后天晴的学习环境和宜人天气。专心听课、安心读书、静心思考、真心发言、用心作文，是此次研讨班的自我要求；崇尚创新、注重协调、倡导绿色、厚植开放、推进共享，是此次研讨班的培训内容；解放思想、更新观念、与时俱进、把握理念、调整思路，是此次研讨班的学习目的。聆听了 3 位专家学者的辅导报告，深感解渴过瘾，受益匪浅。在分组讨论中，真切感受到每个行业和领域都遇到前所未有的困难和挑战，需要在工作中牢固树立五大发展理念并落地生根，普遍实践，坚持创新，推动发展。

一、理念是行动的先导

党的十八届五中全会提出了创新、协调、绿色、开放、共享的五大发展理念，这是管全局、管根本、管方向、管长远的战略性、纲领性、引领性很强的重大发展战略问题，集中体现了“十三五”乃至更长时期的国家发展思路、发展方向、发展着力点，深刻揭示了实现更高质量、更有效率、更加公平、更可持续发展的必由之路。随着世界多极化、经济全球化、文化多样化、社会信息化的深入发展，许多国家都在积极创新发展理念、完善发展战略，力争以新的理念、新的战略赢得发展主动权。发展问题归根结底是理念问题，发展战略竞争透射的也是发展理念之争。因此，我们要占据时代制高点，抓住重要战略机遇期，在日趋激烈的国际竞争中赢得更大的发展优势。当前，我国经济发展进入新常态，呈现出不同于以往的新的阶段性特征，也面临着一些待以破解的矛盾和问题。适应和引领经济发展新常态要有新作为，新作为要有新理念。五大发展理念把握了发展速度变化、结构优化、动力转换的新特点，顺应了推动经济保持中高速增长、产业迈向中高端水平的新要求，点明了破解发展难题的新路径，创造性地回答了新形势下要实现什么样的发展、如何实现发展的重大问题。在新发展理念引领下，我们国家一定能够更好地推动发展方式转变、提高发展质量和效益，如期实现全面建成小康社会的战略目标。

理念是行动的先导。一定的发展实践都是由一定的发展理念来引领的。习近平总书记强调：“新发展理念是方向、是钥匙”“发展理念对头了，目标任务就好定了，政策举措也就跟着好定了”，要“用新发展理念衡量工作、指挥行动、训练干部，在贯彻新发展理念中寻找机遇、打造亮点、拓展优势”。可见，正确理念的引领作用是非常重要的，也是非常关键的。

对于高校而言，把握好五大发展理念，就要树立全面系统的思维，掌握科学统筹的方法，按照“人人参与、人人尽力、人人享有”的要求，建立和形成符合五大发展理念、符合学校发展实际的工作思路和建设目标，注重从思想方法和思维方式上解决问题。我校曾经提出“开放入主流，整合出特色，激励上水平”的发展思路，后来结合形势的发展又提出“立地顶天”的工作方针和“一来二去”的师生培养方式，以及“平安校园”“绿色校园”“智慧校园”的“三个校园”创建目标，都取得了良好成效。在我个人分管部门中，提出努力做到“在最不好获得成绩的工作上，争取最大限度的出彩；在最不能得到满意的工作上，争取最大程度的好感；在最不会得到关注的工作上，争取最大程度的支持”。按照“服务无止境、服务无上限、服务无边界”的要求，只要合情合理合规，一切皆可努力提供服务保障。总之，要深刻认识发展是一个不断变化的过程，发展环境、发展条件不会一成不变，发展理念自然也不会一成不变。有些东西过去有效，现在未必有效；有些过去不合时宜，现在却势在必行；有些过去不可逾越，现在则需要突破。要在解放思想中跟上时代要求，在转变观念中赢得新的发展。

二、创新是发展的动力

五大发展理念是一个整体，相互贯通、相互促进，不可分割，是具有内在联系的集合体。在发展理念中把创新放在五大发展理念之首，强调创新是引领发展的第一动力，必须把创新摆在国家发展全局的核心位置。在中国经济转型发展的关键阶段，把创新作为引领经济发展新常态的核心和关键，体现了我们党统揽全局抓关键、与时俱进促发展的战略高度和广阔视野。从创新的范围看，由科学技术领域的创新和经济学范畴中的创新，扩展到以科技创新为核心，包括理论创新、制度创新、文化创新等在内的全面创新，将创新贯穿到国家经济社会发展的各个方面。从五大发展理念的内在逻辑看，创新发展是首要的基本理念，对实现协调发展、绿色发展、开放发展、共享发展，起着重要的基础性和带动性作用。从创新与发展的关系看，在创新驱动发展的基础上进一步强调创新是引领发展的第一动力，把创新与国家发展的前途命运更加紧密地联系起来，提升到了前所未有的战略高度。

创新是一个民族进步的灵魂，是一个国家兴旺发达的不竭动力。坚持创新发展，塑造更多依靠创新驱动、更多发挥先发优势和引领发展，是党中央立足发展全局做出的重大战略部署，是新时期我党执政兴国思路的拓展和升华，将对我国未来经济社会各领域、各环节的改革发展产生重大深远影响，引发广泛深刻变革。

对于高校而言，最关键的就是要解放思想、转变观念、与时俱进，增强问题意识，强化问题导向，瞄着问题去、追着问题走，在破解发展难题中实现发展的新进步。注意抓薄弱环节，扭住短板、补齐短板，解决难题。目前，从高等教育的角度分析，存在选择大学的无奈性、教学内容的分割性、知识灌输的强制性、师生交流的艰难性、实践教学的固化性、教育过程的被动性、教育目的的唯一性等问题；从教师的角度分析，存在思维方式的独立性、观念形成的自主性、目标确立的隐蔽性、道路选择的唯一性、人际交往的单纯性、业务活动的趋利性等现实；从学生的角度分析，存在智力发展的趋向性、兴趣爱好的掩盖性、学习知识的重复性、人生轨迹的倒置性、就业市场的不定性等现象。总之，要把高校发展的重点问题找准，提出符合五大发展理念、符合高校自身实际的战略性、系统性、整体性、实效性的解决思路和方法，在高校自身权限范围内攻坚克难，让学校教职员工从高校的工作实际中，真正理解发展理念的内涵精髓，体会创新发展的引领作用。

三、发展是改革的目的

经过改革开放 30 多年来的快速发展，我国已成为世界第二大经济体，人均国内生产总值大幅度提高，已经达到7800美元左右，广大人民在享受着改革发展红利的同时，也令世界瞩目。在党的十八届五中全会上，其中最突出的就是鲜明提出的五大发展理念，围绕今后五年我国发展的指导思想、目标任务、重大举措，在发展理念、发展政策、发展体制上的一系列重大突破，其根本要义就是发展问题。发展是人类与生俱来的不懈追求，是社会文明进步的永恒动力，也是中国特色社会主义理论的核心内涵。习近平总书记反复强调，“抓创新就要抓发展，谋创新就要谋未来。”五大发展理念体现了解放思想、与时俱进的思想品格，蕴含着尊重规律、按规律办事的实践逻辑，贯穿着鲜明的问题导向，彰显着人民至上的价值取向，是马克思主义中国化时代化的最新成果，是中国特色社会主义政治经济学的重要内容，是我国经济社会发展必须长期坚持的重要遵循，必将成为我们党引领发展实践、带领人民开创美好未来的一面旗帜。按照五大发展理念的要求，还应该适应经济发展新常态，实行宏观政策要稳、产业政策要准、微观政策要活、改革政策要实、社会政策要托底的总体思路，围绕五大重点任务，在既有明确的理念，也有清晰的思路，还有具体的任务的基础上，推进供给侧结构性改革。可以预期，发展战略、发展思路、发展模式、发展动力、发展体制、发展机制、发展质量、发展效益、发展要求等得到全面提升，我国发展将会迎来一场关系全局的深刻变革。

对于高校而言，要进一步强化改革意识，也可以按照供给侧结构性改革的思路，分析教育领域供需之间的主要问题和关键问题。从分析为什么国家对人才培养不满意、人民群众对教育质量不满意、学生对专业知识不满意入手，抓改革、促发展，坚持一心一意谋教育、诚心诚意抓改革、全心全意促发展，始终坚持从实际出发，不搞整齐划一、不搞大干快上、不搞层层加码、不作难以兑现的承诺，做到因地制宜、因事制宜，一步一个脚印地做好各项工作，用实际行动贯彻落实五大发展理念。

（2016年5月28日）

从王安石的变法分析现实改革

2016年9月参加的“中国传统文化与治国理政智慧”培训班中，聆听了北京大学教授邓小南女士讲授的“宋代改革思想家——王安石”的课程。邓教授大致从王安石生活的时代和王安石变法主张两个方面进行论述，听后很有感触。

历史展示，王安石几近全才，但改革家一直是突出的角色，其上天入地、沧桑沉浮，全缘于此。王安石认为，宋王朝面临着四大危机：农民起义、外患威胁、财政困难和风气衰败。造成危机的根本原因在于法度措施不对头，必须变法。公元1059年夏，王安石经过深思熟虑进献了洋洋万言的《上仁宗皇帝言事书》，系统表达了自己的政治主张和治国方略。许多见解切中时弊，但未得到仁宗的回应。王安石自知时机未到，宁可守道以终，也决不折节求荣。1067年4月，宋神宗登基，北宋历史拉开了新的一幕。1068年（熙宁元年）4月，神宗召见王安石，倾心长谈，君臣一拍即合。王安石觉得终于遇见“明君”，变法激情燃起，撰写了《本朝百年无事扎子》上奏。1069年（熙宁二年），神宗任命王安石为参知政事（副宰相），1070年（熙宁三年）又任命其为同中书门下平章事（宰相）。从此展开了长达16年的变法，史称“熙宁变法”。

中国历史上在王安石的时代出现了一个巨大的转机，王安石也在努力抓住这一机遇，实现中华民族的伟大复兴。他想把中国引向一个新的走向繁荣富强的历史轨道，他几乎就要成功了，却又功亏一篑，为什么呢？

我认为，任何一个领域或一个方面的改革，无论层次高低、范围大小，都会不同程度地出现一些漠视、逃避、反对等阻力，这种阻力过大，就会葬送改革成果，延缓改革进程。从王安石熙宁变法分析现实改革艰难，尤其联系高校后勤改革的一角，可窥一斑。高校后勤改革多年来呈现的是“进一步退一步”的尴尬局面，即一任分管后勤的领导看到步履维艰的后勤现状就会推进“社会化”，再一任领导因“社会化”受阻而后退一步，再由学校后勤部门承担大部分的后勤业务。其中许多规律性的改革历程和印迹，如同一辙。以下从四个方面简要说明。

第一，推进改革要统一思想认识。在变革的过程中，王安石面临着巨大的阻力，特别是观念上、认识上的交锋更是十分激烈。不说仁宗宽忍柔弱，非有为之君；也不说英宗体弱多病，与太后不睦，难以作为。单说神宗虽与王安石有志同道合意向，立志改革，总体上认同王安石的变革，革新热情很高，但其除旧的魄力有限，缺乏定力，左右逢源，立场动摇，在许多问题上依然分歧很多。随着新法的陆续颁布，各方博弈日渐惨烈，最后导致朝廷撕裂，甚至波及南宋的命运。当时朝官们给五位宰相和副宰相编了一句顺口溜：“生老病死苦”。“生”指王安石，生气勃勃锐意新法；“老”指宰相曾公亮，因年老精力不济，搞糊涂哲学；“病”指宰相富弼，反对新法，称病不上班；“死”指唐介，看到神宗总护着王安石，气急攻心，竟至恶疮发作而死；“苦”指参知政事赵抃，每见一个新法出台，就叫苦数十次。这 5 个字，活生生地体现了当时高层领导对变法的心态。

高校领导对后勤工作不像对安全稳定工作那么重视，因为后者可以捅出大娄子。后勤工作出现问题，也是吃住行方面的内部问题，引不起重视。但是后勤改革已经到了非改不可的地步了。在高校改革的全局里，后勤改革往往拿不上台面，好似可有可无。因此，各级领导对后勤现状的不熟悉、对后勤问题的不关注和对后勤改革的不重视，导致目前高校后勤到了积重难返的时期。高校领导的不熟悉、不关注、不重视，将会失去高校后勤改革的最好切入点和最佳时机。

第二，推进改革要分析全面情况。王安石变法，是宋朝形势急迫，没有办法维持下去，被迫为之。当时存在两大突出问题。一是冗官太多。北宋管辖领土比明清小很多，科举取士的名额是明代的 4 倍，是清代的 3.4 倍。更成问题的是“门荫”制度，中高级官员的子女和亲属不经考试即可当官。官僚机构叠床架屋，日益膨胀，消耗和贪污自然激增。二是军队扩编严重。为了缓解失业压力，镇压农民起义，抵抗侵犯，只好扩军。宋朝开国 70 多年，军队增加 6 倍，仁宗时期达到 125 万人。军队开支占政府全部财政收入的 5/6，国家财政陷入困境。走投无路的农民揭竿而起，出现了“寇盗充斥，劫掠公行”的动荡局面。政府官宦贪腐无能，社会底层民不聊生，仅靠王安石变法，难获成功。

后勤改革也面临诸多问题，如思想认识不统一、社会环境不成熟、各级问题不解决、各种制度不健全，全部堆压在高校后勤身上。高校领导对后勤改革的认识不够，对后勤改革到了势在必行的节骨眼认识不足。社会大环境又难以全部承担起“社会化”服务项目，利益为先，不讲诚信，往往会导致严重后果，责任却让高校后勤承担。上级有关部门制度上存在的问题倒压下来，让后勤违规办事，很多现实问题让后勤改革步履维艰，左右为难。

第三，推进改革要尊重历史变化。王安石变法，有的认为成功，有的认为失败。天壤之别的评价令人不可思议。其实经过变法，朝廷财富急剧增加，北宋财政收支扭亏为盈。各地兴修水利设施1万多处，灌溉农田36万多亩。今天分析来看因为不改革就死路一条，所以推进变革就是一种尝试、一种成功，也影响了神宗的思想和意志，推进了社会和朝代的变革。当然，王安石变法进一步加重了经济集权，从而严重压抑了社会活力。尤其是为实现神宗“富国强兵”的目标，却与推动变法“摧制兼并，均济贫弱”“凡此皆以为民”的愿望大相径庭。

高校后勤工作是不可或缺的重要组成部分。但是各级领导干部重视不够，在干部配备、人员使用、福利待遇、真情掌握、工作支持上，都可以说远远不够。后勤靠自身的努力，支撑着完成自己的使命。但是，这些工作成绩往往被忽视。

第四，推进改革要体谅基层艰难。王安石在基层工作过，知道其艰难性。但是，王安石担任宰相之后，还是用自己当时的理念和做法，没有体谅基层的苦衷，更没有针对出现的问题提出较好的解决办法予以修正，使得不支持改革的宦官和贪官“唱歪了经”，把变法主旨弄走样了。任何改革和变法都要符合环境、符合实际，尤其要符合人心，才能推进社会进步。

高校后勤改革也是如此。作为上级和领导者要体恤民情，也要关心基层干部职工的艰辛，了解推进改革和工作的艰难性，不应是“站着说话不腰疼”的发号施令者。

（2016年11月11日）

从《我不是潘金莲》的电影说开来

2016年11月27日下午看了一部《我不是潘金莲》的电影，第二天就到宽沟参加了第二期北京市局级领导干部“学习贯彻党的十八届六中全会精神”专题研讨班。11月28日—12月2日，为期一周的专题辅导、集体学习、个人自学和研讨交流，认真研读《关于新形势下党内政治生活的若干准则》（以下简称《准则》）和《中国共产党党内监督条例》（以下简称《条例》），对其精神实质、内涵解读有了更加深刻的理解，尤其深入学习习近平总书记的系列重要讲话，对于进一步统一思想、深化认识，切实把思想和行动统一到党的十八届六中全会精神上来、把力量凝聚到实现六中全会确定的各项任务上来，收到了非常好的效果。今天，想借《我不是潘金莲》这部电影说开来，谈一谈对落实党内政治生活和全心全意为人民服务根本宗旨的认识。

电影的主人公叫李雪莲，为了能在县城分上一套房子，提出与老公秦玉河假离婚，把女儿交由秦玉河抚养，同时让其净身出户。电影接近尾声时告知观众，其真实情况不仅为了房子，还想要二胎。李雪莲当时已经怀上二胎，后来流产了，最终导致与秦玉河的假离婚变成了真离婚。秦玉河“假”离婚后，就与另外的女人结了婚。电影中李雪莲就想说明与秦玉河这个“畜生”真的是假离婚。没想到的是，告到最后还把自己告进了公安局，蹲了几天大狱。李雪莲觉得委屈大了，这口气儿越来越咽不下去，还产生了杀人动机，上告的内容和被告的人数不断增多。后来在李雪莲的心里，秦玉河能够表达一下当时假离婚的真实情况也就算了。可是秦玉河担心被录音、被炒作，不仅不说明真相，还说结婚时李雪莲已不是处女，就是个潘金莲。李雪莲不干了，她与秦玉河恋爱结婚前的确谈过恋爱，但是不像潘金莲那样在婚姻中胡搞。《我不是潘金莲》就是这么来的。这个状还告到了北京，结果法院院长、县长、市长等领导都被撤了职。第二轮的县长、市长、省长非常关注这个上访户，担心再出现前任的结果，反复研究，走家串户，力求不再让李雪莲告状。最后这个案子以秦玉河“死了”而寿终正寝。

《我不是潘金莲》的电影故事本身是一个弄假成真、弄巧成拙的非典型的清官难断家务事的范例。虽然电影是用诙谐的表现、幽默的语言、荒唐的故事编导了一部电影，但是引人思考和深省。从电影片段中不难看出，各级领导都是按照职权范围忙碌的、每一个环节都是按照组织程序处置的、每一位公职人员都是按照“门好进、脸好看”的规矩面对的，甚至深入基层进行多次家访，整个过程看上去也没有太大的瑕疵。但是，为什么就会产生如此糟糕的结果呢？这部电影贯穿着一条“成语”：千里之堤，溃于蚁穴。不妨从因小失大、积小成大、以小见大这三个角度进行分析。

首先是因小失大。这个故事从开始就是一个家庭妇女想讨一个是不是“假离婚”的说法，其实这个说法在法治社会里是讨不来的。起初是夫妻两人欺骗组织，组织用法律固化了两口子的行为，以离婚证的形式将当初欺骗组织的假离婚夯实成为了真离婚。法院的法官以具有法律效力的离婚证和当事人李雪莲当时的说法作为证据，审判没有判错。各级领导干部维护这个严肃的法律结果也是没有问题的。但是，各级领导干部都没有设身处地从李雪莲的角度分析问题。李雪莲仿照社会一些违规违法获利而没有受到处罚的人的做法，想通过假离婚让丈夫在城里获得一套住房，把子女交由丈夫抚养，自己还可以再生一个娃，大事告成之后再复婚，城里和乡里都有房子，还有两个娃，一个小家庭就十全十美了，何乐而不为呢！可惜如意算盘打错了，成全了早有准备的丈夫顺理成章地娶了新媳妇。对于李雪莲，不仅房子没了，孩子没了，老公没了，更难想象的是一个完整的家也没了。多大的事呢，对于一个孤寡妇女而言，这是天大的事啊！当初，如果各级干部深入基层做好耐心细致的思想工作，让秦玉河回心转意也好，让一直暗恋李雪莲的老同学、在北京工作的一位大厨与李雪莲结合也罢，重新组成一个家，把李雪莲牛骨头汤的小吃店经营得红红火火，电影中一切的不利和不顺都可化为乌有。可是各级领导都因李雪莲的假离婚是板上钉钉的小事，不以为然，草率处置，最终导致市长、县长、法院院长等官员都被撤了职。这个故事反映了因小失大操作的整个过程，也出现了因小失大带来的严重后果。

其次是积小成大。李雪莲为了反映假离婚的所谓真实情况，告的只有她的丈夫秦玉河。她找到“八竿子打不着”的亲戚——法院的法官，法官判案为真离婚后，李雪莲不仅要告秦玉河，又多一个法院法官，说法官“贪赃枉法”，因为她送给法院的法官家乡特产了。她为此找到法院院长，院长正在为老院长庆生祝寿，听到“贪赃枉法”4个字，就说应该到检察院上告。尤其酒后无德，随口说李雪莲为“刁民”。李雪莲不干了，又告到县里，拦了县长的车，县长说自己不是县长——躲了。后来，李雪莲将此事告到了市里，市长说，省里最近要到本市检查精神文明建设情况，让把李雪莲安抚一下。这一安抚，安抚到公安局蹲了几天大狱。李雪莲又告到省里，告到了北京。这一连串告了四五个人，最后市长、县长、法院院长等官员被撤职了，李雪莲仍然不服，因为她的问题依然没有解决呀！怎么办？继续告，这一告就告了10年。其间法院另有他人为了自己升官，找到李雪莲的老同学去做工作。可是这位法官和这位同学都怀有不可告人的目的，被李雪莲识破后，雪上加霜，越来越复杂，越来越难办了。各级领导和部门为此事伤透了脑筋，导致整个法院，尤其是县、市和省里的领导都非常关注。可是时过境迁，许多工作也难以兑现，难以回到当初的状态，成了不可调和、积小成大的难题。

最后是以小见大。群众问题无小事。偌大的社会形形色色的人无奇不有，经历不同、地位不同、诉求不同、角度不同，提出的问题和解决的方法就会不同，这些大家都会理解。但是，任何事情都是有因果关系和逻辑关系的，有前因就会有后果。像李雪莲这样的孤寡妇女，家庭对于她就是一切，家庭没了就是天大的事。没有了家，就等于没有了一切。这件事摊在谁身上都应该算是家庭大事，何况是这样一位孤寡妇女，只是处置的思路不一定一样罢了。法院的法官，在处置这个事情上，只讲理没有讲情。县里、市里的领导都很忙碌，对此事也没有讲究方法或是没有授予正确的方法。各级领导和部门仅仅是为了按住这个上访户而做工作，没有在根本上从解决群众生活疾苦的角度和高度考虑问题。中国有中国的文化，中国有中国的无奈；群众有群众的利益，群众有群众的素养。当前，社会上的许多问题也几乎都是具体部门和个别人处置不当，把一个个简单事情变成了“老大难”、把一个个正常群众变成了重点人。故事说明了以小见大、千里之堤溃于蚁穴的道理。

从这个故事中，不难看出许多现实存在的问题。依我看来，集中在一个对上和一个对下的两个问题上。对上表现出的奴性，令老百姓反感；对下呈现出的随性，令老百姓动怒。

《准则》中指出："党在社会主义初级阶段的基本路线是党和国家的生命线、人民的幸福线，也是党内政治生活正常开展的根本保障。""人民立场是党的根本政治立场，人民群众是党的力量源泉。""必须把坚持全心全意为人民服务的根本宗旨、保持党同人民群众的血肉联系作为加强和规范党内政治生活的根本要求。"虽然李雪莲是一个个体，也没有从她自身分解问题根源，但是故事中的李雪莲具有象征意义，每一个个体的工作不深入细致，积小成大、积少成多，就会形成政府和社会的对立面，产生和发酵的不良影响就会更大、更多。

《准则》中强调，要当好人民公仆。"坚持问政于民、问需于民、问计于民，决不允许在群众面前自以为是、盛气凌人，决不允许当官做老爷、漠视群众疾苦，更不允许欺压群众、损害和侵占群众利益。"同时还要求，"各级党委（党组）要善于观大势、抓大事、管全局，及时发现和解决矛盾和难题，不上推下卸，不留后遗症。"李雪莲事件，虽然错误是她自己首先造成的，可是她是效仿他人，有效仿的可能和环境。李雪莲追求幸福的最大值没有错，只是选择的办法和方式是错误的。基层组织应该及时做工作，帮助李雪莲采取正确的方式和渠道追求幸福。但是各级部门和政府没有当回事，只求过程正确，不求结果服人。相反，一级一级对上却表现出一种拉拉扯扯、吹吹拍拍、阿谀奉承的媚态和奴性。《准则》中指出："规范和纯洁党内同志交往，领导干部对党员不能颐指气使，党员对领导干部不能阿谀奉承。"电影故事中，还有一位买官者，用低俗手段想安抚李雪莲不要上告，以达到自己升官的目的，不仅没有受到批评和制止，而且得到默认和许可，目标就是"按下葫芦不起瓢"，这显然是极端错误的。

通过学习《准则》和《条例》，结合《我不是潘金莲》的电影情节表明，群众工作无小事，尤其在和平年代，更要关注群众利益，要以实际行动让群众感受到全心全意为人民服务的根本宗旨。我在学校分管安全稳定工作，在处理和处置历史遗留问题时，既要了解当时的历史环境和情况，又要结合现实政策和要求；既要维护当事人的正当权益，又要保证学校集体利益不受损失。正因为如此，我们做了大量的深入细致的调查研究和思想工作，经过这些年的努力，学校的历史遗留问题基本得到了解决，受到了广大教职工的赞许和认可。同时形成了“抓好点线面的管理模式”，即做到面面俱到、不留死角，突出加强人防、完善技防、强化物防；做到分类剖析、深要可测，对看不见的——深入剖析、想不到的——全面防控、防不住的——积极排查、躲不掉的——主动应对、管不了的——借力处置；做到抓住重点、落实到位，突出抓好重要时期、重要时段、重点部位、重点人员。

总之，党员干部必须要做到从一件一件小事做起，树立起党员干部形象，尤其是党员领导要起模范带头作用。绝大多数党员领导干部在群众中树立起良好形象，就会在更好地保持党的先进性和纯洁性的同时，增强党的生机活力，不断开创党和国家事业的新局面。

（2016 年 12 月 6 日）

后　记

《留住那份执着——王志鸣自选集》编辑出版，欣慰之余，有些忐忑。从书稿题目上看，顾名思义就是从岗位的视角出发，涉及许多分管工作和非分管业务，包括观点、理念、思路、方案、方法、感悟等，有感而发，情不自禁，知无不言，言无不尽；从文章时间上看，跨越近10年，仅涉及的各级领导、专家学者，时任职务身份几乎都有升迁、调整和变化；从具体内容上看，引用的文件、语录、实例都带有明显的时间印迹。进入新的时代，国家的发展、社会的进步、人民的幸福以及国际的声望不可同日而语，高等教育也将进入一个新的发展阶段。2016年7月担任教育部部长的陈宝生认为，教育改革和发展站在了新的历史起点上，一要在“学”上下功夫，二要在“谋”上动脑筋，三要在“实”上出真招，四要在“争”上求主动，五要在“稳”上做文章。他还提出：“教学决定生存，科研决定水平，服务决定地位，质量决定兴衰，制度决定成败。”句句情真意切、务实到位。我们拭目以待，期盼推进战略性、根本性、有效性的改革和发展，走出具有鲜明中国特色的高等教育之路。

总之，本书涉及的内容是高校工作的一部分，仅作参考。由于时间和所掌握的知识有限，书中难免有不足之处，热诚希望广大读者和专家学者批评指正。

本书采纳了王明发、丁树歧、卫波、刘新军、韩振节、王玉泉、赵秀兵、崔明男、卢长永、陈永超等分管部门同人给予的主张建言，还吸收了胡占君、孙杰、李邢西、郭继武、张建宝等其他部门同人给予的真知灼见，在此深表感谢！

王志鸣

2017年7月20日